冷戰後美國的東亞政策
（1989-1997）

America's East Asia Policy
in the Post Cold War Era
(1989-1997)

周　　煦 David S. Chou 著

獻　給

父　母
岳　岳

「亞太研究系列」總序

　　「二十一世紀是亞太的世紀」，這句話不斷地被談起，代表著自信與驕傲。但是亞太地區絕非如此單純，未來發展亦非一定樂觀，它的複雜早已以不同形態呈現在世人面前，在開啓新世紀的同時，以沉靜的心境，深刻的瞭解與解決亞太區域的問題，或許才是我們在面對亞太時應有的態度。

　　亞太地區有著不同內涵的多元文化色彩，在這塊土地上有著天主教、基督教、佛教、回教等不同的宗教信仰；有傳承西方文明的美加澳紐、代表儒教文明的中國、混合儒佛神教文明的日本，以及混雜著不同文明的東南亞後殖民地區。文化的衝突不止在區域間時有發生，在各國內部亦時有所聞，並以不同的面貌形式展現它們的差異。

　　美加澳紐的移民問題挑戰著西方主流社會的民族融合概念，它反證著多元化融合的觀念只是適用於西方的同文明信仰者，先主後從，主尊客卑，白優黃劣仍是少數西方人面對東方移民時無法拋棄的心理情結。西藏問題已不再是單純的內部民族或政經社會議題，早已成爲國際上的重要課題與工具。兩岸中國人與日韓三方面的恩怨情仇，濃得讓人難以下嚥，引發的社會政治爭議難以讓社會平靜。馬來西亞的第二代、第三代，或已經是第好幾代的華人，仍有著永遠無法在以回教爲國教的

祖國裡當家作主的無奈，這些不同的民族與族群問題，讓亞太地區的社會潛伏著不安的危機。

　　亞太地區的政治形態也是多重的。有先進的民主國家；也有的趕上了二十世紀末的民主浪潮，從威權走向民主，但其中有的仍無法擺脫派系金權，有的仍舊依靠地域族群的支持來建構其政權的合法性，它們有著美麗的民主外衣，但骨子裡還是甩不掉威權時期的心態與習性；有的標舉著社會主義的旗幟，走的卻是資本主義的道路；有的高喊民主主義的口號，但行的卻是軍隊操控選舉與內閣；有的自我認定是政黨政治，但在別人眼中卻是不折不扣的一黨專政，這些就是亞太地區的政治形態寫照，不同地區的人民有著不同的希望與訴求，菁英份子在政治格局下的理念與目標也有著顯著的差異，命運也有不同，但整個政治社會仍在不停的轉動，都在向「人民為主」的方向轉，但是轉的方向不同、速度有快有慢。

　　亞太地區各次級區域有著潛在的軍事衝突，包括位於東北亞的朝鮮半島危機；東亞中介區域的台海兩岸軍事衝突；以及東南亞的南海領土主權爭議等等。這些潛在的軍事衝突，背後有著強權大國的利益糾結，涉及到複雜的歷史因素與不同的國家利害關係，不是任何一個亞太地區的安全機制或強權大國可以同時處理或單獨解決。在亞太區域內有著「亞太主義」與「亞洲主義」的爭辯，也有著美國是否有世界霸權心態、日本軍國主義會否復活、中國威脅論會否存在的懷疑與爭吵。美國、日本、中國大陸、東協的四極體系已在亞太區域形成，合縱連橫自然在所難免，亞太地區的國際政治與安全格局也不會是容易平靜的。

　　相對於亞太的政治發展與安全問題，經濟成果是亞太地區

最足以自豪的。這塊區域裡有 20 世紀最大的經濟強權，有二次大戰後快速崛起的日本，有 70 年代興起的亞洲四小龍，20 年代積極推動改革開放的中國大陸，90 年代引人矚目的新四小龍。這個地區有多層次分工的基礎，有政府主導的經濟發展，有高度自由化的自由經濟，有高儲蓄及投資率的環境，以及外向型的經濟發展策略，使得世界的經濟重心確有逐漸移至此一地區的趨勢。有人認為在未來世界區域經濟發展的趨勢中，亞太地區將擔任實質帶領全球經濟步入 21 世紀的重責大任，但也有人認為亞洲的經濟奇蹟是虛幻的，缺乏高科技的研究實力、社會貧富的懸殊差距、環境的污染破壞、政府的低效能等等，都將使得亞洲的經濟發展有著相當的隱憂。不論如何，亞太區域未來經濟的發展將牽動整個世界，影響人類的貧富，值得我們深刻的關注。

在亞太這個區域裡，經濟上有著統合的潮流，但在政治上也有著分離的趨勢。亞太經合會議 (APEC) 使得亞太地區各個國家的經濟依存關係日趨密切，太平洋盆地經濟會議 (PBEC)，太平洋經濟合作會議 (PECC)，也不停創造這一地區內產、官、學界共同推動經濟自由與整合的機會。但是台灣的台獨運動、印尼與東帝汶的關係、菲律賓與摩洛分離主義……使得亞太地區的經濟發展與安全都受到影響，也使得經濟與政治何者為重，群體與個體何者優先的思辨，仍是亞太地區的重要課題。

亞太地區在國際間的重要性日益增加，台灣處於亞太地區的中心，無論在政治、經濟、文化與社會方面，均與亞太地區有密切的互動。近年來，政府不斷加強與美日的政經關係、尋求與中國大陸的政治緩和、積極推動南向政策、鼓吹建立亞太

地區安全體系，以及擬將台灣發展成亞太營運中心等等，無一不與亞太地區的全局架構有密切關係。在現實中，台灣在面對亞太地區時也有本身取捨的困境，如何在國際關係與兩岸關係中找到平衡點，如何在台灣優先與利益均霑間找到交集，如何全面顧及南向政策與西向政策，如何找尋與界定台灣在亞太區域中的合理角色與定位，也是值得共同思考的議題。

「亞太研究系列」的出版，表徵出與海內外學者專家共同對上述各類議題探討研究的期盼，也希望由於「亞太研究系列」的廣行，使得國人更加深對亞太地區的關切與瞭解。本叢書由李英明教授與本人共同擔任主編，我們亦將克盡全力，爲各位讀者推薦有深度、有份量、值得共同思考、觀察與研究的著作。當然也更希望您們的共同參與和指教。

張亞中

序

　　美國雖早已與我斷交，但是仍為我國對外關係中最重要的國家。美國的東亞政策對我國外交、軍事安全及經濟影響很大，過去如此，未來亦然。冷戰結束後，蘇聯瓦解。美國過去基於反蘇而採取的圍堵政策已不合時宜，作為全球圍堵政策一部分的東亞政策，自然亦須加以調整。東亞國家在後冷戰時代，亦可能調整與美國的政策，從而影響美國對東亞國家的政策。

　　美國對東亞各國的政策，固然有其個別性，但是亦有其源自美國全球和亞太戰略的整體性。因此，吾人研究美國對東亞各國的政策時，亦須瞭解美國的全球及亞太戰略。

　　本書的基本假設有三：(1)美國對東亞國家的政策，在後冷戰時期，勢必做若干修正而不可能全然不變；(2)美國對東亞國家的政策有其個別性及整體性；(3)美國對我國的政策，會受到美國對其他東亞國家政策，尤其是對中共政策的影響。

　　冷戰何時終結，論者意見容或難以一致。然而，1989 年 12 月美國總統布希（George Bush）與蘇聯總統戈巴契夫（Mikhail Gorbachev）於馬爾他舉行高峰會議，並且在會中向全世界宣告冷戰結束。因此，將該次高峰會訂為冷戰終結之時期，亦不為過。惟為了便於討論冷戰後美國對東亞各國的政策，本書仍以 1989 年布希執政為分析的起點而終於 1997 年。但是 1998 年上

半年內美國東亞政策的少數重大變化或發展，亦一併納入本書。「東亞」一詞在本書中是指東北亞及東南亞，因而包括日本、中共、我國、南北韓、東協國家及緬甸。

本書的主要目的在探討後冷戰時期美國對東亞國家的政策，該政策顯示的持續及改變，及導致持續和改變的因素。本書採取歷史分析法、文件分析法及比較分析法，就美國官方文件、媒體報導及美國具體行為，分析並說明美國對東亞各國的政策，並參考冷戰時期的政策，比較後冷戰時期美國對東亞國家政策的持續與改變。

羅森諾（James Rosenau）於 1966 年指出，形成一國外交政策的因素可分為五大類：即個人（individual）、角色（role）、政府機構（governmental）、社會（societal）及國際體系（systemic）因素。羅森諾其後修正其架構，而將角色因素歸併於政府機構因素。佛克（William Vocke）將羅森諾的架構修正為個人、機構（institutional）、社會及國際（international）四大類因素。機構的因素涵蓋政府及非政府的機構，而國際因素又分為對外關係（external）及國際體系兩種因素。本書分析導致美國政策的持續與改變的因素時，即採用佛克修正的羅森諾架構。

本書共分為九章，第一章回顧冷戰時期美國的東亞政策。第二章說明冷戰後美國所面臨的主要國際情勢。第三章分析美國的全球及亞太戰略，因為美國的東亞政策是基於其亞太戰略，而亞太戰略又為美國全球戰略之一部分。第四章至第八章分別從政治、經濟貿易與軍事安全三個層面，探討美國對日本、中國大陸、我國、朝鮮半島以及東南亞國家的政策。第九章總結美國後冷戰時期的東亞政策，分析美國對東亞國家政策中持續與改變的因素，以及美國東亞政策未來面臨的主要問

題。

　　筆者撰寫本書，耗時近三年，惟才疏學淺，缺漏錯誤之處，尚祈方家先進不吝指正。筆者感謝孫國祥、劉碧華、連弘宜等多位同學的協助。尤其孫國祥認真負責的收集資料、整理核對文稿，使本書得以順利完成。

周　　煦

誌於政治大學外交系

目 錄

表目錄

第一章

戰後美國與東亞國家關係的簡述

一、美國與日本[1]

　　美國在戰後占領日本，為了防止日本軍國主義復起，對日本採取「解除武裝」、「非軍事化」及「民主化」的政策，因而一手締造日本的「和平」憲法。[2]在憲法第 9 條規定下，日本放棄對外的交戰權，亦不得設立常備軍。冷戰興起後，美國為了圍堵國際共黨勢力的擴張，結束對日本的軍事占領，與日本簽訂和約，恢復日本的主權與獨立地位。美國對日本的政策亦由「非軍事化」轉為「軍事化」。1950 年 2 月，中蘇共簽訂專以日本為假想敵的友好同盟條約。同年 8 月，日本在美國授意下建立七萬五千名「警察預備隊」。次年 2 月兩國簽訂安保條約，規定日本同意美軍駐日及取得基地，以防止對遠東及日本安全的武力攻擊。安保條約與對日和約同時生效；同時安保條約又規定，日本未得美國同意前，不得與第三國簽訂基地、軍隊過境及軍事演習的協定，美軍並獲有協助日本平定國內動亂之權。因此，日本雖然在和約生效後恢復主權，但是在軍事安全上，等於美國的被保護國。依照 1954 年的「相互防衛援助協定」，日本應儘量利用其能力、資源、設施及各種經濟條件，

---

[1] 參見 Paul Gordon Lauren and Raymond E. Wylie, *Destines Shared: U.S.-Japanese Relations* (Boulder: Westview Press, 1992); Roger Buckley, *U.S.-Japan Alliance Diplomacy, 1945-1990* (Boulder: Westview Press, 1992); Harrison M. Holland, *Japan Challenges America: Managing an Alliance in Crisis* (Boulder: Westview, 1992).

[2] John M. Maki, *Government and Politics in Japan: The Road to Democracy* (New York: Praeger, 1962), pp.41-42.

對維護及增進其本身與自由世界的防衛作出貢獻。因此,在美國的敦促下,日本擴大解釋憲法第 9 條的規定,成立日本陸上、海上及航空「自衛隊」。自衛隊人數雖然超過二十六萬人,但是受限於「自衛」的限制,亦只能擔任輔助美軍防衛日本的角色。

1960 年修訂的安保條約,將兩國立於較為平等的法律地位。雙方承諾,對日本行政管轄下領土中任何一造的武裝攻擊,將危及自身的和平與安全,因而將採取共同行動以對付之。由於日本沒有對外交戰權,美國行政管轄下的領土遭受攻擊時,日本並無出兵協助美國的義務,因此形成美國單方面保護日本安全之情形。日本的軍事安全仍然依靠美國的駐軍及核子保護傘。因此,美日軍事同盟關係仍是建立於不對稱的基礎上。該約第 6 條規定,美國為了維持日本與「遠東」地區的和平與安全,獲准在日本境內使用陸、海、空軍所需的設備與區域(area)。此即所謂的「遠東條款」,是日本對東亞地區和平與安定的貢獻。美日兩國因而在東亞形成伙伴關係,但是美國是超級大國,日本只是美國在東亞的小伙伴而已。70 年代,日本已逐漸成為經濟大國,但是在國際政治上仍是「侏儒」。美國與日本締結安保條約,承擔對日防衛的責任,實是遂行其圍堵政策,防堵蘇聯勢力的擴張。美國取得日本基地,得以貫徹其前置部署戰略,對亞太地區的安定助益甚大。

尼克森政府為了挽救美元,宣布取消美元與黃金的聯繫;並為了減少對日貿易逆差,對日本貨物加徵 10%的進口稅。此兩項政策對日本影響很大,但是美國皆未事先與日本磋商,從而兩度對日本造成所謂的「尼克森震撼」(Nixon Shocks)。尼克森政府於 1971 年 10 月下旬突然宣布尼克森(Richard Nixon)

總統於 1972 年訪問中共，更使長期接受美國要求而採取支持中華民國的日本政府措手不及。

1979 年蘇聯入侵阿富汗。卡特（Jimmy Carter）總統揭示「卡特主義」，宣告波斯灣地區為美國重大利益地區，不容外力入侵。為了因應該地區的緊張情勢，卡特政府抽調第七艦隊的軍艦，巡弋波斯灣，形成所謂的「搖擺戰略」（the Swing Strategy）。換言之，第七艦隊將視東亞或波斯灣地區情勢的需要而轉移巡防重點。此使東亞地區出現沒有美國航空母艦巡弋的可能，因而引起日本對美軍協防承諾可信性之猜疑。

雷根政府時期，美國大力重建軍力，不斷要求日本提高軍費，分攤防衛責任。1981 年 5 月鈴木善幸（Zenko Suzuki）首相訪美，與雷根（Ronald Reagan）發表聯合公報，同意在公報中首次使用美日「同盟」的字眼，並承諾增加國防力量，將海上防衛線擴張至距日本一千浬之處。繼任的中曾根康弘（Yashiro Nakasone）首相不僅強調美日兩國為「命運共同體」的關係，並矢言日本是西方「不沈的航空母艦」，打破三木武夫首相於 1976 年所設軍費不超過國民生產總額 1%之上限，同意增加駐日美軍費用的分擔。80 年代，美日雙方領袖之間的關係及兩國軍事關係皆頗為融洽，但是貿易摩擦加深。

自 1945 年至 1989 年，美國對日本的經貿政策數度變更，反應兩國經貿關係的變化。戰後之初，美國軍事占領日本，為求徹底消除日本軍國主義，美國占領當局將日本的政治、經濟及社會制度予以全面的「民主化」。助長軍國主義的大型重工業集團亦遭打散。[3]1950 年 6 月韓戰發生後，美國對日政策改

Donald Hellmann, *Japan and East Asia* (New York: Praeger, 1972), pp.116-117.

變。在圍堵國際共黨擴張勢力的需求下，美國扶植日本爲盟友，因而大力支持日本的經濟發展，並且開放本國的市場，協助日本產品打入美國市場。日本首相吉田茂利用美國對日本防務的保障，不需亦不願在軍事安全上花費大量資源，因而致力於出口導向的經濟發展。自 1950 年至 1974 年，日本經濟成長每年高達 10%。1981 年，日本的國民生產總額躍居全球第二位，僅次於美國。[4]日本雖然獲得美國的大力協助，但是最初對美國的貿易持續呈現入超，直至 1965 年方轉爲出超。美國對日貿易逆差從此持續擴大，成爲兩國經貿摩擦的根源。惟因日本的整體工業競爭力不及美國，因此，美國只針對日本的特定產業產品，如紡織品及鋼鐵，要求日本自動設限，以降低美國對日本的貿易逆差。

由於越戰耗損美國國力，美國的生產力持續下降，部分主力產業如汽車、電子、機械及鋼鐵方面的優勢皆被日本取代。美日雙方的貿易摩擦範圍亦隨之擴增。美國要求日本採取出口自動設限的項目亦相對增多，而且由勞力密集的產品擴及到高科技的產品。

80 年代中期，雙方貿易摩擦的性質亦發生重大的變化。彼此的歧見更擴及日本經濟的結構性問題。美國不僅消極的要求日本對輸美的特定產品自動設限，更要求日本將日圓升值，提高利率，消除外國產品進入日本市場的非關稅障礙。1985 年雷根政府更採取一項積極性的政策：即針對美國具有競爭優勢而無法順利進入日本市場的電子、醫療器材及藥品、通訊、林木四項產品，與日本展開談判。此即通稱的「市場取向部門選

[4] Robert S. Ozaki, "United States-Japanese Economic Relations," *Current History*, Vol.82, No.487 (Nov. 1983), p.357.

擇性項目談判」（Market-oriented Sector Selective Talks），其目
的在求增加該等產品的輸日數量。換言之，美國對於商品進入
日本市場問題的談判政策轉爲「結果取向的政策」（result-
oriented policy）。例如，1986 年美日雙方達成協議：日本政府
監督日本半導體產品的輸出價格，以防阻對美國及第三國的傾
銷；同時鼓勵日本電子企業增加對外國半導體產品的購買，協
助美國半導體企業增加在日本市場的占有率，而預定的目標是
20%。[5]然而，預定的目標數量多難達成。1987 年雷根政府更因
日本半導體產業未遵守協定，向第三國傾銷，而對日本的半導
體產品課徵 100%的報復性關稅，爲美國對日本產品的輸入實
施制裁的首次，顯示雙方貿易緊張情勢的升高。[6]該年美國對日
貿易逆差達到空前的五百六十八億美元，並首次成爲債務國，
而日本則成爲最大的債權國。

二、美國與中共[7]

　　美國部分人士在國共內戰時，曾認爲中共是土地改革者，
並不聽命於莫斯科。中共建立政權後，美國曾欲與之建交。惟
因中共採取反美路線，拒與美國建交，美國乃採觀望政策。肯

---

[5] William H. Cooper, "Japanese-U.S. Trade Relations: Cooperation or Confrontation?" *CRS Issue Brief*, Feb. 2, 1993, p.3.

[6] *Ibid.*

[7] 參見 John Franklin Copper, *China Diplomacy: The Washington-Taipei-Beijing Triangle* (Boulder, Westview, 1991); Harry Harding, *A Fragile Relationship: United States and China Since 1972* (Washington, D.C.: Brookings Institution, 1992).

楠（George Kennan）認為，中共與蘇聯矛盾之處甚多，終必發生利益衝突，因而寄望毛澤東為「狄托第二」，為了國家利益而與史達林（Joseph Stalin）反目。然而中共於 1950 年 2 月 14 日與蘇聯簽訂友好同盟條約，並於 10 月大舉派兵參與韓戰，與美國為敵。美國對中共實施圍堵政策，透過聯合國對中共進行經濟制裁，反對中共奪取中國在聯合國的代表權，繼續支持中華民國政府。甘迺迪政府曾欲改善與中共的關係，惟因中共在第三世界的滲透顛覆威脅美國的利益，而美國對越南的介入亦威脅中共的安全，致雙方關係難以改善。

尼克森總統上台後，決意結束越戰，並與中共及蘇聯和解。美國對中共的威脅因而降低。1969 年中蘇兩共在邊境爆發流血衝突。中共深感蘇聯的威脅尤甚於美國的威脅，因而決定拉攏美國以制衡蘇聯。美國亦玩弄權力平衡遊戲，在中蘇兩共之間漁利，更求借助中共之力，早日結束越戰。尼克森總統因而於 1971 年 10 月密派國安會顧問季辛吉（Henry Kissinger）訪問北京，為次年親訪中共鋪路。美國政策的丕變，使得中共順利在聯合國取得代表中國之權。聯合國自韓戰以來，對中共的制裁名存實亡。

1972 年尼克森的訪問正式結束華府與北京的長期對抗，而開啟和解之門。尼克森並與周恩來發表通稱的「上海公報」。美國在公報中聲明：「美國認知到，在台灣海峽兩岸的所有中國人都認為只有一個中國，台灣是中國的一部分。美國政府對這一立場不提出異議。它重申它對中國人自己和平解決台灣問題的關心。」雙方同意就促進兩國關係正常化進行具體磋商。雙方相信，兩國關係正常化符合兩國人民的利益，亦會對和緩亞洲及世界緊張局勢作出貢獻。

卡特政府為了因應蘇聯在全球不斷擴張勢力，乃加強「聯中（共）制蘇」之策略，而於 1978 年 12 月與中共建交，並在建交公報中承認「中華人民共和國政府」為代表中國的唯一合法政府。同年蘇聯與越南簽訂同盟條約，支持越南入侵柬埔寨。次年蘇軍又入侵阿富汗。由於中共和美國在軍事及外交上，皆支持柬埔寨和阿富汗的反抗軍，以致美國和中共在亞洲形成非正式的同盟，對抗蘇聯和越南的同盟。

　　雷根政府重建美國的軍力，加強圍堵蘇聯的對外擴張，因而亦重視中共的戰略價值，並且為了安撫中共，不惜於 1982 年簽署「817 公報」，承諾在質量上限制對台灣的軍售，其後亦逐漸增加華府與北京之間的軍事關係，包括武器的銷售。

　　1979 年美國賦予中共最惠國貿易待遇後，雙方的經貿關係亦迅速增加。雷根政府時，美國對中共的直接投資，已超過日本。雙邊關係已超越單純的安全戰略範疇。

三、美國與中華民國[8]

　　美國羅斯福（Franklin Roosevelt）總統在戰時對中華民國在戰後的角色寄以厚望，因而曾主張中、美、英、蘇四國各自在其所處的地區，負起安定局勢的重任。在美國的支持下，中華民國成為聯合國安理會五個常任理事國之一，名義上躋身世

---

[8] 參見陳志奇，美國對華政策 30 年（台北：中華日報，民國 69 年）；Ralph N. Clough, *Island China* (Cambridge, Mass.: Harvard University Press, 1978); John Franklin Copper, *China Diplomacy: The Washington-Taipei-Beijing Triangle* (Boulder: Westview Press, 1991).

界大國之林。

對日戰爭勝利後，中國內戰轉劇。杜魯門（Harry Truman）總統於 1945 年 12 月派遣馬歇爾（George C. Marshall）將軍來華調停國共之爭，敦促成立「聯合政府」。美國並於 1946 年 6 月以停止援助的手段對中華民國政府施加壓力。1947 年 1 月，馬歇爾調停失敗。中共在內戰中節節勝利，並於 1949 年占領整個中國大陸，建立政權。杜魯門政府於該年 8 月 5 日發表「對華白皮書」，對我國採取放手不管的政策，並對中共採取觀望政策。1950 年 1 月國務卿艾其遜（Dean Aecheson）公開表示，台灣與南韓皆不在美國的防線之內，顯示美國認為即使台灣淪入中共之手，美國亦無意干涉。

同年 6 月韓戰爆發後，美國政策丕變。杜魯門總統基於戰略上的需要，下令第七艦隊巡弋台灣海峽，中立台灣，並稱台灣「地位未定」，認為台灣地位須俟該地區安全恢復及對日和約簽訂後再行決定，或由聯合國予以考慮。杜魯門的決定事實上消除了中共占領台灣的危機。美國亦重新派遣外交及軍事人員來台，提供軍經援助，並且支持我國政府在聯合國的席位，反對中共進入聯合國。

艾森豪（Dwight D. Eisenhower）總統上台後，於 1953 年 2 月 2 日宣告解除台灣的中立。1954 年中美兩國簽訂共同防禦條約，我國成為美國在東亞所建圍堵共黨國家的防衛體系之一員。然而，美國協防的地理範圍限於台澎地區，不包括我軍所控制的金馬外島。艾森豪政府與其前任一樣，無意助我反攻大陸。我國對台澎以外地區採取軍事行動，包括反攻大陸，須獲美國同意。1958 年中共砲轟金門，引發「台海危機」，幾乎導致美國與中共的正面衝突。我國在美國壓力下，於 10 月 23 日

簽署聯合公報，表明反攻大陸之「主要途徑」爲實行三民主義，「而非憑藉武力」，亦即所謂的「七分政治，三分軍事」。

甘迺迪（John F. Kennedy）總統曾欲採行「兩個中國」的政策，但因國內外反應不佳而作罷。尼克森上台後，國內外情勢改變，推動與中共的和解，放棄美國反對中共進入聯合國的長期政策，致使我國於 1971 年被迫退出聯合國。

1978 年 12 月卡特爲了完成美國與中共關係正常化，不惜與我國斷交，廢止中美協防條約，並自台灣撤軍，對我國的安全棄置不顧，僅在與中共建交的公報中表明，在「美國承認中華人民共和國是中國的唯一合法政府」範圍內，美國人民將同台灣人民保持文化、商務和其他非官方關係。美國國會不滿政府背棄我國的決定，因而制定「台灣關係法」。在該法中，美國表明：

1. 西太平洋地區的和平及安定符合美國的政治、安全及經濟利益，而且是國際關切的事務；
2. 美國決定和「中華人民共和國」建立外交關係之舉，是基於台灣的前途將以和平方式決定這一期望；
3. 任何企圖以非和平方式來決定台灣的前途之舉——包括使用經濟抵制及禁運手段在內，將被視爲對西太平洋地區和平及安定的威脅，而爲美國所嚴重關切；
4. 提供防禦性武器給台灣人民；
5. 維持美國的能力，以抵抗任何訴諸武力、或使用其他方式的高壓手段，而危及台灣人民安全及社會經濟制度的行動。

美國在「台灣關係法」中，對台灣的安全作出雖不明確但有意義的承諾，並且在美國國內法體系中允許台灣取得外國和

外國政府的地位。因此，美國在國際法上是採取「一個中國」政策，承認中共代表中國，但是在國內法上似乎又採取「一中一台」或「一個中國，但非現在」的立場。

雷根競選總統時曾表示當選後恢復與中華民國的邦交，但是上台後格於客觀情勢，繼續維持前任的政策，並且爲了安撫中共，發表「817 公報」，承諾隨著台海緊張情勢的降低，逐年減少對台的軍售。

四、美國與南北韓[9]

美國在第二次世界大戰時即認爲朝鮮半島有其戰略價值，不宜落於蘇聯之手。然而爲了促使蘇聯對日本宣戰，美國同意戰後以 38 度線爲界，將朝鮮半島一分爲二，分由美蘇兩國占領。1945 年 12 月莫斯科會議中，兩國同意成立臨時朝鮮政府，並由美蘇兩國擔任朝鮮的共同託管國。冷戰的興起，使得美蘇兩國對朝鮮半島的統一無法達成協議。南韓在聯合國的監督下，於 1948 年經由選舉成立大韓民國（Republic of Korea）。北韓隨後亦宣告成立朝鮮民主人民共和國（Democratic People's Republic of Korea）。蘇軍於 1948 年年底前撤出北韓。次年 6 月，美軍亦撤出南韓。杜魯門政府認爲南韓的戰略價值不大。艾其遜於 1950 年 1 月公開宣稱，南韓不在美國防線之內。此一宣示顯然助長北韓南侵的決心。

北韓的軍力優於南韓。1950 年 6 月，北韓對南韓發動攻

---

[9] 參見 Doug Bandow, *The U.S.-South Korea Alliance* (New Brunswick, N.J.: Transaction Publishers, 1992).

擊後，南韓節節敗退。杜魯門政府認爲，國際共黨在亞洲的擴張必須加以圍堵，因而改變政策，在聯合國的名義下，派兵援韓，成立由美軍將領擔任司令的「聯合國指揮部」（United Nations Command）。美軍一度乘勝越過 38 度線，追擊北韓敗兵。惟中共在美軍迫近鴨綠江邊前，派兵參戰。最後雙方在 38 度線附近形成僵持局面，而於 1953 年達成停戰協定。協定達成後，美國與南韓簽訂協防條約，美軍在南韓的部隊由八師降爲兩師，而南韓部隊仍歸「聯合國指揮部」統率。北韓亦與蘇聯和中共分別簽訂同盟條約。朝鮮半島不僅一分爲二，而且成爲東西兩大陣線對抗之前哨。

　　尼克森政府爲了減少介入亞洲的地面戰爭，於 1969 年至 1971 年間，將駐韓美軍由六萬二千名減爲四萬二千名。卡特政府對南韓威權政府忽視人權頗爲不滿，於 1977 年初宣布於四至五年內完全撤退駐韓美軍，惟與其前任一樣，以增加對南韓的軍援作爲補償。然而，其後情報顯示，北韓的軍力遠超過早期的評估，加以日本擔心美軍撤離南韓後對其安全產生不利的影響，因此卡特政府於 1979 年 7 月宣布停止撤軍計畫。

　　雷根政府時期，美韓兩國貿易摩擦增加，而南韓反美情緒興起。鑑於南韓經濟力量的增強，美國國會要求南韓分擔駐韓美軍的費用。南韓則要求美韓聯軍的司令由韓國將領擔任，駐韓美軍總部遷離漢城，修改美軍地位協定。美國亦修改長期對北韓的政策，允許在個案基礎上與北韓進行「人道的貿易」，放鬆兩國人民訪問的簽證管制，同意雙方外交人員有限度的接觸。此等情勢的發展使得兩國關係不若以往融洽。

五、美國與東南亞國家[10]

　　美國在東南亞地區的外交目標，傳統上是追求安定、市場和資源。[11]美國在太平洋戰爭爆發前即承諾讓菲律賓獨立，戰時主張讓東南亞的殖民地獨立，但是不獲英、法、荷等殖民國家的支持。戰後美國對東南亞國家的主要政策是支持殖民地獨立及圍堵共黨的勢力擴張。然而圍堵政策的需要常常淡化或犧牲了支持殖民地獨立的政策，而且亦使美國陷入越戰之泥沼。

　　日軍在越南投降後不久，胡志明即宣告越南獨立，反對法國重返越南。杜魯門政府最初無意協助法國重返越南，但是冷戰興起後，積極扶建西歐國家的軍經力量，以便合力對抗蘇聯。美國對歐洲的政策必須獲得法國的支持，方可順利推行。因此，杜魯門政府在越南政策上不得不與法國妥協。中共占據中國大陸及韓戰的爆發，使得法國得以宣稱，其在越南對抗胡志明軍隊的戰爭，實爲自由世界對抗共黨在東南亞擴張的戰爭。美國因而對法國在越南的戰爭，提供大量軍經援助。

　　1954 年法軍在奠邊府戰敗，艾森豪政府拒絕武力介入，

---

[10] 參見 Gary R. Hess, *Vietnam and the United States: Origins and Legacy of War* (New York: Columbia University Press, 1990); William E. Berry, Jr., *U.S. Bases in the Philippines: The Evolution of the Special Relationship* (Boulder: Westview Press, 1989); R. Sean Raudolph, *The U.S. and Thailand, Alliance Dynamics, 1950-1985* (U.C. Berkeley, The Institute of East Asia Studies, 1986); Paul F. Garner, *Shared Hopes, Separate Fears, Fifty Years U.S.-Indonesian Relations* (Boulder: Westview, 1997).

[11] Charles H. Stevenson, "U.S. Foreign Policy in Southeast Asia," *Contemporary Southeast Asia*, Vol.14, No.2 (Sept. 1992), pp.87-111.

但是接替法國，在南越扶立反共政府，開始在東南亞地區建構圍堵共黨國家的防禦網。美國早於 1951 年簽訂對日和約時已與菲律賓簽訂協防條約。1954 年美國糾合英、法、澳、紐、菲、泰、和巴基斯坦，簽訂東南亞公約，建立東南亞公約組織，將越南、寮國和柬埔寨列爲該公約的保護區。美國對結束法越戰爭的 1954 年日內瓦協議，無意遵守，因而支持南越政府，拒絕依照該協定於 1956 年舉行全越南的選舉，從而將該協定的軍事停戰線化爲政治疆界。

　　甘迺迪及詹森政府視越南爲圍堵政策在亞洲的考驗場所，擴大介入，終於演變爲死傷慘重而爲美國人民強烈反對的越戰。

　　尼克森總統於 1973 年結束越戰，並且在「尼克森主義」下，將亞洲地區地面戰爭的主要責任，由當地國家承擔，同時更寄望有潛力的地區性國家，協助維持該地區的和平與安定。在東南亞地區，最具潛力的國家是印尼。但是印尼在蘇卡諾領導下仍持不結盟政策，無意與美國成立密切軍事關係。印尼戰後經過艱辛的獨立戰爭，方脫離荷蘭的殖民統治，因此，在東西冷戰中與柬埔寨及緬甸等國一樣，採取中立不結盟的政策，惟事實上傾向中共，致深爲美國所不滿。1965 年印尼共黨政變失敗，蘇哈托執政後，改採親美立場，但是不放棄不結盟政策，並支持馬來西亞在東南亞設立「和平、自由及中立區」之提議，以促使外來列強退出東南亞。然而，此種主張與美國的政策不合。美國在 1975 年南越覆亡後，仍無意退出東南亞，並繼續維持與菲、泰兩國的軍事協防關係。

　　南越覆亡後，美國對東南亞採取「善意疏忽」的政策。1978年越南與蘇聯締結友好合作條約，入侵柬埔寨，扶立金邊傀儡

政權，威脅東協國家的安全。卡特政府雖然在人權問題與東協國家形成爭議，但是在反對越南及蘇聯在東南亞擴張勢力上，則立場一致，大體採取支持和追隨東協國家和中共的政策。雷根政府繼續與東協國家合作，並在「雷根主義」之下，積極支持柬埔寨的反抗軍，以求逐出越南的軍隊，恢復柬埔寨的獨立及中立地位；同時在柬埔寨及越戰失蹤美軍問題未解決前，拒絕改善與越南的關係。

第二章

後冷戰時期

國際情勢的主要特色

後冷戰時期的國際情勢錯綜複雜。惟就美國的亞太戰略及政策而言，至少有五大情勢，值得說明。

一、國際體系由兩極化向多元（極）化過渡

東西兩大集團之間的冷戰興起後，戰後的國際體系長期呈現兩極化。即使有些學者將戰後某一時期的國際體系形容為「鬆弛的兩極體系」（loose bipolarity）[1]或「兩極而多元的體系」（the system of bi-multipolarity）[2]，兩極化仍為他們思考國際體系的核心架構。事實上，許多國際政治問題亦莫不牽涉到美蘇兩大集團之間的利益衝突。

冷戰結束，蘇聯瓦解後，兩極化國際體系不復存在。1990年2月25日華沙公約宣告正式解散，象徵戰後東西雙方的意識形態鬥爭和軍事對抗之終止。蘇聯和東歐國家紛紛放棄共產主義，民主政治和市場經濟制度呈席捲歐洲甚至全球之勢。蘇聯的瓦解，導致戰後美蘇兩大超強僅剩其一。繼承蘇聯的俄羅斯忙於內政改革，即使擁有大量核子武器，經濟和意志上無力介入國際糾紛，致使其在國際政治上的影響力大降。

1990至1991年海灣危機中，美國領導西方及中東國家，透過聯合國，對與蘇聯有友好合作條約關係的伊拉克實施經濟及軍事制裁，並以輕微的人員損失，對伊拉克進行了一場高科技

---

[1] Morton A. Kaplan, *System and Process in International Politics* (New York: John Wiley and Sons, 1977), pp.36-37.

[2] Richard N. Rosenauce, "Bipolarity, Multipolarity, and the Future," in James N. Rosenau, ed., *International Politics and Foreign Policy* (New York: The Free Press, 1969), p.336.

的戰爭，贏得了輝煌的勝利。布希總統復以海灣戰爭（the Gulf War）的勝利者姿勢，提出「國際新秩序」的口號，似乎欲將美國推向主宰國際政治的地位。某些美國學者亦宣稱以美國為首的「單極」（unipolar）體系已經到來。[3]然而，美國在海灣戰爭中要求日、德等國分攤戰爭費用，顯示美國經濟相對衰弱後，財政上已無力獨自承擔戰爭費用。此與韓戰和越戰時的情形迥然不同。某些學者即使否認美國已趨衰落，[4]但是美國國防費用不斷削減，軍力逐漸下降，亦是不爭之事。季辛吉即曾指出，如果海灣危機晚幾年發生，美國屆時可能無法派遣數十萬大軍征討伊拉克。

　　平實而論，冷戰結束後迄今為止，唯有美國有充分的力量將軍力投射至全球各地，但是美國在國際經濟上早已不具有一言九鼎的影響，在區域安全及國際武器管制等問題上亦須爭取其他大國的合作與支持。因此，現今國際體系顯然難以稱得上是單極體系，即使不是多元體系，也是向多元體系過渡中。而構成該一多元體系的成員至少包括美國、日本、中共、俄羅斯和歐盟。

---

[3] Charles Krauthammer, "The Unipolar Moment," *Foreign Affairs,* Vol.70, No.1 (Winter 1990/1991), pp.23-33.

[4] 如 Samuel Huntington, "The U.S.-Decline or Revival?" *Foreign Affairs,* Vol.67, No.1 (Winter 1988/89), pp.76-96.

二、區域性衝突不減反增

　　冷戰期間，除了中共與美國在韓戰中交手以及中共與蘇聯在邊界發生短暫的小規模武力衝突外，大國之間並未爆發直接的軍事衝突。核子大國之間形成的「恐怖平衡」及「相互保證毀滅」威脅似乎發揮了阻止大國之間發生戰爭的作用。然而，美蘇兩大超強在第三世界競爭勢力，利用第三世界國家內部的種族、宗教，或文化等矛盾而進行滲透及代理人的戰爭，導致區域性的衝突與動亂。柬埔寨及安哥拉之內戰即是其中的顯例。

　　學者對於何種國際體系較能導致國際社會的安定，曾有不同的看法。有些學者認為，兩極化體系較能導致安定。[5]另些學者認為，多極體系比兩極體系更能有助於短程的安定。[6]更有些學者認為，無論是兩極體系或是多極體系皆難真正減少國際上的衝突，而唯有介乎二者之間的「兩極而多元的體系」可望為之。[7]由於兩極體系的消失，上述爭論多只具有學術意義。然而，如果未來國際體系確是向多極體系過渡，則國際社會似乎只有望獲得短暫的安定。惟由蘇聯與南斯拉夫解體後引發的嚴重區域性衝突和內戰情形觀之，霸權與安定顯然有密切的關聯。因此，單極體系可能是最有助於國際安定的一種體系。

---

[5] Kenneth N. Waltz, "International Structure, National Force, and the Balance of World Power," in Rosenau, ed., *op. cit.*, pp.304-314.

[6] Karl W. Deutsch and J. David Singer, "Multipolar Power Systems and International Stability," in Rosenau, ed., *op. cit.*, pp.315-324.

[7] Rosecrance, *op. cit.*, pp.336-337.

前蘇聯和前南斯拉夫皆是多民族、多宗教和多語文的國家。兩國的聯邦政府以鐵腕壓制境內各地區不同民族之間的歷史仇恨及獨立自主的要求，使得各民族得以相安無事，及至聯邦政府權力式微，久被抑壓的民族仇恨及獨立自主的欲望終於全面爆發。塔吉克與喬治亞的內戰，亞塞拜然與亞美尼亞之間的戰爭，迄今未止。克羅埃西亞與波士尼亞境內的戰爭，歷經四年多後，方在美國強力調停下停火罷兵。蘇聯與南斯拉夫的瓦解，導致十餘個新國家的出現，以及境內少數民族的問題。這些問題有的已引發熱戰，有的則成為潛在的衝突來源。

　　冷戰時期，由於大國的介入而引起的一些地區性衝突，如柬埔寨和安哥拉的內戰，已因大國的退出而獲得差強人意的解決，但是有些地區性衝突並非因大國的介入而起，而是基於地區國家的利益衝突（如印、巴對克什米爾之爭）或是由於當地內部種族或派系權力之傾軋（如阿富汗及索馬利亞的內戰），並未因冷戰之結束而順利解決。因此，冷戰的終結不僅並未帶來全球性的和平，反而增添地區性的衝突和動亂。

三、領土完整原則優於民族自決原則

　　美國威爾遜（Woodrow Wilson）總統於第一次世界大戰時提出民族自決原則，其適用的對象是奧匈帝國、土耳其帝國及俄羅斯帝國。但是美國等戰勝國並未真正適用該原則，使得一些自該等帝國分離而獨立的國家內部產生少數民族問題。戰勝國只促使有關國家對境內的少數民族制訂保障它們權利的法律制度。第二次世界大戰後，聯合國將民族自決與領土完整並列

為憲章的原則。兩項原則彼此矛盾。聯合國解決矛盾的辦法，是只將民族自決原則適用於歐美國家在海外的殖民地。換言之，在西方國家與海外殖民地發生衝突時，聯合國會以民族自決原則作為解決衝突的準則，從而協助殖民地取得獨立。但是對既存的國家，尤其是如蘇聯之類的大陸國家，即使統治許多不同的民族，而這些民族也要求獨立，聯合國基本上是採取尊重會員國領土完整原則的立場，而不適用民族自決原則。此種差別待遇導致葡萄牙的大力抨擊，指責聯合國犯了「海洋的謬誤」（the "salt seas" fallacy）。

　　葡萄牙的指責可謂一針見血。聯合國的民族自決原則不僅不適用於存在已久的多民族國家，亦不適用於獨立未久的多民族國家，即使這些國家原為殖民地，而且其獨立亦受惠於民族自決原則。例如，60年代初，聯合國全力協助維持剛果的領土完整，派兵協助剛果政府對付尋求分離的卡坦加省。又如，1969年奈及利亞的夷保（Ibo）族要求脫離而自行建國，與中央政府打了數年的內戰。聯合國從未對夷保族人給予聲援，亦未對奈及利亞政府武力壓鎮夷保族的行為加以譴責。換言之，聯合國尊重奈及利亞的領土完整。事實上，成員幾乎都是受惠於民族自決原則的非洲團結組織，其憲章的最重要原則是確認會員國的疆界不可侵犯，亦即維持殖民國家在非洲專斷劃分的政治版圖，即使劃分時完全忽視民族或部落的分布情形及意願。

　　聯合國對既存國家內部發生民族獨立的要求時，寧捨民族自決原則而尊重領土完整原則的立場，並未因冷戰終結而有所改變，亦不因國家大小強弱不同而有不同的政策。例如，車臣人的獨立要求為俄羅斯大軍壓鎮後，聯合國不置一詞；伊拉克境內的庫德族追求自治和獨立，聯合國亦未乘在海灣戰爭中打

敗伊拉克的大好時機，協助庫德人達成民族自決的宿願。塞爾維亞人即使以武力奪取了波士尼亞70%的土地，但是聯合國安理會在有關的決議中，仍然拒絕承認波士尼亞塞爾維亞人的獨立主張。安理會雖然無法完全漠視塞爾維亞人事實上已建立的政治實體，從而允許塞爾維亞人在其族人集居之地建立自治的政府，但是仍然強調波士尼亞爲單一的國家，波國的領土完整應予維持，而塞族人所建的政治實體仍然臣屬於波士尼亞的中央政府。換言之，聯合國否定波國塞族人有主張分離和獨立的權利。

聯合國秘書長蓋里於1992年向安理會所提稱爲「一項謀求和平的議程」（An Agenda for Peace）報告亦反映此項主張。他指出，聯合國會員國最近的增加不應被視爲國際體系結構上的重大改變，因爲如果每一個種族、宗教或語文團體皆要求獨立建國，則世界將呈現漫無止境的分裂，各國人民的和平、安全及福祉將更難達成。他認爲，世人的注意力應針對人權及少數民族的保護，而非讓一些欠缺經濟和政治獨立條件的團體建爲國家。他更指出，主權與自決，二者皆具有重大價值及重要性，但是未來不容二者自相衝突。[8]

---

[8] 引自 Martti Koskenniemi, "National Self-determination Today: Problems of Legal Theory and Practice," *International and Comparative Law Quarterly*, Vol.43, part II (April 1994), pp.256-257.

四、聯合國維持國際和平與安全的角色增加

　　聯合國的主要目的之一是維持國際和平與安全。爲達成此項目地,聯合國的創建者在聯合國憲章中設計一套完整的集體安全制度。[9]然而,該項制度的基本前提是大國之間的合作。冷戰興起後,美蘇兩大超強彼此敵對,難以合作,致使聯合國的集體安全制度無法落實。聯合國因而亦無法建立自己的武力,一旦需要制裁侵略者時,必須臨時籌組部隊,或是委請會員國出兵代勞。尤有進者,任何國際情勢、爭端或武力衝突,即使危及或破壞國際和平與安全,如果涉及聯合國安理會的常任理事國,安理會受制於大國的否決權,根本無法負起維持國際和平與安全的責任。

　　冷戰終結,美、蘇兩國對在國際上(尤其是在第三世界)的勢力競爭,亦逐漸失去興趣。雙方皆願支持聯合國在國際維持和平與安全的工作。因此,聯合國在維持和平方面的角色增強。此可由多方面證之。首先,聯合國維持和平行動的數目大增。自1989年至1995年,聯合國總共派出二十五次維持和平行動,遠超過1948年至1988年的十四次。[10]其次,聯合國維持和平行動不僅次數增加,地理範圍亦擴及大國的勢力範圍地區(例如中美洲的尼加拉瓜和薩爾瓦多),或是大國間接衝突之地(例如安哥拉及柬埔寨)。第三,聯合國新增的維持和平行動,多

---

[9] 見周煦,聯合國與國際政治(台北:黎明,民國 82 年),頁 249-257。

[10] 林岩哲,「聯合國維持和平作業部隊:回顧與展望」,歐美國家與聯合國:回顧與展望研討會,中研院歐美研究所舉辦,民國 84 年 12 月 15-16 日,頁 11。

以維護人權或人道為由，因而不免介入當事國國內的衝突。

　　冷戰結束後，聯合國維持和平行動的最大特色，是當維持和平行動遭遇困難時，會使用憲章第七章下的「執行行動」（enforcement action），包括經濟及軍事制裁，以對付爭端當事者之一。60年代初，聯合國在剛果的維持和平行動中，亦曾授權聯合國部隊於必要時使用武力，以阻止剛果的內戰及卡坦加省的分離行動，達成維持剛果領土完整的任務。[11]然而，聯合國在剛果的行動其後引發蘇聯的抨擊，導致嚴重的財政及憲政雙重危機。因此，聯合國在其後的維持和平行動中，不願採用此種「執行行動」的措施，以避免介入內戰的糾紛中。但是在後冷戰時期，聯合國顯然較願採取該等措施。例如在波士尼亞及索馬利亞，聯合國在憲章第七章下授權部隊使用武力。

　　聯合國派往前南斯拉夫的維持和平部隊稱為「聯合國保護部隊」（United Nations Protection Force），負責監督停火，保護對戰火下難民的人道救濟工作，因此，對交戰各方是處於中立地位。但是停火協議屢遭破壞，人道救濟工作亦迭受阻止。聯合國安理會於1992年5月15日通過第752號決議，表明是在憲章第七章下作成決定，要求波士尼亞境內交戰各方與歐盟合作，以便迅速達成政治解決方案，並不得以武力改變國家疆界。[12]8月13日，安理會通過第770號決議，在憲章第七章下要求各國或區域組織採取一切必要措施，與聯合國配合，協助在波士尼亞的人道救濟工作。1993年3月31日，安理會在第816號決議中，授權各國或區域組織執行在波士尼亞上空飛行的禁令。安

---

[11] Erneat W. Lefever, *Crisis in the Congo* (Washington, D.C.: The Brookings Institution, 1965), pp.54-56.

[12] Nigel D. White, "UN Peace-keeping—Development or Destruction?" *International Relations*, Vol.XII, No.1 (1994), p.154.

理會其後又成立六個安全區，並授權聯合國部隊必要時使用武力以維護安全區的安全。當塞族部隊攻占兩個安全區後，安理會在美國的推動下，授權北約使用空軍，轟炸塞軍陣地。總之，聯合國在波士尼亞內戰中的角色，已由最初的中立者轉變為交戰者，對付塞軍。

　　索馬利亞的內戰導致嚴重的飢荒。聯合國安理會於1992年4月24日通過第751號決議，成立「聯合國索馬利亞行動」（UN Operation in Somalia），任務是協助安排立即停火並維持永久性停火，提供緊急人道救濟，監督當地的警察，促進索國的全國和解及政治解決。然而，索馬利亞的軍閥及盜匪橫行，聯合國的救濟工作難以展開。安理會乃於1992年12月3日通過第794號決議，指明索馬利亞的情勢對國際和平與安全構成威脅，因此在憲章第七章下授權秘書長及會員國與美國合作，使用一切必要手段，以便為索馬利亞的人道救濟工作建立一個安全的環境。美國為此派出二萬八千名部隊，另外二十國共派出一萬七千名部隊，組成「聯合特種部隊」（Unified Task Force）。惟美國自定出兵期限，說明一俟索國安全環境建立，美軍即行撤離，並將安全任務轉交給聯合國正規和平部隊。鑑於美軍已逐漸撤離，安理會於3月26日通過第813號決議，成立一支二萬八千名的聯合國第二次索馬利亞行動（UN Operation in Somalia II），並在憲章第七章下授權必要時使用武力，以保障人道救濟的工作，恢復和平，解除軍閥的武裝。五千名美軍亦參加聯合國第二次索馬利亞行動。聯合國部隊的任務已非單純的人道救濟工作，而涉及恢復秩序，攻擊好戰份子，解除軍閥的武裝，以致與軍閥的利益發生直接衝突。索國武力最強大的軍閥艾迪將軍（General Aidid）指使手下攻擊聯合國部隊，造成包括美

軍在內的數十人的傷亡，並將一名美軍屍體拖行街上，示眾洩憤。此種羞辱美國的情形，經由電視傳送至美國後，引發群情譁然，認為政府不應犧牲美國人的生命去干涉與美國利益無關的他國事務。柯林頓政府被迫自索馬利亞撤軍。聯合國亦不得不放棄原先強硬干涉索國內戰的政策。

五、國際經濟區域化增強

冷戰結束後，國際經濟區域化之趨勢較以往更為強盛。如**表**2-1所示，國際經濟區域集團之數目50年代是二個，60年代是八個，70年代是五個，80年代是七個，但是自1989年迄今，已成立者高達十五個。

表2-1　國際經濟區域組織一覽表

名　　　稱	成　員　國	成立時間
歐洲煤鋼聯營(European Coal and Steel Community)	法國、西德、義大利、荷蘭、比利時、盧森堡	1952.7.10
歐洲共同市場(European Common Market)	法國、西德、義大利、荷蘭、比利時、盧森堡	1958.1.1
歐洲自由貿易協定 (European Free Trade Association)	奧地利、芬蘭、冰島、列支敦斯登、挪威、瑞典、瑞士	1960.1.4

名　　　稱	成　員　國	成立時間
盧比荷經濟聯盟(Benelux Economic Union)	比利時、盧森堡、荷蘭	1960.11.1
中美洲共同市場(Central American Common Market)	哥斯大黎加、薩爾瓦多、瓜地馬拉、宏都拉斯、尼加拉瓜	1961.6.3
阿拉伯經濟統合理事會 (Council of Arab Economic Unity)	埃及、伊拉克、約旦、科威特、利比亞、茅利塔尼亞、索馬利亞、敘利亞、阿拉伯聯合大公國、葉門、（巴勒斯坦解放組織）	1964.5.30
中非關稅暨經濟聯盟 (Central African Customs and Economic Union)	喀麥隆、中非共和國、查德、剛果、赤道幾內亞、加彭	1964.12.8
歐洲共同體(European Community)	比利時、法國、西德、義大利、盧森堡、荷蘭[註1]	1965.4.8
東南亞國協(Association of Southeast Asian Nations)	汶萊、印尼、馬來西亞、菲律賓、新加坡、泰國	1967.8.9
安地斯集團(Andean Group)	玻利維亞、哥倫比亞、厄瓜多、秘魯、委內瑞拉	1969.10.16
西非經濟共同體(West African Economic Community)	貝南、布吉納法索、象牙海岸、馬利、茅利塔尼亞、尼日、塞內加爾	1972.6.3
加勒比海共同市場 (Caribbean Community and Common Market)	安地卡、巴哈馬、巴貝多、貝里斯、多米尼克、格瑞那達、蓋亞那、牙買加、蒙哲臘、聖克里斯多福、聖露西亞、聖文森、蘇利南、千里達	1973.8.1

(續)表2-1　國際經濟區域組織一覽表

名　　　稱	成　員　國	成立時間
西非國家經濟共同體 (Economic Community of West African States)	貝南、布吉納法索、維德角共和國、象牙海岸、甘比亞、迦納、幾內亞、幾內亞比索、利比亞、馬利、茅利塔尼亞、尼日、奈及利亞、塞內加爾、獅子山、多哥	1975.5.28
拉丁美洲經濟體(Latin American Economic System)	阿根廷、巴貝多、貝里斯、玻利維亞、巴西、智利、哥倫比亞、哥斯大黎加、古巴、多明尼加、厄瓜多爾、薩爾瓦多、格瑞那達、瓜地馬拉、蓋亞那、海地、宏都拉斯、牙買加、墨西哥、尼加拉瓜、巴拿馬、巴拉圭、秘魯、蘇利南、千里達、烏拉圭、委內瑞拉	1975.10.17
大湖國家經濟共同體 (Economic Community of the Great Lakes Countries)	蒲隆地、盧安達、薩伊	1976.9.26
南部非洲發展協調會議 (Southern African Development Coordination Conference)	安哥拉、波札納、辛巴威、賴索托、馬拉威、莫三比克、納米比亞、史瓦濟蘭、坦尚尼亞、尚比亞	1980.4
拉丁美洲統合協會(Latin American Integration Association)	阿根廷、玻利維亞、巴西、智利、哥倫比亞、厄瓜多爾、墨西哥、巴拉圭、秘魯、烏拉圭、委內瑞拉	1981.3.18
海灣合作理事會(Gulf Cooperation Council)	巴林、科威特、安曼、卡達、沙烏地阿拉伯、阿拉伯聯合大公國	1981.5.25
東部和南部非洲優惠貿易區(Preferential Trade Area of Eastern and Southern Africa)	安哥拉、辛巴威、賴索托、馬拉威、莫三比克、史瓦濟蘭、坦尚尼亞、尚比亞、衣索比亞、蒲隆地、吉布地、喀麥隆、肯亞、盧安達、模里西斯、索馬利亞、蘇丹、烏干達	1981.12

名　　　稱	成　員　國	成立時間
中非國家經濟共同體(Economic Community of Central African States)	蒲隆地、喀麥隆、中非共和國、查德、剛果、赤道幾內亞、加彭、盧安達、聖多美及普林西比、薩伊	1983.10.18
經濟合作組織(Economic Cooperation Organization)	伊朗、巴基斯坦、土耳其(註2)	1985
南亞區域合作聯盟(South Asian Association for Regional Cooperation)	孟加拉、不丹、印度、馬爾地夫、尼泊爾、巴基斯坦、斯里蘭卡	1985.12
阿拉伯合作理事會(Arab Cooperation Council)	埃及、伊拉克、約旦、葉門	1989.2.16
阿拉伯馬格理布聯盟(Arab Maghreb Union)	阿爾及利亞、利比亞、茅利塔尼亞、摩洛哥、突尼斯	1989.2
亞太經濟合作會議(Asia Pacific Economic Cooperation)	東協成員國、澳大利亞、加拿大、智利、中國大陸、香港、日本、南韓、墨西哥、紐西蘭、巴布亞紐幾內亞、台灣、美國	1989.11.7
澳紐自由貿易區	澳大利亞、紐西蘭	1990.7
維謝格拉德集團(Vicegrad Group)	匈牙利、波蘭、捷克、斯洛伐克	1991.2
南美南錐體共同市場(Southern Cone Common Market)	阿根廷、巴西、巴拉圭、烏拉圭	1991.3.26
中歐初始集團(Central European Initiative)	奧地利、波士尼亞赫塞哥維納、克羅埃西亞、捷克、匈牙利、義大利、前南斯拉夫之馬其頓、波蘭、斯洛伐克、斯洛維尼亞	1991.7.27

(續)表2-1　國際經濟區域組織一覽表

名　　稱	成　員　國	成立時間
歐洲聯盟(European Union)	奧地利、比利時、丹麥、芬蘭、法國、德國、希臘、冰島、義大利、盧森堡、荷蘭、葡萄牙、西班牙、瑞典、英國、愛爾蘭	1992.2.7
波羅的海理事會(Council of the Baltic Sea States)	丹麥、愛沙尼亞、芬蘭、德國、拉脫維亞、立陶宛、挪威、波蘭、俄羅斯、瑞典	1992.3.5
黑海經濟合作區(Black Sea Economic Cooperation Zone)	阿爾巴尼亞、亞美尼亞、亞塞拜然、保加利亞、喬治亞、希臘、摩爾多瓦、羅馬尼亞、俄羅斯、土耳其、烏克蘭	1992.6.25
南部非洲發展共同體(Southern African Development Community)	安哥拉、波札納、賴索托、馬拉威、莫三比克、納米比亞、南非、史瓦濟蘭、坦尚尼亞、尚比亞、辛巴威	1992.8.17
北美自由貿易區(North American Free Trade Area)	美國、加拿大、墨西哥	1992.12
中美洲自由貿易區(Central American Free Trade Area)	薩爾瓦多、宏都拉斯、瓜地馬拉、尼加拉瓜	1993.2
獨聯體經濟聯盟(Economic Union of the Commonwealth of Independent States)	亞美尼亞、白俄羅斯、哈薩克、吉爾吉斯、摩爾多瓦、俄羅斯、烏茲別克、塔吉克、亞塞拜然	1993.9
歐洲經濟區(European Economic Area)	比利時、丹麥、法國、德國、希臘、義大利、盧森堡、荷蘭、葡萄牙、西班牙、英國、愛爾蘭、挪威、瑞典、奧地利、芬蘭、列支敦士登、冰島	1993.12.31

　　除了上述已成立的經濟區域組織外，未來預定成立者尚有
公元2000年成立的非洲東部及南部十五國組成的共同市場，
2005年成立的南北美洲自由貿易區，2007年成立的東協自由貿
易區，2010年歐盟與環地中海國家成立的優惠貿易區及2020年
成立的亞太自由貿易區。

　　國際經濟區域化增強的原因有多重。首先，兩極化國際體
系結束後，經濟問題的重要性凸顯出來，而成為國際關係中的
焦點。蘇聯空有與美國相等的核子武力，但是經濟積弱不振，
致失超強地位。美國布希總統即使在海灣戰爭中贏得輝煌的勝
利，但是在總統大選中卻敗於強調振興國內經濟的柯林頓
（William J. Clinton）。各國認知國際經濟力量在國家綜合國
力中居於非常重要的地位，因而致力於經濟發展，而區域性經
濟整合或合作有助於成員國的經濟發展。

　　其次，各國經濟相互滲透、相互依存的程度日深。全球跨
國公司已多達三萬五千多家，子公司亦多達十五萬家，遍及全
球各國，滲透到各個經濟領域。生產專業化程度又日益提高。
一件產品通常需要數國共同完成，其中每個國家只生產本國具
有成本優勢的產品。90年代，極少產品是完全在一個國家內生
產的。大至飛機、汽車，小至迷你型電腦，由原料、零組件乃

至於最後的組裝生產線，皆分別在不同國家內完成。上述發展更大幅增加全球的貿易量及國際間資本的流動，深化了各國經濟相互依存的程度。統計顯示，全球貿易總額已由1960年的二千七百億美元，激增至1990年的六兆八千億美元，增加了二十五倍。而且90年代中，愈來愈多國家的經濟大量依賴對外貿易，例如，1990年英國對外貿易額已占其國民生產總額的48%，加拿大亦高達47%，荷蘭更高達95%。[13]

　　關稅暨貿易總協定雖然是推動國際自由貿易的組合，但該協定的第24條允許各締約國得組成區域性經濟組織，包括自由貿易區、關稅同盟及過渡協定三者，成為最惠國待遇及國民待遇兩大原則之例外。因此，國際上的自由貿易區和關稅同盟在60年代即已出現，但是為數不多。在冷戰時期，傳統的政治和軍事聯盟為構成國際關係型態的主要結合體。然而，後冷戰時期，區域性經濟組合已取代政治和軍事同盟的傳統重要地位。政治組合（如不結盟運動）和軍事同盟（如北約）為自己在國際上的定位或任務而困擾不已時，區域性經濟組合卻有如雨後春筍，紛紛出現。許多國家皆忙於形成新的經濟聯盟，或是擴大既有的經濟組合，恢復久未活動的經濟組合。各國的心態似乎是：如果不屬於一個經濟組合，則難以維持生存或繁榮。[14]

　　區域性經濟組合大體上可分為三類。[15]第一類是共同市場，最典型的例子是歐洲共同市場。共同市場的成員彼此之間進行自由貿易、投資等活動，對外則形成共同關稅及貿易領域。第

---

[13] 楊振富，「區域經貿組織，跨國開闢利益」，聯合報，民國 84 年 12 月 30 日，版 7。

[14] Robert Wright, "Economic Alliances Finding Old Enemies," *The Japan Times* (JT), March 24, 1992, p.11.

[15] 同上註。

二類是自由貿易區,最重要的例子是北美自由貿易區,區內成員彼此之間貨物自由流通,同時允許各成員決定與區外各國進行貿易的規則。第三類可統稱為聯盟(alliance),其名稱則五花八門,如黑海經濟合作區、亞太經濟合作會議、東南亞國家協會、海灣合作理事會等。這類組合是經由協商,促進經貿等相關領域的合作。

區域性經濟組合的特點,是對內減免或消除關稅,開放市場,為相互投資提供優惠待遇,對外則抵禦非成員國的競爭。其優點是有益於發揮規模經濟的效益,增加經濟發展的活力,並且可透過貿易創造效應,有效的擴大成員國之間的貿易。例如,1993年由阿根廷、巴西、巴拉圭和烏拉圭成立的南錐共同體內部貿易額達到了八十億美元,幾乎比八年前增加了三倍。在90年代初世界經濟普遍不景氣的情況下,巴西和阿根廷的經濟成長率分別達到了4.5%和7%。[16]

區域性經濟組合的缺點,是具有一定的排他性,從而影響與非成員國家的經貿往來,甚至使得國際經濟的協調更加複雜和困難。

然而,國際經濟區域化又是與國際經濟全球化並行的一種現象。區域性經濟組合在促進各成員國經濟增長的同時,也促進生產的專業化,導致各國的市場需求擴大。此不僅增加了區域內產品的需求,也增加了對區域外產品的需求,致使其對區域外貿易的排他性所產生的效應降低或大部分得以抵銷。因此,國際經濟區域化可以增加世界貿易的總量,從而在某種程

---

[16] 張健雄,「區域經濟集團化趨勢」,光明日報,1995 年 1 月 1 日,版 3。

度上對經濟全球化發揮了累積性的作用。[17]

　　國際經濟在區域化的發展中，似乎已形成北美自由貿易區、歐洲聯盟及亞太經濟合作會議三大經濟體鼎足之勢。由**表2-2**可知，三大經濟體各有所長。歐盟貿易量占全球貿易量的38.5%，北美自由貿易區的生產總額占全球生產總額的29.2%，而亞太經濟合作會議則擁有全球37%的外匯存底。

表2-2　　1993年三大區域經濟體經濟規模表

經濟規模 \ 經濟體	GDP (億美元)		人口 (萬人)		土地面積 (萬平方公里)		貿易額 (億美元)		外匯存底 (億美元)	
	總額	占全球比重(%)	總數	占全球比重(%)	總數	占全球比重(%)	總額	占全球比重(%)	總額	占全球比重(%)
歐洲聯盟 (EU)	66,970	26.9	37,000	7.1	315	2.1	28,920	38.5	3,082	31.1
北美自由貿易區 (NAFTA)	72,570	29.2	37,800	7.3	2,049	13.5	14,320	19.1	769	7.8
亞太經濟合作組織 (APEC)(不含美、加、墨、汶萊)	62,480	25.1	176,600	34.1	2,233	14.8	19,550	26.0	3,664	37.0

資料來源：張倩萍，「世界三大經濟體各有所長」，經濟日報，民國84年7月5日，版2。

---

[17] 同上註。

第三章
後冷戰時期美國的全球及
亞太戰略

布希政府時期正逢冷戰終結而國際兩極體系向多極體系過渡之際。布希政府的全球及亞太戰略因而亦帶有過渡色彩，即未完全拋棄冷戰時的戰略觀念，也針對國際變局而作了一些調整。此等調整成爲柯林頓政府戰略的基礎。

一、布希政府的全球戰略

　　布希政府時期，冷戰結束，蘇聯瓦解，美國成爲唯一超強，又領導聯軍在海灣戰爭中獲得輝煌的勝利。因此，其全球戰略亦反映美國在國際社會的優越地位及對國際秩序的新構想。

　　布希政府的全球戰略有兩項特點。第一，美國繼續在國際社會扮演領導者的角色，並求建立基於民主政治和市場經濟的新國際秩序。第二，美國在軍事上改採贏取兩個主要區域戰爭的戰略。

(一)新國際秩序

　　全球的民主浪潮，尤其是蘇聯與東歐共黨國家的政治改革，以及蘇聯、中共和東歐共黨國家的經濟改革，顯示民主政治及市場經濟的正確性及優越性。因此，布希於 1989 年 5 月 24 日即表明支持反映美國價值的「新國際秩序」，以取代冷戰時的兩極體系。美國在新國際秩序中追求的目標是民主國家及活力充沛的市場經濟體系之擴展。布希認爲前者是國際和平與安定之基石，後者爲全球經濟繁榮及進步之源泉。[1]

---

[1] George Bush, "Security Strategy for the 1990s," *U.S. Department of State*

1991 年 4 月 31 日，布希在麥斯威爾（Maxwell）空軍基地的演說中，對新國際秩序的內涵作了進一步說明。[2]首先，新國際秩序乃美國與其他國家共同運作的新方式（new ways），以求嚇阻侵略，獲致安定、繁榮及和平。其次，新國際秩序乃基於各國承諾奉行一套公認的原則，包括和平解決爭端、共同對抗侵略、裁減和管制軍備及公平對待世界各民族。

　　國務卿貝克（James A. Baker, III）於 1992 年 4 月在芝加哥外交關係協會演說中提出「共同交往」（collective engagement）之說，表示美國應扮演領導者及媒介者的角色，與盟邦及友邦同心協力，擴大市場經濟民主國家的陣容，從而締造以民主政治和自由經濟爲支柱的和平。[3]貝克認爲，美國在第一次及第二次大戰後，皆曾領導各國，建立新的和平秩序，如今在冷戰結束後亦應領導各國，爲全球贏取「民主的和平」（democratic peace）。美國不是世界警察，但是亦不能重返孤立，坐視國際情勢的發展。他認爲，由於各國皆信任美國，因此，美國的領導可發揮「催化劑」（catalyst）的作用，糾合各國，基於共同的價值及利益，經常透過國際組織，爲世界和平而努力。

　　布希認爲，冷戰結束後，過去強權對抗的局面有望由強權協力維持和平所取代，而海灣戰爭即是典型的例子。此種看法顯然過於樂觀。季辛吉即曾指出，海灣戰爭中強權合作是特例，

　Current Policy, No.1178 (May 1989).

[2] George Bush, Address by the President to the Air University, (Washington, D.C.: The White House, Office of the Press Security, April 13, 1991).

[3] Secretary Baker, "A Summon to Leadership," *US Department of State Dispatch* (以下簡稱 Dispatch), Vol.3, No.17 (April 22, 1992), pp.321-324.

並非常態。[4]1997 年 10 月至 1998 年 2 月，伊拉克拒絕聯合國武器檢查人員至總統府及總統行館，美國威脅動武，但是中共、俄國及法國等列強反對美國動武。1991 年海灣戰爭中列強與美國積極合作或消極不反對的情形已不復存在。然而，布希的「新國際秩序」與貝克的「共同交往」，所追求的目標與柯林頓政府的「交往與擴大」戰略的目標並無不同。

(二)贏取兩個主要區域戰爭

甘迺迪政府時期，美國國力鼎盛，又面臨中蘇兩共政權在歐亞兩洲對自由世界安全的威脅，因此採取「兩個半戰爭」的戰略，即準備同時應付兩個全球性的戰爭及一個區域性的戰爭。越戰大傷美國元氣，尼克森又與中共和解，牽制共同的主要敵人——蘇聯，因此，美國改採「一個半戰爭」的戰略，即準備應付蘇聯引發的一場全球性戰爭及可能出現的區域性衝突。

冷戰結束後，蘇聯威脅消失，美國人要求削減國防費用，希望享受「和平的紅利」（peace dividend）。布希政府雖然進行裁減軍力，但是最初仍擬採「優勢戰略」（Strategy of Preponderance），以阻止他國挑戰美國的國際優越地位。此一計畫經媒體披露後，引起國內外的強烈批評。[5]布希政府改採「區域防衛戰略」（Regional Defense Strategy），主要目的是與區域內的盟邦合作，阻止任何敵對的強權稱霸歐洲或亞太地區，並加強防範對美國利益再度出現全球性威脅的情勢。在該戰略下，美國的重點是嚇阻及贏取區域性戰爭，惟亦保持擊敗全球

---

[4] *Washington Post* (WP), Feb. 26, 1991, p.A21.
[5] *New York Times* (NYT), March 8, 1992, P.A1.

性威脅的潛力。

　　根據該項戰略，布希政府依照當時的安全環境，提出七大區域衝突的「假設狀況」，即海灣戰爭再度爆發、韓戰的再度爆發、二者同時發生、俄國入侵波羅的海三小國、菲律賓政變、巴拿馬軍人政變，及俄國再度與美國展開全球對抗。爲了因應此等假設狀況，布希政府提出「基盤武力」（the Base Force）。除了戰略核武須依照與俄國所簽裁減核武條約的規定外，美國的傳統武力結構如下：

　　1.陸軍：十二個現役師，八個備役師；

　　2.海軍：四百五十艘軍艦，包括十二艘航空母艦；

　　3.陸戰隊：二點五個現役師，一個備役師；

　　4.空軍：十五至二十五個現役戰鬥機聯隊，十一至二十五個備役戰鬥機聯隊。[6]

　　針對區域衝突的可能性，美國擬訂「區域防衛戰略」。在該戰略下，一旦區域衝突發生，美國會先採取防衛性反應，然後再部署較多的武力，進行反攻，贏取勝利。如果兩個區域性戰爭幾乎同時發生，美國武力的部署需精打細算，部署的先後次序亦須作戰略性決定。[7]此種構想與柯林頓政府的「贏－穩－贏」（Win-Hold-Win）戰略如出一轍。

---

[6] 引自 Martin L. Lasater, *The New Pacific Community: U.S. Strategic Options in Asia* (Boulder, col.: Westview Press, 1996), pp.12-13.

[7] *Ibid.*, pp.14-15.

二、布希政府的亞太戰略

　　布希政府的亞太戰略一方面求維持權力平衡，他方面求將亞太國家整合為市場經濟和民主政治的共同體（a community of market democracies）。該戰略的特點有四。第一，美國雖然裁減亞太駐軍，但對亞太地區的安全承諾不變；第二，美國仍以雙邊安全關係為重，而不支持多邊區域安排；第三，美國的政策是「經濟整合而防衛分歧」（Integration in Economics, Diversity in Defense）；第四，美國的角色是維持區域的動態平衡。[8]

　　布希政府的亞太戰略充分反映於亞太助卿索羅門（Richard Solomon）的「平衡車輪」（the Balancing Wheel）說、國務卿貝克的「扇形架構」（the Fan Framework）說，以及布希政府的亞太戰略架構報告。

　　1990 年 2 月索羅門於眾議院外交委員會亞太小組委員會作證說，美國在亞太的目標是建構新的伙伴關係；美國戰後經由與亞太國家的雙邊安全關係，已成為結合各國的核心力量，並在政治、文化和歷史分歧的亞太區域中，扮演「動態的平衡者、緩衝者及安全保證者」的多重角色。他認為，由於世界上軍力最強的幾個國家皆在亞太地區，而且彼此之間的關係並不穩定，因此，如果美國撤減部署亞太的武力，將會使嚇阻力之可信性降低，導致權力真空而引發其他列強競相填補之，不利亞太地區的和平與安定。因此，美國在可見的未來，是亞太地

---

[8] *Ibid.*

區無法替代的「平衡車輪」。[9]

　　同年 10 月 30 日，他在加大聖地牙哥分校的演說中，提出「經濟整合、防衛分歧」之亞太安全戰略。[10]他指出，亞太地區經濟成長的力量已導致區域整合，而亞太經合會將來會發展為亞太地區以市場經濟取向為共同目的之多邊機制。然而，在安全方面，他強調亞太地區與歐洲不同，威脅來源不止一端，致各國對威脅的認知分歧，因此，未來仍不宜以區域性防衛組合解決問題，而仍應依賴美國與亞太國家所建立的雙邊安全關係。他認為，亞太地區實分為三個次區域安全區：即東北亞、東南亞及南太平洋；而每一安全區的問題及參與國皆各不相同。亞太安全問題如果需要多邊機構解決，聯合國可扮演此一角色。

　　貝克於 1991 年 11 月 11 日在日本東京發表演說，提出「扇形架構」說。[11]貝克說明美國的亞太戰略與亞太國家交往的政策。他強調，美國必須與亞太及歐洲國家保持交往，方可成功的建立新國際體系。他首先指出，面對亞太的新局勢，一個繁榮而安定的太平洋共同體（a Pacific Community）的建立，端賴三大支柱：即經濟整合的架構、民主化趨勢的獎勵，及防衛結構的界定。他認為，美國在亞太的利益是維持市場的開放及

[9] Richard H. Solomon, Assistant Secretary of State for East Asian and Pacific Affairs, "Sustaining the Dynamic Balance in East Asia and the Pacific," *U.S. Department of State Current Policy*, No.1255 (Feb. 1990).

[10] "Asian Security in the 1990s: Integration in Economics, Diversity in Defense," *Dispatch*, Vol.1, No.12 (Nov. 5, 1990), pp.243-248.

[11] Secretary Baker, "The US and Japan: Global Partners in a Pacific Community," *Dispatch*, Vol.2, No. 13 (Nov. 18, 1991), pp.841-846; James A. Baker, III, "America in Asia: Emerging Architecture for a Pacific Community," *Foreign Affairs*, Vol.70, No.5 (Winter 1991-92), pp.1-17.

阻止與美國和美國友邦敵對的國家或國家集團稱霸。亞太地區已是美國的最大貿易伙伴。美國與亞太地區的雙邊貿易已超過與大西洋地區的雙邊貿易，超過的比例已達三分之一。戰後以美國爲核心的雙邊同盟關係促成東亞的安定與繁榮。美國的駐軍及安全承諾形成一個非正式但卻非常有效的「平衡車輪」。

　　他將美國與亞太地區交往的結構體比喻爲一把打開的摺扇，底部在北美洲，西向越過太平洋。摺扇的核心扇骨是美日同盟，向北伸展的扇骨是美韓同盟，而向南伸展的扇骨則是美國與菲、泰、澳等國的同盟，連接各扇骨的則是共享的經貿利益，而亞太經合會即是反映該等利益的組合。

　　貝克認爲，美國與亞太國家的雙邊安全條約關係及前置部署的軍力仍是亞洲安全結構的基礎。冷戰的終結，導致美國友邦的力量增強，但是亦對安全帶來新的挑戰。此使美軍的結構、防衛活動及維持區域安定的手段皆須加以調整。惟因亞太國家對安全威脅的認知不一致，難以成立類似歐洲的多邊安全組織。美國雖然亦對亞太出現多邊安全機制的可能性加以注意，但是認爲尙不宜建立正式的多邊安全組織。美國在亞太的安全角色，亦由圍堵蘇聯轉爲地緣政治上的平衡者、公平的中介人，及不確定威脅的防阻者。換言之，美國的戰略由圍堵轉爲維持權力平衡。

　　布希政府認爲冷戰的結束對亞太安全的影響不大，因此，在 1990 年 4 月提出名爲「亞太邊緣地區的戰略架構：展望 21 世紀」（A Strategic Framework for the Asian Pacific Rim: Looking Toward the 21st Century）的報告（簡稱爲亞太戰略架構報告）中，維持美國冷戰時期亞太戰略的基本內涵。美國的前置駐軍、海外基地、雙邊安全協定對維持區域安定、嚇阻侵略及維護美

國利益，仍然不可或缺。惟該報告亦提出十年三階段裁減十三萬五千亞太駐軍的計畫。第一階段（1990 年至 1992 年）削減一萬四千至一萬五千人，包括在南韓的七千人，在日本的五千人，在菲國的二千人。第二階段（1993 年至 1995 年）和第三階段（1996 年至 2000 年）的裁減情形則視其時的國際情勢而定。惟駐日美軍會長期維持不變。[12]美國在冷戰告終後仍在亞太大體上維持冷戰時的駐軍規模。該報告對此提出下列三大理由：(1)俄國仍在東北亞維持強大武力；(2)亞太國家的先進武器仍在擴散；(3)朝鮮半島及其他亞太地區仍可能爆發危機。

1992 年 7 月，布希政府向國會提出第二份亞太戰略架構報告。[13]該報告指出，由於蘇聯的瓦解及冷戰的終結，美國在亞太的區域性角色，在冷戰時的戰略中原本居於次要地位，如今已轉居主要地位。美軍在亞太的基本安全任務是：防衛夏威夷、阿拉斯加及兩地與美國本土的交通線；保護美國領土及自由協約國（Freely Associated States）；協防盟邦；維持太平洋、印度洋、波斯灣、東海及南海交通線的安全。

該報告說明至 1995 年駐亞太美軍僅作小幅調整，包括自日本琉球撤出三千四百八十九人，自南韓撤出六千五百人。惟因菲律賓基地不再續租，駐菲國的一萬四千八百人全部撤離，其中約一千人調往亞太其他地點。另外，在海上巡弋或其他前置部署的（afloat or otherwise forward deployed）美軍約二萬五千八百人則維持不變。總之，駐亞太美軍由 1990 年的十三萬五千六百人減至 1995 年的一萬零二百二十四人（見**表 3-1**）。

---

[12] *A Strategic Framework for the Asian Pacific Rim: Looking Toward the 21 st Century: A Report to Congress* (Department of Defense, Feb. 28, 1991).

[13] *A Strategic Framework for the Asian Pacific Rim: Report to Congress* (Department of Defense, 1992).

表 3-1　　布希政府裁減亞太駐軍計畫表

年　　　度	1990	1992	1995
日　　　本	50,000	45,277	44,527
南　　　韓	44,000	37,413	30,913(註1)
菲　律　賓	14,800	2,000(註2)	
海上巡弋等	25,800	25,800	26,800(註3)
合　　　計	135,600	111,490	102,240

註1：因北韓核武問題，美軍撤減計畫暫予凍結。

註2：後因菲律賓拒絕續租基地，美軍於1992年全部撤離，而非僅2,000人。

註3：包括自菲律賓撤出而部署至其他地區的1,000人。

兩次報告顯示，布希政府顯然不認為後冷戰時期的亞太駐軍有大量裁減的必要。

三、柯林頓政府的全球戰略

柯林頓於 1992 年當選總統後，即提出「交往」戰略，並且說明該戰略追求的主要目標有三：(1)改組軍力，減低軍費；(2)與盟國合作，促進民主政治與市場經濟的擴展和鞏固；(3)重建美國經濟的領導地位，刺激全球經濟的成長與繁榮。[14]1993年柯林頓的國安會顧問雷克（Anthony Lake）提出以「擴大」戰略取代冷戰時期的圍堵戰略。柯林頓首次於 1993 年提出的國家安全戰略報告雖然在內容上納入「擴大」戰略追求的目的——擴展全球的民主政治，但是稱其全球戰略為「交往與領

---

[14] Martin L. Lasater, *The New Pacific Community: U.S. Strategic Options in Asia* (Boulder, Col.: Westview Press, 1996), p.30.

導」（Engagement and Leadership）。[15]1994 年至 1996 年的報告方明定「交往與擴大」（Engagement and Enlargement）爲美國的全球戰略。1997 年的報告標題雖不同，但是「交往與擴大」的實質內容不變。[16]

該戰略的運作是依循三大核心原則。第一，全球領導(global leadership)。美國不是世界警察，但是經濟及軍事力量皆首屈一指，更是民主價值的大本營。因此在國際社會塑建安定的政治關係及開放的貿易，美國是不可或缺的國家。第二，預防外交。美國透過外交談判、經濟援助、軍事部署等各種手段，協助解決問題、降低緊張情勢、化解衝突，以免出現危機。美國以最少的人力及物力代價，消弭危機，是對美國的安全作了明智的投資。第三，選擇性介入。美國會針對涉及本身安全利益最密切相關的挑戰，加以因應；運用可以發揮作用的資源和最適當的工具；並視情況而採取片面行動或多邊行動。

「交往與擴大」戰略的中心目標有三：(1)以有效的外交及軍事力量強化美國的安全；(2)增進美國的經濟繁榮；(3)在海外推廣民主政治。三項目標相輔相成，密不可分。柯林頓在 1995 年的報告中指出，有安全的國家會更願支持自由貿易並維持民主政治；國家而有不斷成長的經濟及強大的對外貿易關係，則會有安全感，並推行民主政治；民主國家比較不會威脅美國的利益，而更可能與美國合作應付安全威脅及促進自由貿易。

交往與擴大戰略乃基於下列三大認知：

---

[15] *National Security Strategy of the United States* (The White House, Jan. 1993), p.3.

[16] *A National Security Strategy of Engagement and Enlargement* (The White House, Feb. 1994); *Ibid.*, (Feb. 1995), *Ibid.*, (Feb. 1993), *A National Security Strategy for a New Century* (May 1997).

1. 全球性大戰不致發生，但是區域性戰爭可能發生；
2. 國際互恃日增，跨國性問題而危及美國安全的情形亦不斷增加；
3. 美國的領導不可缺少，惟友邦應分擔維持全球及區域安定的責任。[17]

柯林頓政府與其前任一樣，對安全威脅採取廣義的界定，而包括下列各項：

1. 敵視美國利益的的區域強權企圖在其區域稱霸；
2. 國家內部因種族、宗教等分歧而引發動亂，危害國際秩序；
3. 潛在的敵對國家獲取核生化武器及飛彈；
4. 前蘇聯、中歐、東歐或其他地區的民主及改革遭受威脅；
5. 恐怖主義；
6. 顛覆及無法度狀況危害友邦政府；
7. 美國的繁榮及經濟成長遭受威脅；
8. 全球環境的惡化；
9. 非法毒品走私；
10. 國際性犯罪。[18]

針對此等威脅，柯林頓政府採取下列五項主要措施：

1. 運用包括預防外交、預防防衛（preventive defense）、經濟援助、軍備管制、軍力部署、軍事援助及訓練等各種手段，塑造有利美國利益及國際安全的環境；
2. 以外交、經濟、軍事等各種手段，選擇性因應危機；

---

[17] William S. Cohen, U.S. Secretary of Defense, *Annual Report to the President and the Congress*, Apr. 1997, ch.1, pp.1-2.
[18] *Ibid.*

3.維持有效嚇阻和打贏兩個主要區域性戰爭的武力；

4.與志同道合國家，尤其是關鍵性國家，採取聯合軍事行動；

5.透過國際合作，打擊跨國性犯罪及恐怖活動。[19]

上述前三項措施合稱為「塑造—因應—準備戰略」（the shape-respond-prepare strategy）。[20]

柯林頓於競選時承諾於五年內削減七百億美元的國防預算。為了兌現該項承諾，同時又能維持有效嚇阻和打贏兩個主要區域性戰爭的武力，國防部長亞斯平（Les Aspin）於 1993年9月1日提出「全盤檢討」（Bottom-up Review）的報告。[21]該報告降低前置駐軍及海洋控制的重要性，而更重視快速武力的部署及機動性兩棲戰鬥的力量。

「全盤檢討」報告使用北韓南侵及伊拉克攻擊科威特及沙國兩個假想的區域衝突為例，說明如何贏取幾乎同時發生的區域性戰爭、四階段的戰爭進程，及軍力規劃。首先，針對兩場區域戰爭，美國先求穩住其中之一戰場上的情勢，迅速打贏另一場戰爭，然後再轉移軍力至下一場戰爭，以贏取勝利。此即通稱的「贏—穩—贏」。後因各界反應不佳，改為「贏—贏」（Win-Win Strategy）。其次，四階段的戰爭進程是：(1)穩住防衛線，儘量減少入侵敵軍對領土及重要設施之奪取；(2)繼續增強戰區的軍力及補給，同時削弱敵軍的作戰力；(3)美國及盟

---

[19] *A National Security Strategy for a New Century* (The White House, May 1997), pp.6-13.

[20] William S. Cohen, Secretary of Defense, *Report of the Quadrennial Defense Review* (May 1997), pp.iv-v.

[21] Les Aspin, *Report on the Bottom-up Review* (Washington, D.C.: Department of Defense, Oct. 1993).

邦陸空軍發動大規模反攻，以求決定性地擊潰敵軍；(4)留下部分美軍，以確保導致衝突的情況不再發生。最後，該報告估計，贏取一場主要區域戰爭的軍力包括四至五師陸軍，四至五個陸戰隊遠征旅（Marine Expeditionary Brigades），十個空軍戰鬥機聯隊，一百架重轟炸機，四至五個航空母艦戰鬥群，以及特殊行動部隊。

　　1997 年美國國防部提出的四年一度國防檢討報告，對未來的兵力結構雖然未作重大改變，但是計畫進一步削減軍隊，預計 2010 年時的人數比 2003 年的計畫人數減少十九萬五千人，其中現役軍人六萬人、後備軍人五萬五千人、文職人員八萬人。裁減的原則是以後勤補給人數為主，轉移資源於新科技的引進，以彌補軍隊人數的減少，並加強武力的現代化。美國國防人員的裁減如**表** 3-2。

　　「基盤檢討」下武力結構計畫及與 1997 年兵力結構之比較，如**表** 3-3。

表 3-2　美國國防人員之裁減表

年　　度	1989	1997	2003	2010
現役軍人	2,130,000	1,450,000	1,420,000	1,360,000
後備軍人	1,170,000	900,000	890,000	835,000
文職人員	1,110,000	800,000	720,000	640,000

資料來源：William Cohen, *Report of the Quadrennial Defense Review* (Department of Defense, May 1997), p.31.

表 3-3 美國武力之裁減表

年 度		1990	1998	1999	2003	2010
軍隊	現役	2,069,000	1,431,000	1,422,000	1,420,000	1,361,000
(人)	備役	1,128,000	892,000	889,000	890,000	835,000
陸軍	現役	18	10	10	10	10
(師)	備役	10	8[註]	8[註]	575(千人)	530(千人)
空軍	現役	24	13	13	13	12
(聯隊)	備役	12	7	7	7	8
(架)	轟炸機	364	182	184	187	187
海 軍	航空母艦 (艘) 現役	15	11	11	11	11
	航空母艦 (艘) 備役	1	1	1	1	1
	飛機 (聯隊) 現役	13	10	10	10	10
	飛機 (聯隊) 備役	2	1	1	1	1
	潛艇(艘)	93	66	45-55	52	50
	軍艦(艘)	546	346	330-346		
陸戰隊	現役	3	3	3	3	3
(師)	備役	1	1	1		

註：另加 15 個加強旅。

資料來源：William Cohen, *Annual Report to the President and the Congress* (Department of Defense, April 1997), p.16; *Report of the Quadrennial Defense Review* (Department of Defense, May 1997), p.30.

四、柯林頓政府的亞太戰略

柯林頓政府的亞太戰略亦如其全球戰略,是「交往與擴大」,但是亦冠以「新太平洋共同體」之美名,而將政治、經濟、軍事安全和意識形態四大利益融於一爐。布希政府早即提出太平洋共同體之概念。柯林頓刻意推陳出新,而名之為新太平洋共同體。然而,二者實際上是大同小異。

亞太助卿羅德(Winston Lord)於 1993 年 3 月參議院外委會任命聽證會上即提出新太平洋共同體之說。柯林頓於 7 月中旬訪問日、韓兩國時進一步加以說明。[22]綜合柯林頓政府官員的說法,新太平洋共同體是建立於六大主要基石(building blocks)上。

第一,美國與亞太國家的同盟條約關係,尤其是美日同盟關係。該等同盟關係雖然形成於冷戰時期,但是其角色已由反應性轉變為預防性;換言之,由冷戰時期圍堵特定國家的行為轉變為後冷戰時期預防任何國家危害和平與安定之行為。因此,美國繼續維持對日、韓、菲、泰、澳五國協防的堅定承諾;強化美、日安全合作的關係,使日本成為協助美國維持東亞安定的主要伙伴;同時亦推動恢復 1992 年終止的與菲律賓的軍事關係,包括軍事演習、美艦訪菲和軍事訓練。美國保持其維持亞太安定的領導角色及核心地位,但亦要求盟邦分擔責任。

---

[22] President Clinton, "Building a New Pacific Community," *Dispatch*, Vol.4, No.28 (July 12, 1993), pp.485-488; "Fundamentals of Security for a New Pacific Community," *Ibid.*, Vol.4, No.29 (July 19, 1993), pp.509-512.

第二，美國的亞太駐軍。美國繼續維持十萬名左右駐軍，以免亞太出現權力真空、爆發武器競賽。大部分駐軍在日、韓兩國。駐日美軍將長期維持不變，其功能除協防日本外，尚協助美國在亞太的軍事行動，亦可能含有阻止日本軍國主義再起的附帶而不便明言的作用。駐韓美軍的功能是嚇阻北韓南侵，並在韓戰再起時使美國自動介入。柯林頓政府已凍結裁撤駐韓美軍的計畫，但是美國、中共、南北韓「四邊會議」成功後，可能改變凍結政策。美國為求增加在東南亞的「軍事駐留」（military presence），除增加在新加坡的設施使用外，亦希望其他東南亞國家提供設施的使用及後勤支援。[23]

　　第三，多重安全體系。柯林頓主張發展多重亞太安全體系，以因應多重的威脅及機會。多重的安全體系有如相互重疊的多層鎧甲（overlapping plates of armor）。每片鎧甲可對人體的部分提供安全保護。多層的鎧甲自然會提供多重的保護。美國與亞太國家的雙邊安全體系是第一層鎧甲。柯林頓支持的區域性安全對話，諸如東北亞對話論壇（Northeast Security Dialogue Forum）、東協外長會後會（ASEAN Post-Ministerial Conference）、東協區域論壇（ASEAN Regional Forum），是第二層鎧甲。區域性經濟組合如亞太經合會亦可扮演降低區域情勢緊張的角色。柯林頓改變其前任反對亞太多邊安全體系的立場。但是正如國務卿克里斯多福在新加坡東協外長會後會公開強調的，區域性安全對話只是輔助而非取代美國在亞太的雙邊安全條約及前置駐軍。亞太助卿羅德亦表明，美國支持多邊安全對話，但不謀求建立正式的多邊安全公約，因為亞洲與歐

---

[23] *CP*, Jan. 16, 1998, p.2; 聯合報，民國 87 年 1 月 13 日，版 3。

洲的環境不同，不宜成立類似歐安組織的正式架構。[24]

第四，美國與中共的「全面交往」。中共爲美國在下世紀時的主要對手。美國要確保雙方的關係朝建設性方向發展，並使中共在國際體制內依照規範行事，成爲美國心目中負責、合作而有建設性的成員。美國希望透過交往，在共同利益的議題上進行合作；在利益和矛盾兼有的議題上求取共識、減少分歧；在利益無法調和的議題上防止或減少衝突。美國尤其希望與中共軍方各階層進行交往，促使中共軍事透明化、影響中共的軍事決策。美國的交往政策實暗含中共指責的「軟圍堵」。

第五，美國與亞太國家間開放而公平的經貿關係。美國對亞太國家的輸出已超過美國對外輸出的 60%，與美國的經濟繁榮與安全密切有關。美國對外貿易逆差亦大多在亞太地區。然而，亞太國家的市場不夠開放。美國一方面推動亞太經合會的自由貿易計畫，他方面運用外交談判壓力，迫使亞太貿易伙伴開放市場，進行「公平」貿易。

第六，民主政治的擴展。柯林頓認爲經濟成長，加上資訊時代的來臨，已使人們無法抗拒對自由的渴望；而民主政治的擴散是亞太和平、繁榮與安定的最佳保證之一。民主國家不僅會更能滿足人民的需要，亦會成爲較佳的鄰居，不會相互攻伐、實施恐怖主義、製造難民潮、販賣毒品、製造非法武器；在貿易及對話中亦是可靠的伙伴。因此，美國支持亞太地區民主改革的浪潮，要求各國尊重人權。

柯林頓政府在亞太地區所採的軍事戰略，美國太平洋部隊總司令拉森（Charles R. Larson）上將稱之爲「合作性交往」

---

[24] Winston Lord, "A New Pacific Community: Ten Goals for American Policy," *Dispatch*, Vol.47, No.36 (Sept. 6, 1993), pp.612-614.

（Cooperation Engagement）戰略。[25]該戰略與前述「塑造—因應—準備」戰略在內涵上頗爲類似。根據拉森的說法，「合作性交往」戰略包含三部分。第一，美國軍方在和平時期與亞太國家軍方進行交往，促使它們參加各類軍事計畫，包括與盟國舉行的大型軍事活動、小型的通訊演習、港口訪問、訓練計畫、人員交流等。第二，在危機發生時，美國力求嚇阻侵略並與盟國或友邦合作解決危機。美國會採取迅速而決定性的因應之道，以使敵友雙方瞭解美國是玩真的。第三，如果衝突不可避免，美國準備一戰並求取勝利。如果可能，美國會與友邦聯合行動，但必要時會單獨行動。

　　1995 年 2 月，美國國防部發表第三份亞太戰略報告。[26]國防部長裴利（William Perry）於報告中強調說，交往與擴大戰略在亞太地區追求的安全、繁榮與民主三大目標，特別息息相關；而交往的需要亦比其他地區更爲明顯。他指出，美國在亞洲的利益兩百年來繼續不變，即和平與安全；商業的准入；航行自由；及阻止任何霸權國家或集團的興起。在擴大接觸方面，該報告特別提及中共、俄國和越南。該報告亦強調亞太美軍前置部署的重要性，說明美國將維持十萬名駐軍，比 1990 年的十三萬五千名駐軍減少 25%。

---

[25] Remarks by Admiral Charles R. Larson, "Cooperative Engagement and Economic Security in the Asia-Pacific Region," National Defense University, March 3, 1993.

[26] *United States Security Strategy for the East Asia-Pacific Region* (Department of Defense, Feb. 1995).

第四章

美國對日本的政策

冷戰雖然結束，美國仍然力求維持冷戰時期簽訂的美日軍事同盟。日本因欠缺更好的安排，亦無意廢除之。美國將該同盟關係視爲美國對亞太政策的中心支柱，自然不願輕言放棄，而且鑑於亞太地區仍多不確定的因素，因此進一步強化兩國的安全合作。美日貿易問題在冷戰結束後似乎更難解決。日本在蘇聯威脅解除後，不願接受美國過分的經貿要求。美國不堪長期對日貿易的大量逆差，強力促使日本開放市場，改變經貿結構。日本已是政治及經濟大國，爲多極體系中之一極。美國因而與之建立全球伙伴關係。惟雙方在國際政治上的合作顯然受到經貿摩擦及猜忌的不利影響。

一、政治關係

(一)布希與海部同倡全球伙伴關係

　　美日全球伙伴關係在布希總統任內方成爲兩國共同承認的關係。「美日全球伙伴關係」的觀念，雖然在 80 年代後期已經出現，但是成爲兩國共同使用的戰略詞彙，則是始自布希與日本首相海部俊樹（Toshiki Kaifu）在 1989 年秋天的華府高峰會中。[1]全球伙伴關係的基本精神是動員兩國的資源，在適當的分工下，協助維護國際和平與安定。惟對此分工合作的說明，最初並非出自布希政府，而是海部本人。海部在 1990 年秋季

---

[1] George Aurelia, "Japan as America's Global Partner: Problems and Prospects," *Journal of Northeast Asian Studies*, Vol.XI, No.4 (Winter 1992), p.3.

的「外交政策」季刊上發表一篇「日本的看法」(Japan's Vision)，
說明日本對「全球伙伴關係」的看法。[2]

　　對於世局的看法，海部認為國際環境有兩個主要變化：其
一是共產國家的改變而自由民主制度成為世界潮流，從而東西
冷戰不再威脅世界的安全；其二是國家關係的改變，未來國家
之間的關係將以合作和對話代替對抗，並且隨著國際互賴的加
深，經濟及科技能力的重要性日增而軍事力量的地位不若昔日
重要。但是，他認為這些變化尚不足為世界帶來和平及穩定。
安全事務上，朝鮮半島上的對峙、蘇聯的崩解趨勢、種族、宗
教和民族主義的衝突，已成為新的不安定來源。所以，維護安
全必須透過外交努力、適當的軍事自保、發展適當的國際機制
等手段來達成。經濟上，工業國家間的通貨膨脹壓力、保護主
義情緒的增長、第三世界的外債問題等，正危及全球經濟的穩
定。其他如國際環境污染、毒品、恐怖主義等問題亦亟待解決。

　　海部指出，自二次大戰後，日本採行了非戰憲法，放棄武
力作為解決國際爭端的工具，如果武力仍然為國際秩序最主要
的決定因素，那麼作為一個非戰國家，日本對國際社會的貢獻
有限。但是在現今的國際環境下，合作及對話已取代飛彈而成
為達成和平秩序的工具，因此日本有機會亦有義務運用其經
濟、科技力量及經驗，協助建立一個國際關係的新架構。最後，
海部認為當前的國際問題需要美國、日本及歐市各國共同合作
才能有效解決。而美日兩國維持緊密的合作關係是最基本的要
件。換言之，兩國應共同致力於「全球伙伴關係」的建立。除
了國際環境污染、生態保育、毒品走私、恐怖主義等問題的合

---

[2] Toshiki Kaifu, "Japan's Vision," *Foreign Policy*, No.80 (Fall 1990), pp.28-39.

作外，美日應透過「安保條約」的防衛安排，共同維護亞太區域的穩定。例如兩國應嘗試將中共納入區域的和平及繁榮的架構之內；鼓勵南北韓的對話，達成和平統一；協助解決柬埔寨的內戰。美日亦應共同致力於國際自由經濟體制的維護，而首要的工作是完成關貿總協烏拉圭回合的談判。此外，日本將透過 1988 年提出的「國際合作倡議」（International Cooperation Initiative）計畫，增加「官方開發援助」（Official Development Assistance），協助受援國發展經濟。

　　由海部的文章觀之，日本似乎已體認到，本身的國力已到了可以且應該扮演世界大國角色的時刻。尤有進者，該篇文章於海部參加 1990 年七大工業國波士頓會議後發表。其時日本逐漸以亞洲國家在七大工業國會議的代言人自居。1989 年 6 月 4 日，中共血腥鎮壓民運後，日本雖然在西歐各國一片制裁聲浪中，不得不凍結對中共的貸款，但是認為過度孤立中共並不符合其利益。因此，在 1989 年的七大工業國巴黎會議中，日本便主張不應過度孤立中共。1990 年 7 月在休士頓七大工業國會議召開前，海部在美日首腦會談中向布希表示，日本將解除對中共貸款凍結的決定。在日本的主張下，七國高峰會議事實上不得不接受日本的方針，恢復日本對中共的貸款。1991 年七大工業國倫敦會議時，制裁中共的問題根本未被提及，西方國家對中共的制裁已經成為具文。由此可見，隨著國力的提升，日本已在國際政治上扮演大國的角色，而海部的文章正是日本欲扮演國際政治大國的一項宣示。

　　海部就任首相後，首次出訪的國家即是美國。他於 1989 年 8 月 31 日至 9 月 2 日在華府與布希總統舉行會談時，雙方皆以全球伙伴關係稱呼美日兩國的關係。布希明言，兩國全球

伙伴關係的運作有四大途徑。[3]首要途徑是在美日安保條約的基礎上從事安全合作。該約對兩國及亞太地區的安全皆至關重大，不可或缺。兩國在彼此安全合作關係及維護和平與安定的責任分攤上，皆應繼續密切磋商。第二種途徑是透過對全球政治與經濟自由的增進，以促進和平與繁榮。因此，兩國合作推動支援菲律賓民主與經濟改革的「多邊援助方案」（the Multilateral Assistance Initiative），鼓勵東歐國家進行的政經改革。第三種途徑是運用外交以協助解決區域衝突，包括繼續敦促柬埔寨戰亂的全面解決，加強對恐怖主義的防範。第四種途徑是經濟上的合作。兩國不僅在雙邊經濟關係上從事合作，化解爭議，更應在全球經濟問題上進行合作，例如，合作促進烏拉圭回合談判的成功。

海部回應時表示，美日兩國共同信奉民主與自由等重大觀念，在全球事務上亦是分攤主要責任的伙伴；兩國對世界和平與繁榮有關的諸多廣泛問題，必須共同合作；雙方基於全球伙伴關係，必須承擔與本身能力相符的責任。他表明決心在美日兩國密切合作的基礎上，使日本履行在國際上應扮演的角色。[4]

美日兩國皆支持全球伙伴關係，乃因冷戰結束後全球及區域性的情勢已發生重大變化，兩國必須考慮彼此的需求及國力。全球伙伴關係實是兩國雙邊關係的重新界定，並且可使雙方超越經貿摩擦和爭執的狀態，而邁向為各自的國家利益從事合作及協調的道路。全球伙伴關係顧名思義，顯示兩國是平等的伙伴，代表美國承認日本經貿及金融力量的大幅成長。惟由

---

[3] *U.S. Department of State Bulletin* (以下簡稱 Bulletin), Vol.89, No.2152 (Nov. 1989), pp.51-52.

[4] *Ibid.*, p.53.

前述布希的言論觀之，美國將全球伙伴關係視為要求日本多作貢獻的合法藉口。例如，美國可要求日本分擔國際責任，並與美國攜手合作維持國際新秩序。因此，美國期待日本在維持國際和平與安全、全球貿易自由化及全球政治民主化及全球生態環保等問題上，扮演國際領導者之一的角色。日本深知美國的期望，瞭解美國欲將以往雙邊關係中的責任分攤觀念全球化。日本分擔美國的全球責任，固然必須作出更多的付出，但是認為收穫亦大，例如日本與美國在雙邊關係中可居於平等地位，而且美國會容納日本參與全球權力的分享。尤有進者，日本可在與美國全球伙伴關係的保護性藉口下，逐漸扮演國際政治大國的角色，而不虞遭受國內外反對者的批評。

(二)海灣戰爭考驗全球伙伴關係

美日兩國雖然各有所圖，但是全球伙伴關係受到海灣戰爭的嚴重考驗。日本在該事件中，未能做出美國所期望的表現。1990 年 8 月 2 日，伊拉克入侵科威特事件爆發後，日本全國上下亦陷入外交及內政政策的劇烈爭辯之中。最初日本政府對該事件的反應頗為明快。8 月 5 日，外務省立即說服大藏省及通產省採取一致行動，趕在聯合國安理會討論因應伊科事件的對策前，宣布凍結科國在日資產及對伊拉克的二十六億經援，並停止進口伊國原油和與伊科兩國的貿易。日本進口的石油有11%來自伊科兩國，並且伊拉克當時尚積欠日本四十七億美元的貸款。因此，日本不顧自身經濟利益的重大損失，而主動作出制裁伊拉克的行為，確實表現了政治大國的風範，符合美國的期望。

然而，自美國決心以武力對付伊拉克之後，日本扮演全球

伙伴關係的考驗方真正開始。8 月 6 日，美國展開「沙漠之盾行動」（Operation Desert Shield）以防範伊拉克對沙國的攻擊後，日本政府便陷入應扮演何種角色的長考。日本所面臨的難題是除了經濟手段外，並沒有其他可行的選項。惟自美國的角度觀之，日本在外交上的表現乏善可陳。原先日本海部首相在伊科事件前曾計畫於 8 月 15 日至 27 日間訪問中東五國。在該事件發生後，美國頗希望日本能藉此項訪問與華府配合，提出解決方案。但是，日本外務省無法提出可行的政策建議以供海部到海灣地區從事斡旋，致使海部只好打消行程。[5]由於日本政府遲遲無法做出立即的政策反應，美國官員開始警告東京說，美國國內對日本的猶移不決已感到不耐，並向日本提出五項要求：(1)對海灣的防衛提供直接的援助，派遣人員及裝備，包括掃雷艇及運輸機等；(2)對美國領導的多國聯軍提供財政支援；(3)對受影響的阿拉伯國家提供經援；(4)宣布向美國購買主要武器裝備的計畫；(5)增加對駐日美軍的軍費分擔。[6]8 月 25 日，日本外相中山太郎代替首相訪問中東，並於次日首度承諾提供阿拉伯國家及多國聯軍十億美元的援助。[7]

日本內部政策的爭辯，首在是否應提供多國聯軍後勤支援或僅提供經濟援助。經過三週的長考後，海部首相於 8 月 29 日宣布日本的「中東貢獻政策」：(1)租用兩架民間飛機及一至

---

[5] Kent E. Calder, "Japan in 1990: Limits to Change," *Asian Survey,* Vol.XXXI, No.1(January 1991), pp.30-31; The Paul Nitz School of Advanced International Studies, *The United States and Japan in 1991: Discord or Dialogue?* (Washington, D.C.: The Paul Nitz School of Advanced International Studies of the Jones Hopkins University, 1991), p.16.

[6] *Daily Yomiuri,* August 19, 1990, p.1.

[7] Courtney Purrington and A. K., "Tokyo's Policy Responses During the Gulf Crisis," *Asian Survey,* Vol.XXXI, No.4 (April 1991), p.308.

二艘運輸船，協助運送飲水、食物及醫藥等非軍用物資；(2)派遣一百人組成的醫療隊；(3)負擔多國聯軍使用飛機、船隻的部分經費，並對約旦、土耳其、埃及等國提供緊急財政支援，對約旦難民提供一千萬美元的救濟金。日本援助總數為十億美元，正如外相中山太郎所承諾的金額。[8]

美國政府雖然表示日本十億美元的援助是有用的第一步，但是卻認為其援助計畫過於吝嗇。部分美國官員則在接受訪問時表示，日本的作法其實是為了擴大日本公司的利益並避免危及日人生命的表現。[9]日本雖然承諾派遣一支一百人的醫療隊，但事實上僅能召募到二十人。由於事先沒有詳細的準備和計畫，這些醫療隊員到了中東後無法提供有效的協助，在短期停留之後只好返回日本。另外，日本派遣民用運輸機的計畫亦遭到工會的反對，航空公司亦不願配合，以致無法實現。[10]由美國角度觀之，此等現象顯示日本的自私，及缺乏扮演政治大國的心理準備，致對國際社會的貢獻仍然停留在「一國和平主義」的階段。

9 月 7 日，為促使日本擴大援助，美國財政部長布雷迪（Nicholas Brady）專訪日本，會晤日本外相及大藏大臣，討論日本如何增加援助。美國駐日大使阿瑪斯科亦警告日本，若不增加援助以契合其經濟實力，對日本未來尋求安理會席次的努力將有不利的影響。美國參議院於 9 月 10 日通過決議，要求布希政府在 11 月 30 日以前，對於日本在海灣的貢獻提出報告。9 月 12 日，美國眾議院亦通過決議，要求日本負擔美軍駐日的

---

[8] 中國時報，民國 79 年 8 月 31 日，版 9。

[9] Purrington and K., *op. cit.*, p.309.

[10] Ezra Vogel, "Japanese-American Relations After the Cold War," *Daedalus* (Fall 1992), pp.40-41.

全部經費，否則美國應在五年內撤出駐日美軍。在美國重重壓力下，日本於 9 月 14 日宣布，增加對多國聯軍及相關國家三十億美元的援助。[11]11 月 17 日美國與多國聯軍動用武力執行安理會決議，展開攻擊伊拉克的「沙漠風暴行動」。鑑於上一年日本所遭致的批評，日本外務省迅速宣布全力支持多國聯軍的軍事行動，承諾增加一兆一千八百億日圓（約合美金九十億）的援助。但是，為了爭取在野的公明黨對此項特別預算的支持，日本政府不得不同意將此項援助限定在非軍事用途上。[12]

日本對海灣戰爭提供的援助，累計金額高達一百三十億美元，約占多國聯軍在「沙漠之盾」及「沙漠風暴」兩次行動中所花經費的 20%。然而，由於日本在其他方面的貢獻有限且引起國內爭議，以致日本的援助被視為純粹是「支票外交」，並未受到應有的讚譽。[13]

海灣戰爭爆發前，日本除了提供財政援助外，海部內閣進一步企圖制定「聯合國和平協力法案」（U.N. Peace Cooperation Corps Bill），派遣自衛隊員和軍機赴海灣支援。日本政府首次透露「和平協力隊」的計畫時，曾排除了自衛隊參與的構想，而規定由民間及其他非自衛隊員的政府人員參加。但是，由於其任務包括協助運輸、醫療及通訊方面的任務，實際上若無訓練有素的自衛隊員參與，將很難發揮效果。故部分自民黨要員、防衛廳，甚至外務省的官員都認為計畫不適當。因此，海部內閣擬定的新計畫，規定自衛隊員得參與協力隊，其任務包括監

---

[11] Purrington and K., *op. cit.*, p.310.

[12] Kent E. Calder, "Japan in 1991: Uncertain Quest for a Global Role," *Asian Survey*, Vol.XXXII, No.1 (January 1992), p.33.

[13] Yoichi Funabashi, "Japan and the New World Order," *Foreign Affairs*, Vol.71, No1.(Winter 1991/ 92), p.61.

督停火協定的執行、監督選舉、協助救災、醫療、運輸、通訊及其他後勤支援活動。參與的自衛隊員得攜帶輕型的自衛武器。[14]

該法案提出後，立即遭到鄰近國家及國內反對黨的激烈批評。日本參議院於 1954 年曾通過決議案，明定不得派遣日本自衛隊至海外。1956 年日本加入聯合國時，日本國會曾就日本作為聯合國成員，是否應履行使用武力的義務展開辯論。日本政府的答辯稱，聯合國軍隊如果必須使用武力或違反日本憲法規定，日本將不能參加；若其目的及任務不伴隨使用武力則另當別論。因此，反對黨及亞洲國家認為，日本政府提出「聯合國和平協力法案」之目的在突破憲法及參議院決議的限制，為派兵海外製造法律基礎。

海灣危機發生後，日本國內輿論咸望日本的援助不致導致日本人生命危害的結果。所以，海部首相曾宣布日本將不會因海灣事件而危及日人的生命安全。亦因此故，當美國要求日本派遣部分人員至海灣時，日本政府的回應僅是同意徵召一百人的醫療隊赴海灣協助救難。

「聯合國和平協力法案」在自民黨內部幾經修正後，於 1990 年 10 月 16 日正式向國會提出。自民黨當時在眾議院占多數席位，若強行通過必無問題，但是在參議院中並無過半數的優勢，故法案未能得到在野黨的認同時，無法通過。日本政府推動該法案失敗後，海灣戰爭於 1991 年 1 月 17 日爆發。次日，日本政府再度嘗試派遣軍機赴海灣協助運送難民。除了在野黨的反對外，約旦政府亦拒絕支持日本的計畫。因此，日本政府只得

---

[14] Purrington and K., *op. cit.*, pp.312-313.

放棄該計畫。[15]

　　日本的「實質」貢獻在海灣戰事結束後才展現出來。日本政府不顧反對的壓力，派遣掃雷艇赴海灣掃雷。促成日本行動的原因部分是國際的壓力，部分是日本民意的支持。海灣戰爭期間，即使日本提供了一百三十億美元的援助，但對於美國和西方國家而言，日本的援助仍是來得太晚，而且太少，因為日本所承諾增加的九十億美元援助一直拖到戰事結束以後，於1991 年 3 月 6 日才由日本參議院通過。[16]另外，美國華盛頓郵報暨美國廣播公司所進行的調查顯示，英國、法國及以色列在戰爭期間的表現普遍受到讚譽，但受訪的西方國家民眾僅有19%滿意日本的表現，卻有 30%的民眾表示不滿意。[17]最令人困窘的是，海灣戰事結束後，科威特政府出資在各國媒體刊登鳴謝啓事，對於西方盟國誠致謝忱，但是卻未提及日本。這對於在海灣戰事期間，對盟國經費出資達 20%以上的日本政府實是一項令人沮喪的打擊。[18]

　　1991 年 4 月 24 日，日本內閣決定派遣四艘掃雷艦、兩艘支援船和五百一十名自衛隊員赴海灣清除水雷。這是自 1952 年以來，日本自衛隊首度爲了非訓練性的任務而派赴海外。日本政府透過民意調查發現，60%的民眾支持派遣掃雷艦的構想。[19]

　　對於日本派遣掃雷艦的決定，美國政府給予正面的評價，

---

[15] The Paul Nitz School of Advanced International Studies, *op. cit.*, pp.23-24.

[16] 中國時報，民國 80 年 3 月 7 日，版 5。

[17] Dick k. Nanto, "Japan: Gulf War, Weakness, and Wrangling," *CRS Review* (March/April 1991), p.33.

[18] *Ibid.* also Calder, "Japan in 1991: Uncertain Quest for a Global Role," *op. cit.*, pp.35-36.

[19] *Ibid.*

但是亦表明，日本應作出更多的貢獻。亞太助卿索羅門於 5 月在美國參議院外交委員會報告時，引述美國在兩次大戰之間，經過數十年的調適才建立承擔國際責任的全國共識爲例，表示日本在海灣事件中亦面臨同樣困難的處境，而日本派遣掃雷艦的決定，正代表日本國內對其國際角色的辯論已朝向負擔更大責任的方向發展。[20]

　　美國國務卿貝克於 1991 年 11 月 11 日在「日本國際事務研究所」（the Japan Institute of International Affairs）發表演講時，對日本扮演全球伙伴的角色寄以厚望，但是對日本在海灣戰爭中的表現則明顯表示失望。他首先重申美國對美日關係的重視，表明美日關係是美國與各國雙邊關係中最重要的一個關係；該關係對亞太地區的和平與安全，對全球經濟的成長，甚至對冷戰結束後國際體系的有效運作，皆有無與倫比的重要性。美國認知日本政府與人民正努力解決日本扮演國際領導者角色所遭逢的困難；亦深知日本的國力及國際責任。然而，正如美國過去的「金元外交」一樣，日本的「支票外交」顯然太過狹隘。海灣戰爭可能成爲日本調整其國際角色的分水嶺。美國體認到，日本人對如何因應遙遠地方所發生的戰爭，不易達成共識。日本對友邦在海灣戰爭中的大量財政貢獻，美國深表敬佩。日本派遣掃雷艦至海灣協助清理水雷，亦具有重大的意義。今後日本的外交或將建立於承擔更廣泛的全球責任基礎上。作爲全球體系的主要收益者，日本必須爲該體系的進一步發展扮演一個領導國的角色。領導的工作不僅是在經濟方面，亦包括民主與人權的推廣，武器擴散的防止，以及環保、難民

---

[20] Richard H. Solomon, "U.S. Relations with East Asia and the Pacific: A New Era," *Dispatch*, Vol.2 , No.21 (May 27, 1991), p.383.

及毒品等跨國性問題。[21]

(三)日本參加柬埔寨維持和平行動

　　日本對聯合國在柬埔寨的維持和平行動提供了人力及物力，成為美國心目中兩國全球伙伴關係的良好示範。1991 年 11 月，貝克與日本外長渡邊美智雄會談時明白表示，「期待日本對於聯合國駐柬埔寨臨時行政機構（The United Nations Transitional Authority in Cambodia）不僅在財政方面，亦能在人員方面，提供有力的協助」。[22]美國鼓勵日本參與維持和平行動，一方面促使日本提高經費的分擔，減輕美國本身的負荷，他方面透過國際組織控制日本的軍事發展，引導其走上和平的道路。[23]宮澤喜一（Kiichi Miyazawa）於 1991 年 11 月 6 日繼任首相後，即全力促成「聯合國和平協力法案」的通過。宮澤在 9 日首度向國會發表演說時，開宗明義地說明在新的世界秩序中，聯合國的地位及功能的重要性，表示日本人必須體認在國際和平秩序的建設工程中，日本將擔負愈來愈大的責任，因此，呼籲在野黨支持派遣自衛隊參與維持和平。[24]

　　由於日本派遣掃雷艦赴海灣掃雷時，東南亞國家並未出現負面的反應，加上國際間多數國家皆讚揚日本的行動，因此，日本國內的輿論對日本派遣自衛隊參加聯合國維持和平的行動，持反對意見者乃大幅降低。根據日本朝日新聞在 1991 年 6

---

[21] Secretary Baker, "The US and Japan: Global Partners in a Pacific Community," *Ibid*, Vol.2 No.46 (Nov. 18, 1991), pp.841-842.

[22] *JT*, Nov. 12, 1991, p.1.

[23] Aurelia George, "Japan's Participation in U.N. Peacekeeping Operations: Radical Departure or Predicable Response?" *Asian Survey*, Vol.XXXIII, No.6 (June 1993), p.563-565.

[24] *JT*, Nov. 9, 1991, p.14.

月舉行的民意調查顯示，74%的民眾可以容忍日本的自衛隊以某種形式派赴海外，而 71%贊同自衛隊參加聯合國維持和平行動。[25]

1991 年 10 月 23 日聯合國安理會於巴黎召開柬埔寨國際問題會議，簽訂「柬埔寨和平協定」，明訂自協定生效後至舉行柬埔寨全國自由選舉之前，由安理會成立「聯合國駐柬埔寨臨時行政機構」，負責執行監督停火及舉行大選等事宜。在刻意的人事安排下，若干日籍人士擔任與柬埔寨問題有關的聯合國要職。例如，日籍諸方貞子（Sadako Ogata）女士出掌「聯合國難民事務高級專員公署」（The United Nation's High Commission for Refugees），負責處理柬埔寨難民問題。聯合國日籍副秘書長明石康（Yasushi Akashi）出任「聯合國駐柬埔寨臨時行政機構」首長，負責監督柬局的和平工作。聯合國派遣二萬二千名維持和平部隊赴柬埔寨。

1991 年 11 月 29 日，日本眾議院通過「聯合國和平協力法案」。次年 6 月 9 日，日本參議院亦通過該法案。日本自衛隊終於得以合法派赴海外。6 月 20 至 22 日，「重建柬埔寨國際會議」（International Conference on the Rehabilitation）於日本東京舉行，會議決定提供柬埔寨八億八千萬美元的援助，而日本負擔約 20%的經費。

1992 年 9 月 20 日，日本所派首支前往海外的自衛隊踏上柬埔寨國土，參加聯合國柬埔寨維持和平部隊的後勤工作。[26]日本總共派遣一千二百一十六名自衛隊隊員（十六名軍事觀察

---

[25] 中國時報，民國 80 年 6 月 20 日，版 9。

[26] Miton Leitenbery, "The Participation of Japanese Military Forces in United Nations Peacekepping Operations," *Asian Perspective*, Vol.20, No.1 (Spring-Summer 1996), p.19.

員，一千二百名工兵）以及七十五名警察和四十一名投票所官員，換言之，皆不負戰鬥任務。[27]

(四)東京宣言確認全球伙伴關係

美日兩國全球伙伴關係在 1992 年初獲得進一步的確認。布希訪問日本，與宮澤舉行高峰會後，發表有關美日全球伙伴關係的「東京宣言」（the Tokyo Declaration）。[28]東京宣言的要點有四。首先，在全球和平與繁榮方面，雙方保證合作維持世界和平與安全，促進世界經濟的發展，支持全球的民主化及市場取向的經濟，以及努力處理新的超越國界的挑戰。為了達成上述目的，兩國將合作加強關貿總協定的多邊貿易體系，重振聯合國組織，推動大規模毀滅性武器的管制，協助發展中國家的經濟成長與政治安定，保護並改善全球環境。兩國重申提供人力及物力以實現聯合國宗旨的承諾。

其次，在亞太地區的和平與繁榮方面，美日兩國承諾在亞太地區促進繁榮，降低緊張狀態，加強政治合作，強化亞太共同體成員間的團結，並以亞太經合會（Asia-Pacific Economic Cooperation, APEC）作為加強區域性努力的論壇，以便促進市場開放，支持經濟成長和建立政治合作。

第三，美日兩國的合作範圍亦擴及世界其他地區，包括中東、中南美洲、非洲及歐洲，尤其是正在轉型為民主及市場經濟的歐洲國家。美日兩國將加強合作，對開發中國家提供經濟援助，以促進它們的經濟成長及安定，強化對民主價值與人權

---

[27] Mayumi Itoh, "Expanding Japan's Role in the United Nations," *The Pacific Review*, Vol.8, No.2 (Summer 1995), p.286.

[28] *Dispatch*, Vol.3, No.3 (Jan. 20, 1992), pp.44-45.

的尊重，改善全球性的問題，包括環保、毒品、難民等問題。

第四，在雙邊關係方面，雙方重申安保條約為亞太地區及全球和平與安定之基石，亦為兩國全球伙伴關係之政治基礎。雙方承諾加強兩國人民的交流與瞭解，進行科技的合作與交流，承諾採取政策性方案以減少兩國經貿關係的結構性障礙。

美國在兩國全球伙伴關係的「行動計畫」中承諾，除了繼續雙邊的談判外，將加強七大工業國之間的諮商，以及日本與北約之間的政治對話。[29]此等承諾使得兩國的全球伙伴關係立於明確的制度化基礎上。

二、經貿關係

日本為美國產品第二大輸出國，僅次於加拿大。美國則是日本最大的貿易伙伴。雙方經貿關係非常密切，由於美國長期對日本存有大量貿易逆差，致使雙方的經貿爭議亦長年不斷。布希總統就任後不久，為了有效解決兩國之間的經貿爭議，平息國人對日本的不滿，乃改變其前任在個別產品上與日本尋求協議以消除障礙的政策，而促成美日之間「結構性障礙談判」（Structural Impediments Initiative），以求全面消除對日貿易的障礙。柯林頓總統就任後，將經濟問題置於對日政策的首位。[30]美國「修正主義者」（Revisionist）要求政府在對日貿易問題

---

[29] *Ibid.*, p.45.
[30] Arthur Alexander, *Sources of America's Asia Policy in the Clinton Administration*, Japan Economic Institute Report(Washington, D.C., April 21, 1995).

上採行「戰略性管理」的政策，以創造「更公平」（fairer）的美日關係。[31]在此前提下，美國在對日經貿談判中採取高壓政策，強迫日本接受表示美國產品在日本市場占有率的「數值指標」。美國的作法遭到日本的強烈抵制，加劇美日雙方的齟齬。美日兩國最後同意建立新經濟伙伴關係架構。

(一)結構性障礙談判

1.結構性障礙談判的倡議與內涵

　　布希總統於 1989 年 5 月 25 日提議，美日兩國舉行一系列的談判，討論日本的基本經濟政策及商業行為。美國認為該等政策及行為阻礙美國產品行銷日本。同年 7 月 14 日，布希總統與日本首相宇野宗佑（Sosuke Uno）在巴黎七大工業國高峰會前的會談中，達成協議，同意舉行「結構性障礙談判」，以求界定並解決兩國貿易及貿易平衡的障礙。[32]該項談判的目的在調整兩國的經貿結構。因此，兩國不僅必須自我調整，而且亦會提出涉及對方國內事項的政策及實際行為。尤有進者，該項談判涉及的商業行為及總體經濟政策並不一定構成國際貿易上的障礙，而只是不利美國產品在日本市場的競爭，致與以往旨在處理諸如輸入配額、關稅及政府法規等公開的障礙之貿易談判不同。

　　美國要求日本討論下列六項結構性的障礙：

　　第一，高儲蓄率。日本的高儲蓄率降低了消費，包括對外

---

[31] Robert Neff, William Holstein, and Paul Magnuson, "Rethinking Japan: The Harder Line Toward Tokyo," *Business Week*, August 7, 1989, pp.44-52.

[32] *Bulletin*, Vol.89, No.2150 (Sept. 1989), p.78.

國產品的消費。

第二,行銷體系。日本零售的體系多由小型商店組成,售出的商品種類有限,而且大部分是日本產品,同時日本的法令限制設立可銷售各國產品的超級市場。

第三,土地使用的政策。日本的租稅及其他法令使得土地無法有效使用,導致土地價格高漲,使得外國廠商難以在日本投資設廠。

第四,公司系列(Keiretsu)。日本企業、銀行及貿易公司透過相互持股而形成彼此相連的結合體,致多與結合體的成員進行商業行為,排除包括外國企業及公司的參與,從而阻斷競爭。

第五,反競爭的商業行為。日本政府對打擊壟斷的法律執行不力,而日本公司又從事排除競爭的商業行為,致阻礙外國產品進入日本市場,公平競爭。

第六,價格政策。日本產品在日本的價格高於在美國的價格,顯示日本企業為了維持在美國的市場占有率,寧可忍受損失,並由日本市場中取得彌補。[33]

日本則要求討論下列七項導致貿易失衡的美國政策及行為:即過低的儲蓄率及過高的消費率、公司追求短程利潤而缺乏長期經營理念、美國教育及工人的訓練不足、企業的低投資率、美國對研發的投資不足、反托拉斯的限制、不重視對外貿易的促進。

布希政府積極推動該項談判,主要目的在避免損失,包括近程策略上及長程結構上的損失。[34]就近程策略而言,布希政

---

[33] Cooper, *Japanese-U.S. Trade Relations*, pp.5-6.
[34] Michael Mastanduno, "Framing the Japanese Problem: The Bush

府希望消解國會藉國際社會對美國政府施加的壓力。由於美國對日本貿易逆差持續擴大，並且在 1987 年時達到有史以來的最高點，即五百六十八億美元（見**表** 4-1），國會於 1988 年 8 月 23 日通過充滿保護主義色彩及反日情緒的「綜合貿易暨競爭力法案」（Omnibus Trade and Competitive Act），簡稱「貿易法」（the Trade Act）。該法對布希政府形成壓力之處是「超級 301 條款」的規定。

表 4-1　美國對日本貿易統計表（1982-1996）

單位：十億美元

年代	輸出	輸入	逆差
1982	20.7	37.7	-17.1
1983	21.6	41.2	-19.6
1984	23.2	57.1	-34.0
1985	22.2	68.8	-46.6
1986	26.6	81.9	-55.3
1987	27.8	84.6	-56.8
1988	37.4	89.8	-52.4
1989	44.5	93.5	-49.0
1990	48.6	89.7	-41.1
1991	48.1	91.6	-43.4
1992	47.764	97.181	-49.417
1993	47.950	107.268	-59.318
1994	53.481	119.149	-65.668
1995	64.298	123.577	-59.279
1996	67.536	115.218	-47.682

資料來源：U.S. Department of Commerce, Bureau of the Census, Trade Net Data Retrieval System. http://www.ita.doc.gov/industry/otea/usfth/china.e-i

Administration and the Structural Impediments Initiative," *International Journal*, Vol.XLVII, No.2 (Spring 1992), p.237.

超級 301 條款為有時間限制的條款，規定貿易代表署兩年內每年 4 月底以前，即 1989 年 4 月及 1990 年 4 月向國會提出「外國貿易障礙評估報告」，舉出外國貿易障礙及不公平措施，並評估其對美國商業之影響；報告提出後三十天內列出「優先不公平貿易措施」及「優先國家」。該署三星期後必須對優先國家之優先不公平貿易行為進行調查，並在十八個月內就下列問題與該國達成協議：(1)在展開調查後三年內取消或補償重要的不公平貿易行為；(2)在三年內減少貿易代表署所認定的不公平貿易行為，並預期三年中每年美國對該國出口的增加率。若兩國無法在十八個月內達成協議，則該署必須在三十日內決定是否採取報復措施；若決定採取報復措施，則必須在三十日內採取行動。在對方違反貿易協定的情況下，美國的報復是強制性的，其他情況下的報復則由該署自由裁量。由於此條款並非針對貿易伙伴的某項貿易障礙，而是由貿易代表署對該國的整體貿易政策及措施作評估後，主動調查並與有關國家進行諮商，且在未能達成協議的情況下，報復的金額並不以美國商業受損的數額為限，故其威力極為強大，乃稱之為超級 301 條款。

2.雙方談判的原因

布希政府上台後即面臨是否對日本使用超級 301 條款之困境。如果使用之，則美國行為在國際社會中會被指責為片面主義和強權作風，與多邊主義及關貿總協定的精神不符，致可能危及烏拉圭回合談判之成功；如不採用之，則政府有與國會發生對抗之虞。

國會制定超級 301 條款，目的即在迫使行政部門對美國的貿易伙伴採取強硬政策。國會的強硬派參議員，如丹佛斯（John

Danforth）及鮑卡斯（Max Baucus），即表明要以超級 301 條款對付日本。布希政府官員擔心，如果迴避該條款的執行，則未來很難在貿易政策上取信於國會，甚至可能激發國會制定更具保護色彩法案之決心。

1989 年 4 月 28 日，貿易代表署向國會提出 1989 年「外國貿易障礙評估報告」，在有關日本方面，列出三十四項貿易障礙，由非常特定的項目（如禁止購買外國的人造衛星）至非常廣泛的項目（如行銷分配的制度），不一而足。[35]每一項皆要經過一系列的談判，方可望達成化解障礙之目的。此在外交上及行政上皆為不易完成之工作。

日本對於美國將之列入優先國家（Priority Foreign Countries）榜中反應相當激烈。美國駐日大使阿瑪考斯被召至日本外務省聆聽日本的正式抗議；而日本通產大臣三塚博（Hiroshi Mitsuzuka）則聲明：「美國以威嚇他國將採貿易報復的方式，強迫他國進行談判解決貿易問題，已違反關貿總協定的精神，並且危及現行的自由貿易體制。」[36]同時，日本在 5 月經濟合作暨發展組織部長級會議中極力爭取歐市國家的支持，批評美國超級 301 條款之不當，並成功地在聯合公報中列入「嚴拒可能危及多邊貿易體系的片面行動」之聲明。而歐市行政部門於 5 月 3 日發表的 1989 年貿易報告則指出，美國對進口的數量限制、出口補貼、通關障礙、公共採購政策、平衡關稅、反傾銷政策及稅務政策等四十二項措施，違反自由貿易

---

[35] Masianduno, *op. cit.*, p.243.
[36] Nitze School of Advanced International Studies, *The United States and Japan in 1990: A New World Environment, New Questions* (Washington, D.C.: Nitz School of Advanced Studies of the Johns Hopkins University, 1990), pp.15-16.

原則，並指出美國「綜合貿易暨競爭力法案」容許美國政府採取報復貿易伙伴的片面行動，是未經關貿總協定授權的違法行為。[37]

　　布希政府內部對於超級 301 條款亦存在相當分歧的看法。朝野間對此問題大致有兩派不同的意見。強硬派以貿易代表奚爾斯、商務部長莫斯巴克及國會民主黨議員為主，主張以強硬手段迫使日本開放市場。溫和派如國務卿貝克、財長布雷迪、預算局長達曼（Richard Darman）及總統首席經濟顧問包斯金（Michael J. Boshkin）基本上認為自由貿易為上策，美國貿易赤字居高不下，貿易伙伴的不公平貿易行為並非主因，而超級 301 條款亦非萬靈丹。包斯金並表示「指定超級 301 榜上的國家，是將朋友變成敵人最迅速的方法。」[38]

　　為緩和國內外對 301 條款的反彈，奚爾斯聲明，布希政府此舉旨在打開市場及增進貿易；強調目前只是呼籲貿易伙伴就彼此貿易衝突進行談判，而這是關貿總協定規範所允許的方式；並謂制裁行動並不是非作不可，而是可自由裁量的。[39]美日兩國經過一年多的談判，終於在 1990 年 4 月前，分別就三項日本不公平貿易項目達成協議，布希政府因而決定暫對日本採取較緩和的政策。貿易代表署於 4 月向國會提出的外國貿易障礙報告中雖然再度將日本列為主要貿易障礙國家，但布希宣布不將日本列入優先國家的名單中，以緩和美日之間的摩擦。其後布希在國內外的壓力下，作出折衷性的決定：即雖將日本列入優先國家名單中，但是採取兩項措施以減少對日本的衝

---

[37] *Ibid.*, p.6.
[38] 盧世祥，「美國朝野對超級 301 的辯論」，經濟日報，民國 78 年 5 月 9 日，版 4。
[39] *WP*, June 21, 1989, p.D1.

擊。一項措施是將印度、巴西與日本同列爲優先國家，以免有專門針對或孤立日本之意。另項措施是將日本遭指控涉及關稅或非關稅障礙的項目減爲三項：即人造衛星、超級電腦及林木產品。[40]然而，布希政府仍然擔心國會不能接受上述折衷性決定，因此提議與日本進行「結構障礙談判」，作爲有限度實施超級 301 條款之輔助措施，以降低國會之不滿。該項談判一方面可使布希政府向國會表示，政府正求全面而根本地改善日本市場的結構性障礙，雖然與日本交涉的架構並非超級 301 條款；他方面可使布希政府要求與日本展開談判，而又不致帶有令日方不滿的超級 301 條款的報復威脅。[41]該項談判與有限度執行該條款的關聯至爲明顯。兩項談判皆於 5 月 25 日同時宣布。唯一的區別是結構性障礙談判是由布希總統宣布，而依照超級 301 條款與日本就人造衛星、超級電腦及林木產品進行的談判則由貿易代表奚爾斯宣布。

　　布希政府推動結構性障礙談判的另一重大原因，是化解和對抗修正派的主張，以求長期維護自由貿易體系。美國國內政學界在美國對日本貿易政策上爭論不休，大致可分爲「傳統派」與「修正派」兩種意見。[42]而其辯論焦點主要爲今後美國該如何因應日本的經濟挑戰。傳統派的觀點主要強調二次大戰後美日戰略合作關係的重要性。該派並不否認日本對美國所形成的經濟威脅，然而認爲解決之道是由兩國政府耐心的磋商，而不宜訴諸情緒性的反應。前美國駐日大使曼斯斐德（Mike Mansfield）即是此派的代表人物之一。曼氏認爲，實際上美日

---

[40] Masianduno, *op. cit.*, p.243.

[41] *Ibid.*

[42] 廖坤榮，「美國的日本情節與美日經貿摩擦」，美國月刊，第 6 卷第 11 期（民國 80 年 11 月），頁 90-92。

整體關係中相互依賴的程度遠大於衝突，兩國合則兩利，分則俱傷。[43]

　　傳統派學者認為，在美國的壓力下，日本自 1986 年起已大幅調整其經濟結構，因而分別自市場開放、投資和科技交流來分析兩國的經濟關係。就開放市場而言，日本一方面降低關稅，另一方面則開放電訊、菸草、藥品等市場，並承諾將促使食米市場自由化，致使 1988 年美國輸日產品增加 34%。[44]在投資方面，至 1989 年止，美國對日投資居對外投資的第六位，達一百四十三億美元。而美國每年自日本回收的利潤達 21%，高於在其他國家的回收率。日本對美投資到 1987 年底即達三百三十億美元，不僅增加美國就業機會並引進新的管理方法及技術。就科技交流而言，戰後美日科技交流多為日本單方面從美國吸收新的科技和製造技術。而近年來，日本則以邀請美國研究人員加入日本許多研究機構進行雙向的交流，提供美國研究人員學習日本先進科技的機會。[45]因此，美國在面臨龐大的貿易赤字時，不能一味指責貿易對手國，亦不應被動地等待他國增加消費。正確的作法必須就提高生產、減少消費、增加儲蓄並改善教育著手，以長期的策略來改善貿易收支狀況、提振美國經濟。

　　修正派學者則著眼於目前及將來美國產業的競爭力、國防科技上的領先及經濟與社會的利益。所謂修正即修正傳統派所說日本乃美國忠實的盟友及日本與西方國家一樣是經濟開放社會的看法。修正派認為，美日在冷戰時所形成的緊密戰略關係

---

[43] Mike Mansfild, "The U.S. and Japan: Sharing Ours Desting," *Foreign Affairs*, Vol.68, No.2 (Spring 1989), p.3.

[44] *Ibid.*, p.5.

[45] *Ibid.*, pp.6-7.

已不存在，日本為美國未來的勁敵。他們指責，日本在進占美國市場時，亦成功地關閉本身的市場。美國雖然曾與日本政府就日本市場障礙問題談判經年，但每解決一項障礙後，又發現另一項障礙。就在經年的談判中，日本已逐步追上美國產品的製造技術並占有市場。因為日本的經濟結構及政治體制和西方自由經濟迥異，美國僅要求自由貿易或公平貿易已嫌不足，必須在經貿談判中設定數量目標，規定外國產品在日本市場占有率並要求日本政府提出達成此項目標的具體作法。[46]由於日本市場的性質特異，美國採取這種新策略並無不當。

關於日本經濟結構的特異性，美國加州大學教授詹森（Chalmers Johnson）指出，日本雖為西方資本主義經濟社會的一員，但卻有國家機構的強勢行政指導，其經濟奇蹟源自日本通產省採行與西方國家不同的產業政策。此產業政策立意擴張日本經濟，將資源集中於生產，其目的並非為了消費而是為了出口。日本企圖在諸如汽車、家電、半導體等已領先的產業繼續保持領先並擴大國際市場占有率；而在諸如超級電腦、衛星、航空工業等未領先的部門，採取策略性的保護。[47]

總之，修正派認為日本與西方國家不同，其特殊情形不易改變，因此，美國對日本應採取強硬的政策，以迫使日本開放市場。

修正派的觀點與美國人改變對國家安全威脅來源的認知同時興起。美國商業週刊與哈里斯民意調查公司所作的民意調查測驗顯示，受訪的民眾中 68%認為日本比蘇聯對美國安全更具威脅，69%贊成限制日貨的輸入，79%贊成要求日本輸入一定

---

[46] Takatoshi Ito, *The Japanese Economy* (London: The Mit Press, 1992), p.365.
[47] 引自廖坤榮，前揭書，頁 92-93。

數量的美國貨。[48]此示修正派的意見已引起美國人民的共鳴。因此，美國國內主張採取結果取向政策、管理貿易及產業政策的呼聲日益高漲。這些結果取向或管理貿易等政策建議多半將重點放在設定總體貿易平衡目標或者針對特殊產業設定市場占有率，並且限制日本在美國的經濟擴張。然而，爲了維護國際自由貿易體系，布希政府選擇以堅定而有效的策略打開日本市場，並建立一個美日貿易公平競爭的環境，亦即積極地經由雙方的談判以促進日本經濟自由化。

　　日本在原則上並不反對布希所主張的談判，因爲在中曾根康弘時期即曾向雷根政府提出所謂「爲國際協調而調整日本經濟結構」的構想。該項構想係由中曾根首相的私人諮詢委員會「經濟結構委員會」所提出。該委員會由前日銀總裁前川春雄主持，分別於 1986 年 4 月及 9 月提出「前川報告」及「新前川報告」，指出若日本持續維持每年占生產總額 3.6%的經常出超，將危害日本所賴以生存的國際自由貿易制度；建議將日本輸出型經濟結構改變爲重視內需的輸入型經濟結構，並提出調整經濟結構的六大方案：(1)擴大內需；(2)縮短勞動時數；(3)建立國際協調之產業結構；(4)確保就業安定；(5)妥善因應區域經濟的變化；(6)回饋國際社會。

　　尤有進者，日本深知，如果不接受布希之提議，則一旦在 301 條款報復威脅下談判，日本所處地位將更爲不利。日本雖然同意談判，但是主張所謂結構性的談判不應只限於日本國內的障礙，而應包括美國本身的缺失。

---

[48] *Business Week*, Aug. 7, 1989, p.51; Kenichiro Sasae, "Rethinking Japan-U.S. Relations," *Adelphi Paper*, 202 (Dec. 1994), pp.33-34.

3.談判的結果

　　雙方自 1989 年 9 月至 1990 年 2 月，舉行三回合的談判，
毫無進展。雙方對對方的談判立場皆表不滿而相互指責。爲緩
和緊張關係，布希邀請日本首相海部俊樹於 3 月 2 日至 4 日訪
美，舉行緊急高峰會，美日談判乃有戲劇性的轉折。海部爲日
本自民黨內一小派系的領袖，一般論者視之爲過渡性的首相。
海部鑑於維持美日和諧關係的重要性，不願負起因談判破裂而
影響兩國關係的政治責任，而且亦企圖藉談判的成功以鞏固其
地位。再者，在 4 月之前，無論是結構性障礙談判或是超級 301
條款相關的談判，如果未能有突破性的發展，則日本將面臨美
國的報復。因此，4 月初美日第四回合談判時，日本改變態度，
基本上接受了美國提出的要求。6 月 25 日，美日第五回合談判
順利達成協議。日本作出下列主要承諾：(1)在 1991 年至 2000
年的會計年度內增加二兆八千億美元的公共建設計畫支出；(2)
降低有關住宅及休閒用地的土地價格；(3)改善國內批發與零售
的流通制度，尤其是放寬美國大型零售商店設立的許可標準，
以便有助於外國產品的銷售；(4)加強反托拉斯法的實施，消除
排他性的商業習慣；(5)限制公司間相互持股的數量，以削弱公
司系列間的關係；(6)修改「外匯及外國貿易管理辦法」，增加
外人投資的機會。美國的主要承諾是：(1)消除聯邦預算赤字；
(2)鼓勵民間儲蓄；(3)降低資本利得稅以減少企業的資金成本；
(4)不歧視日本人在美國的投資；(5)減少對原油出口的限制；(6)
增加聯邦研究發展經費的投資及對科學和數學教育的支持。

　　美日結構性障礙談判的完成抑制了美國國內要求管理貿易
的呼聲，緩和兩國緊張的經貿關係。在 4 月底前，兩國亦完成

自 1989 年開始進行的有關通訊、衛星及林木產品三項個別產業的貿易障礙談判。此等成果使得美國政府得以將日本自 1990 年不公平貿易國家的優先名單中除名。美日兩國達成協議後，雙方在三年內每年舉行後續的討論，檢討雙方協議的情形。客觀言之，日本履行協議承諾的程度較高。例如，日本通過五項相關的法案以履行改善批發及零售行銷制度的承諾；允許美國著名的大型玩具銷售商店「玩具反斗城」（Toy R Us）於東京設立；調查商業壟斷官員的員額增加了 20%。然而，美國在履行承諾方面較具成效的僅有科技研發的經費增加了八億美元，使 1991 年的經費達六百七十二億美元。美國未能履行削減聯邦預算赤字之承諾。美國的赤字不減反增。[49]

結構性障礙的談判雖然獲致協議，但是美日兩國的經貿爭議仍然延續不斷。雙方不僅互責對方未能充分履行承諾，更因美國對日逆差止降回升，以及半導體協議下日方應負義務等問題而起爭執。

美日兩國間的半導體協定於 1991 年 7 月 8 日期滿。雙方於 6 月 4 日達成延長五年的協議，協議規定至 1992 年底，外國（包括美國）半導體產品在日本市場的占有率應以 20%為預定目標，並訂於 1994 年舉行檢討會議。美國則同意取消 1987 年對日本實施的 100%懲罰性關稅。然而美國半導體協會於 1992 年 3 月發布的報告中宣稱，外國在日本半導體市場的占有率只有 14%，因此，年底前不可能達到 20%。日本通產省官員及電子工業代表則稱，20%的占有率只是一種願望而非目標（target）。美國貿易代表署經過數月的檢討後，於 8 月 4 日由

---

[49] Terasa Watanabe, "SII: The 'Loser' May Prove to Be the Winner," *The Japan Times Weekly*, May 25, 1991, p.6.

貿易代表奚爾斯發表聲明，認爲日本政府及半導體產業執行 1991 年的協議不力，美國考慮採取行動。爲了化解此項爭議，美日兩國半導體協會其後達成諒解，採行多項辦法，增加美製半導體產品於 1992 年下半年的銷售量。[50]

美國對日貿易逆差自 1987 年後已逐年下降，但是 1991 年的逆差不降反升，由 1990 年的四百一十一億美元增至四百三十四億美元，增加率 35.6%，占該年美國對外貿易逆差總額的 66%。[51] 美國對日貿易逆差之增加，不僅反應日本結構性障礙短期內難以消除，亦反映美國產品競爭力下降和美國人工作機會之損失，從而增加企業及勞工界要求政府速謀對策之壓力。爲了全力解決國內轉趨惡化的經濟問題，布希總統將原訂 11 月的訪日之行延至 1992 年 1 月。

布希訪日時的主題表面上是促成美日全球性伙伴關係，共同塑造後冷戰時期的國際新秩序。然而，包括克萊斯勒、福特、通用等十八家大公司的總裁伴隨而行，使得布希之行成爲推銷美國產品和增加美國就業機會之旅。美國每年對日貿易逆差中，約四分之三來自日本汽車及零件的銷售。1991 年日本汽車在美國市場的占有率是 30%。同年，日本輸入的汽車只有三萬零一百二十八輛，而且幾乎有一半來自日本在美國所設的工廠；美國自日本輸入高達二百八十八萬四千輛汽車，但美國在日本汽車零件市場的占有率卻還不到 2%。這些數據使得美國三大汽車公司抱怨日本汽車公司，一方面試圖以更具競爭性的價格在海外賣出汽車，同時在國內關閉外國汽車銷售通路。

在東京高峰會發表的公報中，日本聲明對美國汽車零件的

---

[50] Cooper, *op. cit.*, pp.3-4.
[51] *Dispatch*, Vol.3, No.18 (May 4, 1992), p.346.

購買將於 1994 年前由九十億美元增至一百九十億美元，同時對美國汽車的購買亦會增加。1992 年 2 月美國汽車工業所發布的四億五千萬美元損失，是十年來最大的損失。該年三大汽車公司紛紛降低其銷售、生產與員工人數。例如克萊斯勒公司裁減員工 10%的薪資，並宣布於 1995 年前關閉二十一座工廠。縮減大約七萬四千人力。相反地，日本汽車公司並未大幅縮減其在美國公司的生產。

　　1992 年 2 月，日本本田（Honda）、豐田（Toyota）、日產（Nissan）三大公司宣布將銷售美國的汽車價格提高 1.7%至 5%，給予美國三大汽車公司一個喘息的機會。

(二)美日新經濟伙伴關係架構

1.新架構之源起

　　柯林頓上任後不久，於 1993 年 2 月 26 日在美利堅大學(the American University）發表對美國貿易政策的看法。他拒絕在片面的自由貿易與保護主義之間做選擇，確信「開放和競爭的商業能使美國更繁榮」。他重申「美國將持續歡迎外國產品和服務進入美國的市場，但也堅持美國的產品和服務能夠在相同的條件下進入外國的市場」。[52]總之，柯林頓政府之經貿政策主軸是貿易開放但亦相對要求進入外國市場。因此，美國對日經濟政策一方面遵循自由貿易政策，另一方面則排除自由貿易的障礙。

---

[52] Testimony of Ambassador Ira Shapiro Office of the United States Trade Representative, House Ways and Means Trade Subcommittee, March 28, 1996.

事實上，柯林頓所宣稱的經貿政策與解決美國的大量貿易逆差問題，係一體兩面的作法。美方認為東京藉由許多不公平的競爭方式而造成美國對日貿易逆差的不斷擴大。1991年日本對美國順差降至四百三十億美元，然而，1992年又增加至五百億美元，仍然遙居各國對美貿易順差之首。相形之下，中國大陸與歐盟各國皆已減少對美出超，而且自美進口增加。美國各界對日不滿的聲浪因而再次高漲，致使柯林頓政府亟欲減少對日的貿易逆差，以「數量指標」來衡量進展。

柯林頓就任總統後，接受「修正派」的主張，認為美國過去只求消除日本經貿體系中特定部門的障礙，無濟於事，而應進一步就日本整個經貿體系及總體經濟之障礙，設法加以清除，因此，決定採取一種較以往更全面的途徑，以增進美日雙邊的經貿關係。柯林頓政府認為，有效的協定應該檢視市場准入的結果能否達成，而非只是嚴謹的協定過程或程序。此種以「結果取向」的政策即表現於「美日新經濟伙伴架構」中。在該架構下，美國將經濟結構與產業部門雙重性的議題納入同一談判架構，並引入「管理貿易」中所謂「客觀標準」，意即「數量指標」，以衡量日本市場開放的成效，作為美國決定是否對日本實施制裁的依據。

2.新架構的建立

1993年4月16日，柯林頓總統與日本首相宮澤喜一在華府舉行高峰會。美國建議三個月內成立綜合性經濟架構諮商談判，取代六月期滿的結構性障礙談判，同時對日本提出削減順差、擴大內需及開放市場等包含數值在內的多項具體要求。日本的回覆是提出十三兆二千億日圓的綜合景氣對策及強調自由

貿易之立場。雙方意見分歧，會談無疾而終。雙方於 6 月繼續在華府舉行貿易談判，目標是在 7 月七國高峰會議前，就未來四年兩國貿易關係制定一個原則性的架構。然而，雙方對如何確定該架構，意見非常分歧。美方要求日本在未來四年減少一半貿易盈餘，並增加購買三分之一的外國產品。然而日方拒絕同意確立具體的數值目標。美方指出，日本若不定下具體目標，縱有協定，仍會口惠而實不至。[53]

　　同年 5 月，美國貿易代表署要求日本對七項產業設定進口目標值，並指控日本對公共工程招標有差別待遇，要求在六十天內解決，否則將加以報復。美國政府跨部會小組提出對日貿易政策報告，亦建議採行數量化目標。此報告引起日方官員的強烈反彈。美國對日本施壓的另一作法，是由財政部發表日圓升值有助改善貿易失衡之談話，造成日圓升值至一美元兌一百零八日圓。經過數回合的談判，日本仍然拒絕設立數值目標。談判因而未獲實質進展。

　　同年 7 月 10 日，七大工業國高峰會議在東京舉行，美日雙方舉行高峰會議，終於在彼此讓步的情形下達成基本協議，同意建立新經濟伙伴關係架構（Framework for a New Economic Partnership），簡稱「新架構」（New Framework）。[54]日方承諾減少貿易順差，並同意在一年內利用客觀基準達成擴大市場通路及增加進口之目標。[55]美國不再堅持日本爲降低對美貿易

---

[53] 文匯報（香港），1993 年 6 月 16 日，版 2。

[54] "U.S. and Japan Announce Economic Framework Agreement," *Dispatch*, Vol.4, No.28(July 12, 1993), pp.493-94.

[55] Joint Statement on the United States-Japan Framework for a New Economic Partnership, Released jointly by the U.S. and Japanese Governments during the visit of President Clinton to Japan, July 10, 1993.

順差而設定減少一千二百億美元的目標，放棄將降低順差的數值目標訂定在國民生產總額一定比例的要求，不再要求日本在未來三年將產品進口量提高 33%，也不堅持日本將特定比例的國內市場開放給外國產品。日本改變先前的反對態度，保證會用「數量或品質上的客觀標準」衡量開放市場的進展。

「新架構」並非貿易協定，而是為雙方經濟關係提供新的協商機制。在「新架構」下，兩國持續進行協商或談判，而雙方政府首長每半年舉行一次高峰會。「新架構」的目標是：(1)處理結構性和產業性的議題（structural and sectoral issues），以求透過市場開放和總體經濟措施，大幅增加市場准入及外國具競爭力產品和服務的銷售；(2)增加投資；(3)促進國際的競爭；(4)增強兩國的雙邊經濟合作。日本承諾採取財政及貨幣措施，大幅削減貿易順差，並大量增加外國產品及服務的進口。美國承諾採取積極措施，削減預算赤字，促進儲蓄，提升其國際競爭力。雙方約定就政府採購、法規及競爭力的改革、汽車及汽車零件、經濟和諧（包括投資及智慧財產權等）及協定和措施的執行五大項目，立即進行談判；並就政府採購、汽車及其他確定的優先項目，盡力達成個別的協定。雙方並就每一結構性及產業性項目所採的措施及政策之執行，以數量或品質或質量兼具的客觀標準，進行評估。雙方政府首長舉行高峰會前，先舉行副部長級的會談，進行該項評估。兩國亦就環保、愛滋病、人口等全球性的議題，討論合作解決之道。[56]

---

[56] "U.S.-Japan Framework for a New Economic Partnership," *Dispatch*, Vol.4, No.28 (July 12, 1993), pp.494-96.

3.新架構下的談判及主要協議

1993 年 9 月 25 日，細川護熙（Morihiro Hosokawa）上台後首次與柯林頓舉行高峰會，細川承諾進行稅制改革。11 月 19 日，細川參加在西雅圖舉行的亞太經合會非正式領袖會議時，與柯林頓再度磋商。1994 年 1 月 26 日，美日談判觸礁，華府態度轉趨強硬，宣布將動用超級 301 報復條款。

美國人愛買日本車。根據美國商務部的統計，1993 年美國總額一千一百五十八億美元的外貿赤字中，五百九十三億美元為對日貿易赤字，占外貿赤字總額的 51%，而日本車占對日貿易赤字的三分之一，因此白宮極力設法減少日本車的進口量。[57]

1994 年 2 月 11 日，細川訪美，和柯林頓舉行高峰會。細川對美方三大優先項目（政府採購、保險、汽車及零件）市場開放設立數值目標之要求，明確予以拒絕。雙方談判正式宣告破裂。細川成為戰後第一位敢於向美國說「不」的日本首相，大獲國人的好感。美方訂下 7 月為制裁期限，即在七大工業國高峰會議之前。

美國和日本是兩個全球最大的經濟體，兩國的生產總額占全球生產總額的 40%。兩國的出口總額，占全球出口量的 30%。雙方的貿易關係非常密切，呈現相互依賴之勢，惟日本對美國的依賴度較大。因此，日本在談判中常常迫而對美國讓步。以 1995 年為例，美國對日本市場的依賴程度，在出口與進口方面，分別占總量的 11%與 17%；日本對美國市場的依賴，在出口與進口方面，分別占總量的 27%與 22%。（見**表 4-2**）日本亦為

---

[57] **自由時報**，民國 83 年 3 月 5 日，版 11。

表 4-2　美國與日本對對方市場的依賴度（1981-1995）

年　　度	美國對日本市場的依賴度(%)		日本對美國市場的依賴度(%)	
	出　　　口	進　　　口	出　　　口	進　　　口
1981	9.1	14.4	25.4	17.7
1982	9.7	16.1	26.2	18.3
1983	10.6	16.1	29.1	19.5
1984	10.5	17.5	35.2	19.7
1985	10.3	19.9	37.2	19.9
1986	11.8	22.4	38.5	23.1
1987	11.1	20.8	36.5	21.1
1988	11.7	20.3	33.8	22.4
1989	12.2	19.8	33.9	22.9
1990	12.3	18.1	31.5	22.4
1991	11.4	18.8	29.1	22.5
1992	10.7	18.3	28.1	22.4
1993	10.3	18.5	29.2	23.0
1994	10.4	18.0	29.7	22.8
1995	11.0	16.6	27.3	22.4

資料來源：Japanese Ministry of Finance & US Department of Commerce,
http:// www.mofa.go.jp/region/n-america/us/economy/data/09.html

美國最大的海外農產品市場，美國輸出的農產品中約有 20%銷
往日本，（見**表** 4-3）而日本進口的農產品，將近 40%來自於
美國。[58]（見**表** 4-4）

　　細川返國後，感到事態嚴重，乃一再表示日本會主動採取
措施，改善美、日貿易的不平衡。3 月 29 日，日本內閣會議通
過對外經濟改革要綱，希望藉此恢復協商。日本政府改革要綱
的主要內容如下：

---

[58] "Japan is a Major Importer of U.S. Agricultural Products," cited from
http://www.mofa.go.jp/ju/ economy/14.html/

表 4-3　1995 年美國農產品重要出口國

（單位：百萬美元）

	出　口　值	占　有　率
所有國家	54,160	100.0%
日　　本	10,454	19.3%
歐　　盟	8,419	15.5%
加　拿　大	5,838	10.8%
墨　西　哥	3,701	6.8%

資料來源：美國農業部。轉引自 http://www.mofa.go.jp/region/n-america/us/
economy/data/14.html

表 4-4　1995 年日本農產品進口國

（單位：百萬美元）

	進口值	占有率
所有國家	41,816	100%
美　　國	15,999	38.3%
中國大陸	3,447	8.2%
澳大利亞	3,438	8.2%
台　　灣	2,441	5.8%
泰　　國	2,324	5.6%
加　拿　大	1,943	4.6%

資料來源：日本大藏省。轉引自 http://www.mofa.go.jp/region/n-america/
us/economy/data/09.html

(一)宏觀經濟對策：

　　1.採取財政和金融措施擴大內需，以促使順差大幅降低，
　　　並將 1994 年度的順差定為國民生產總額的 2.8%，約一
　　　千三百二十億美元；

　　2.研究增加公共投資基本計畫的金額；

　　3.由執政各黨協商，於 1994 年內實現包括削減所得稅等
　　　稅制改革；消除或廢止阻礙外國業者或外國產品進入日

本市場之限制。

(二)競爭政策：

　　對不適用獨占禁止法的聯營制度，應於 1995 年年底前作出原則廢止之結論。

(三)日美新經濟協商之三項優先項目：

　　1.政府採購：在電器通信、醫療技術方面，引進綜合評價方式；

　　2.保險：為改革制度，應聽取外國保險公司之意見，並引進經紀人制度；

　　3.汽車及汽車零件：派遣運輸省主管審查汽車之官員，常駐美國底特律；對輸入汽車零件之實績，每年分二次進行評價與分析。[59]

　　由於改革要綱仍僅是原則性的決定，並不具體，因此，美國於次日即宣布拒絕日本所提恢復舉行經濟協商的要求。[60]

　　1994 年 4 月，細川辭職，繼任的羽田孜內閣動盪不安，難以對美作出更多的承諾。美方立場因而軟化，發表聲明，放棄數值目標的要求，而只要求日本改進總體經濟，並就政府採購保險、汽車及汽車零件等市場擴大通路。

　　雙方的談判，在美國強大壓力下進行，過程漫長，但終於在許多項目上達成協議。柯林頓政府同時亦加強對美日雙邊協定執行的監督。茲就主要協議分別說明之。

I. 汽車與零件架構協議

　　美日雙邊汽車部門貿易的長期不平衡，已困擾美日經濟關係數十年之久。美國貿易代表坎特（Mickey Kantor）於 1995

---

[59] 中國時報，民國 83 年 3 月 30 日，版 10。
[60] 同上註，民國 83 年 3 月 31 日，版 10。

年初指出，日本於過去四十年內輸至美國的汽車高達四千萬輛，而美國銷往日本的汽車僅有四十萬輛，相差太過懸殊。[61]因此，柯林頓政府誓言採取必要的步驟，以求達成一項有意義的市場准入協定，而使美國汽車製造商在日本市場能有競爭的機會。1995 年 6 月 28 日，華府與東京於日內瓦達成汽車與零件架構協議，並於 8 月 23 日完成該協議之簽署和換文。

該協議確立擴大汽車及零件銷售機會的目標，具體辦法是透過日本廠商擴大對外國零組件的採購，以透明的採購流程增加市場准入，並且鼓勵外國汽車與零件進口日本。日本提出包括下列各項的保證：

1. 增進外國廠商對日本汽車經銷商體系的進入；
2. 提供廣泛的政府支持和財務誘因，以促進汽車和零件進口的增加；
3. 經由對研發的擴充、汽車零件的非歧視採購，以及日本製造商設計與採購流程之公開，增加採購由日本、美國以及其他國家非公司系列（non-keiretsu）供應商所製造的汽車零件；
4. 排除阻礙國外汽車進入日本市場的一系列特殊要求與技術標準；
5. 提供車輛註冊資料，以便外國與日本汽車製造商在平等的基礎上研究日本市場；
6. 擴大解除日本汽車零件維修市場上替代零件的出售障礙。

日本的汽車製造商、汽車零組件製造商、汽車經銷商、維

---

[61] *CP*, Jan. 27, 1995, p.7.

修零件的供應商，及修車廠亦發表聯合聲明，聲稱將自願地促進國外車商在日本市場的准入與銷售，並且增加對國外汽車零件的採購。此外，美國福特、通用與克萊斯勒三大汽車公司，亦發表相對的聲明，誓言努力進入日本汽車市場。

　　兩國的協議包括對執行結果的資料蒐集、監督和評估等規定，並採用十七項客觀標準，作為是否達成協議的評估準則。尤有進者，該協議利用進入經銷體系最佳指標的經銷權協定，追蹤外國產品在日本汽車銷售的情形。自雙方協議宣布後，美國三大汽車製造商已經從一年前的十九筆新銷路（outlets）增加為一百零三筆新銷路，然而與原先設定的二百筆目標仍有一段差距。惟美國汽車在日本國內汽車的占有率已由 1992 年的 1% 逐漸提升至 1995 年的 3.5%。（見**表** 4-5）

表 4-5　日本國內汽車市場占有率（1992-1995）

（單位：千輛）

	1992	1993	1994	1995
所有國產車銷售量(A)	3,680	3,427	3,400	3,540
所有進口車銷售量(B)	181	195	276	362
(B)/(A)	4.9%	5.7%	8.1%	10.2%
美國進口車銷售量(C)	37	54	92	123
(C)/(A)	1.0%	1.6%	2.7%	3.5%
進口美國三大汽車銷售量(C')	14	19	34	38
(C')/(A)	0.4%	0.6%	1.0%	1.1%
歐洲進口車銷售量(D)	143	139	182	236
(D)/(A)	3.9%	4.1%	5.4%	6.7%

註：不包括卡車與引擎在 660cc 以下的旅行車。

資料來源：Japan Automobile Manufactures Association, Japan Automobile Importers Association 轉引自 http://www.mofa.go.jp/region/n-america/us/ economy/data/ 22_1. Html

II. 民用航空協定

美國的航空公司數量占世界航空公司總數的 53%，而且美國和其他國家訂立的航空協定，多對美國有利，致使美國航空公司於國際航線上擁有絕對優勢的競爭力。此外，根據國際空運協會預測，公元 2010 年前國際航空旅客人數的全球年平均成長率為 5%，但亞太地區的成長率卻高達 7.1%。若美國能打開亞洲的天空，對美國航空公司無疑是利多之事。1995 年 6 月的亞太經合會首次交通部長會議於華府舉行，美國向亞洲各國提出「開放天空」的主張，建議相互自由決定運送旅客和貨物的航空公司家數和飛航班機的次數，無條件給予繼續飛往第三國的「延遠權」，以及將過去需雙方政府核准的運費改由一方政府批准即可。[62] 美國的建議遭到包括日本在內的大多數亞洲國家的反對。

1995 年 5 月，美國聯邦快遞公司（FedEx）要求日本開放經由日本延伸至第三國的航線，為數多達十一條。美國運輸部威脅說，如果日本不接受要求，將在 7 月 14 日後發動對日本航空運輸的制裁。華府認為，日本拒絕讓美國聯邦快遞公司利用日本作為自菲律賓及亞洲其他各地運來的貨運轉運基地，違反 1952 年的美日雙邊航空協定。根據該協定，美國西北（Northwest）、聯合（United）及聯邦快遞三家公司得將至日本的航線，延伸至亞洲其他地點，承攬貨運。日本認為這項規定對其極為不公平。日本航空公司發言人譴責美國航空公司濫用延遠權。日本運輸大臣龜井靜香則謂，日本希望透過談判來解決問題，若美國堅持要施行制裁，日本亦將考慮採取同樣的

---

[62] 聯合報，民國 84 年 7 月 16 日，版 9。

對抗措施。[63]

　　7 月中旬美日雙方副部長級談判，未能化解歧見。[64]美方原本揚言，除非日本答應美國的請求，讓前往其他亞洲航行點的美國飛機能在日本降落，否則將宣布禁止「日本航空公司」和「日本航空貨運公司」從香港、台灣、印度、新加坡、泰國五地載運貨物飛往美國，以逼迫日本讓步。但日本也威脅取消聯邦快遞公司及西北航空公司自東京轉往漢城、台北、香港、馬尼拉、新加坡、曼谷、檳榔嶼等地的延遠權。美國只好讓步。[65]兩國的貨運協議至 1996 年 4 月方始達成。該協議放寬原有的貨運航線，為二十多年來的首次放寬，並允許新的業者加入美日航空貨運市場。然而，日本在談判中仍拒絕同意聯邦快遞的要求。

III. 半導體協定

　　日本對於 1991 年半導體協定並不滿意，指責該協定是追求「管理貿易」（managed trade），誓言絕不再簽署該種協定。惟由**表 4-6** 觀之，外國半導體產品早已在日本市場獲得超過規定的 20%之占有率。

　　柯林頓政府不再要求日方設定特別的市場占有率，但是堅持兩國政府應扮演監督者的角色，以防 1991 年協定於 1996 年 7 月 31 日期滿後，外國半導體產品的現行市場占有率開始下降。[66]

---

[63] 同上註，民國 84 年 6 月 21 日，版 9。
[64] 同上註，民國 84 年 7 月 16 日，版 9。
[65] 自由時報，民國 84 年 6 月 22 日，版 19。
[66] *CP*, July 13, 1996, p.10.

表 4-6　日本半導體市場外國產品占有率（1993-1996）

年度	季別	市場占有率
1993	1	19.6%
1993	2	19.2%
1993	3	18.1%
1993	4	20.7%
1994	1	20.7%
1994	2	21.9%
1994	3	23.2%
1994	4	23.7%
1995	1	22.8%
1995	2	22.9%
1995	3	26.2%
1995	4	29.6%
1996	1	26.9%
1996	2	26.4%
1996	3	27.1%
1996	4	29.4%

資料來源：http://www.mofa.go.jp

　　美日雙方於 1996 年 8 月 2 日達成新協定。[67]新協定鼓勵市場准入及工業合作的進展，並且協助鞏固近年來的成果。依照該協定，美日兩國不再共同估計外國產品在日本半導體市場的占有率。但是美國政府將單方面繼續估計並宣布該項市場占有率。新協定的最重要部分是兩國半導體業者間的協定。後者規定繼續進行 1991 年協定中的合作活動，並且將合作的範圍擴及諸如標準（standards）、智慧財產權、貿易自由化、環保及安全等議題。新協定亦要求業者組成論壇，負責收集及計算外國晶片所占日本市場比重的資料，每季提出市場報告及分析。兩國政府代表則組成另一論壇，負責檢討業者所提之報告及分

---

[67] 星島日報，1996 年 8 月 3 日，版 A8。

析，並公布季度性數據，監督在日本及其他主要半導體市場的情勢。

對於已消除或承諾快速消除半導體關稅的其他有關政府及業者，該協定亦歡迎加入。至 1996 年底，歐盟及南韓已經加入，並與美日兩國舉行「全球政府論壇」（the Global Government Forum）的首次會議，討論有關半導體政策的議題。

IV. 保險協定

日本的保險市場為世界第二大的保險市場，金額高達三千四百一十億美元。[68]柯林頓政府在 1993 年選擇保險部門為美日新架構談判的優先項目之一，原因有三。(1)美國公司在保險業方面極具競爭力，希望打入日本龐大的保險市場；(2)日本政府當時正在進行五十年來首次的貿易體系改革；(3)外國廠商進入日本金融市場（包括日本的保險市場）的情形漸增，可能間接影響日本傳統商業行為的改變。

經過十五個月的密集談判，美國與日本於 1994 年 10 月 11 日簽定一項開放日本保險市場的協定。該協定的目標是促使具有競爭力的外國保險公司進入日本市場，其手段則是增加法規的透明度、強化反托拉斯法的執行，以及解除對某些特定保險事業的管制。[69]

在該協定下，日本政府同意，在開放主要的壽險市場之前，避免在包括個人意外事件及健康保險等所謂的「第三部門」（third sector）市場做激進的改變。第三部門對外國保險業在日本市場中，具有獨特的重要性。因為外國業者已取得堅強的立足點。

---

[68] *CP*, December 17, 1996, p.13.
[69] USTR, The President's 1994 National Trade Estimate Report on Foreign Trade Barriers, Japan, http://www.ustr.gov/reports/nte/1994/japan.html

日方承諾在「合理的期限」內對壽險與非壽險（life and non-life）部門的管制進行重大的解除。這些部門約占日本保險市場的95%。

1996 年 4 月 1 日，日本通過一項新的保險商業法（Insurance Business Law）。此為日本五十多年來首次對基本的保險業務做出重大的改革。該法允許壽險與非壽險公司在它們的相對部門（opposite sector）建立子公司，改變大藏省過去對壽險與非壽險部門的嚴格分離政策。

1995 年秋天起，美國認為日本大藏省對解除主要部門的管制逐漸背離原先的承諾，指責日本在開放其人壽及死亡保險市場前即解除「第三部門」市場的管制。[70]因此，美國對日本施壓，以求對此問題進行談判。經過數月艱困與密集的談判，兩國於 1996 年 12 月 15 日達成新協定，雙方同意一連串的輔助措施，以打開日本的保險市場，促進外國產品在日本的競爭，對保險產品的創新與價格予以更大的彈性而使日本的消費者享有更低的保費，增進美國與其他國家保險業的市場准入。尤有進者，該協定確保日本履行避免對第三部門作重大改變的承諾。該協定亦規定，日本將允許汽車保險業者根據駕駛人的年齡或車禍紀錄等因素，自行訂立保險價格的級距，廢除工商協會設定保險價格的權力，進一步排除商業火險的市場管制，並且簡化新保險產品的介紹，從而打破卡特爾的活動，是日本保險市場邁向長期改革的重要步伐。

V. 智慧財產權協定

美日兩國於 1994 年 1 月 20 日簽署一項智慧財產權的協

---

[70] *CP*, October 1, 1996, p.12.

定，內容包括允許專利申請書以英文填寫、專利授予後仍得對翻譯錯誤之處加以修改，以及美國的專利期間由十七年改爲二十年。[71]

　　同年 8 月 16 日，雙方簽署第二項協定。其要點有五：(1)日本專利局（Japanese Patent Office）必須在 1995 年 4 月 1 日前廢止現行法律中，關於允許第三者阻撓其同行競爭對手取得專利權的規定；(2)日本在 1996 年 1 月前實施加速專利審查及授予程序，以便申請人在三十六個月內就可以獲得其專利的支配權。原先申請人要等五至七年；(3)日本必須廢止現行法律中，關於給予專利特許證的規定。依照該規定，專利持有人可能被迫准許其競爭對手使用其專利技術，致限制其享有發明的獨占權益；(4)美國專利及商標署（U.S. Patent and Trademark Office）應在十八個月內出版關於已受理的專利申請案的資料，不得將申請案的資料保留到專利獲准後才加以公布；(5)美國專利及商標署同意擴大重新審查現有的專利，以使第三者有更多機會提出反對及書面意見。[72]

　　儘管兩國達成兩項協定，但美國認爲日本對智慧財產權仍未給予適當的保護，因此，自 1993 年始連續三年，將日本列於特別 301 條款之優先觀察名單中。

　　美國除了進行雙邊談判外，亦利用國際組織向日本施壓。1996 年，美國依照世貿組織的爭端解決程序，對日本違反該組織在與貿易有關的智慧財產權協定（WTO's Agreement on Trade-Related Aspects of Intellectual Property Rights）下的義務，

---

[71] USTR, The President's 1994 National Trade Estimate Report on Foreign Trade Barriers, Japan .

[72] 中國時報，民國 83 年 8 月 18 日。

提出控訴。美方認為，日本僅僅保護 1971 年 1 月 1 日之後所生產的聲音錄製品（sound recording），未照該協定保障自 1946 年 1 月 1 日以來的原始聲音錄製品。美國政府在與日本交涉而無進展後，於 1996 年 2 月 9 日，訴諸世貿組織，指控日本對美國藝術家聲音錄製品著作權的保護不力。美國估計，由於日本對美國聲音錄製品缺乏保障，造成美國聲音錄製品著作權人每年大約五億美元的損失。美國此舉促使日本於 1996 年 12 月 26 日修改著作權法，對聲音錄製品提供全面性的回溯保護。[73]

VI. 平板玻璃協定

日本三家大廠商寡頭支配四十五億美元的平板玻璃市場，各自形成排他性的銷售體系，並且自 1960 年代後期起，其市場占有率即維持不變，而且在售價變動、資金與生產方面皆採取步調一致的作法，排除外國的競爭者。

1995 年 1 月 25 日，美國和日本簽署有關平板玻璃在日本市場的准入協定。在該項協定下，日本政府同意與日本玻璃市場界協調，以確保玻璃市場不得因供應商提供資金予經銷商而有歧視行為，並且承諾在玻璃採購方面促進競爭，消除歧視。兩國政府亦同意每年以質和量的雙重標準，評估執行的進展情形。該等標準包括：(1)日本玻璃市場配銷商購入或使用輸入平板玻璃的改變程度；(2)外國平板玻璃在日本市場的銷售及占有率的改變情形；(3)絕緣及安全玻璃在日本的銷售情形。

根據該項協定，日本玻璃經銷商發表一份史無前例的公開聲明，承諾分散供應來源，避免由於資金的關聯而有歧視行為。日本玻璃製造商亦發表聲明，支持經銷商的立場。

---

[73] USTR, 1996 National Trade Estimate, Japan, http://www.ustr.gov/reports/nte/1996/japan.html

1996 年 4 月，美日兩國依據協議舉行年度諮商會議，共同檢討由日本通產省對日本玻璃產業的調查。這項調查顯示出四項重要趨勢：(1)進口產品在日本國內平板玻璃市場獲得成長；(2)增加的進口產品中，美國產品占絕大部分；(3)許多日本的經銷商已經採用進口的玻璃；(4)就日本全國玻璃經銷商而言，進口玻璃在其銷售中仍占少數的分量；尤有進者，大多數的經銷商並無計畫進一步增加外國玻璃的比例。

VII. 投資協定

美國在其雙邊投資談判的目標係降低外國人在日本投資的高成本。這些成本都是外國投資者在日本所面臨的投資障礙。投資與貿易具有互補性。日本對外國人投資所規定的許多條件導致極低的外國投資，亦抑制外國公司在日本市場的有效競爭力。日本的經濟結構與投資法規，加上日本人民的心態，形成一套複雜的障礙網路，攔阻外商在日本的投資活動。

1995 年 7 月，美日雙方達成投資協定，明定增加在日本的外國投資係雙方共同的目標。日本同意採取方便及促進投資的具體措施，包括修訂稅法，以增加投資的誘因；減少外商雇用人員的麻煩；改善外商參加併購的條件；減少外人投資的法規限制等。

日本政府雖然在結構及法規上著手改進，加強吸引外商在日本的投資。然而，美國認為，原來的障礙情形雖然略有改善，但是外人在日本的投資進展仍然有限。

VIII. 政府採購無線電通訊器材與服務協定

美日雙方於 1994 年 10 月 1 日達成政府採購無線電通訊器材與服務協定（the Government Procurement Agreement on Telecommunications Products and Services）。該協定要求日本

大幅增加外國具競爭力的產品與服務在日本的銷售，而且以質和量的標準來評估此項協定的執行；另規定日本採取措施，改善和開放對外國供應商的採購程序，增進採購過程的透明度和公正性，並且增加國際標準的適用。

　　1996 年 10 月雙方舉行檢討會議。日本的資料顯示，就全部約八億美元的市場估算，外國無線電通訊器材與服務的進口自 1994 年 7%的占有率上升至 1995 年的 13%，然而，美國政府相信日本市場超過八億美元，因此，外國的市場占有率遠低於日本所宣稱的數字。美方大體上認為，日本已經忠實履行改進採購過程的承諾，然而並未按照協定的規定，減少許多指定獨家供應者的契約，因此要求日本對此採取有效改進措施。

IX. 金融服務業的協定

　　1995 年 2 月 13 日，美日雙方達成金融服務業的協定。日本承諾解除阻礙外國金融服務業進入日本市場的法令及運作上的限制。自該協定簽署後，日本政府對大部分的承諾已按照時間表付諸實施，在某些方面甚至提早付諸實施，或擴大實施的範圍。1996 年 11 月 11 日，日本首相橋本龍太郎宣布，未來將對金融業進行廣泛的管制解除，以使東京金融市場於公元 2001 年前比美倫敦及紐約的金融市場。

X. 政府採購醫藥技術協定

　　1994 年兩國政府簽訂採購醫藥技術協定（the Government Procurement Agreement on Medical Technologies）。1996 年 10 月 24 日，雙方舉行檢討會議。日本承認，其本身的資料顯示，外國產品和服務的銷售於 1994 年至 1995 年間，不論在市場總量和占有率方面皆呈現下跌之勢（市場總量由 1994 年的二百八十七億一千萬日圓降至 1995 年的二百四十四億七千萬日圓，

而市場占有率由 42.4%降至 38.5%）。所有日本政府部門的採購亦呈現相同情形（由 1994 年的六百七十六億日圓降至 1995 年的六百三十四億日圓）。美國政府則認為，外國產品的市場占有率 1994 年僅達 18%，1995 年僅占 21.7%。

兩國對資料蒐集和解釋的方法雖然存在歧見，然而，兩國的資料皆顯示，日本雖然預算緊縮，但確實努力增加外國產品在政府採購所占的比例。此外，採購的單位亦遵守承諾，對外國廠商提供完整且不歧視的採購資訊。日本舉辦許多場的採購研討會，為外國廠商創造一個更公平和透明的採購流程。政府有關部門似乎以比以往更能接受協定相關的美國公司。

XI. 木製產品的換文

1990 年美日兩國簽署木製產品協定（The Wood Products Agreement）明定日本降低高關稅、重訂關稅分級、確保政府的補助金合乎國際協定、促成新產品的認證和測試過程的自由化。

1994 年 9 月 26 日，雙方開會檢討執行情形。美國認為，日本雖然已履行許多協定的責任，但仍有一定範圍的貿易壁壘阻礙市場准入。該協定所定增加附加價值產品的進口和增加木製品效用的目的並未實現。日本在烏拉圭回合雖然保證降低關稅，然而關稅仍很高，造成市場進入的障礙。華府認為，雙方簽署協定後，日本對木製產業的補助有增無減；對以產業表現為基礎的標準和建立法規的接受度仍舊緩慢；認證過程仍是市場准入的障礙。

1996 年 7 月 29 日，雙方對 1990 年的雙邊協定進行補充條文的換文，規定雙方每年交換資料，以協助評估該協定執行的成效，從而加強對木製品市場准入的監督。

美國木材標準委員會（The American Lumber Standards Committee）在美國貿易代表署和農業部的支援下，與日本建設省（Ministry of Construction）合作，使得其對美國木材分級的認證，於 1997 年 1 月 9 日獲得日本的承認。此舉使得美國被日本承認合格的工廠數由八十家增至一千家以上。美國價廉物美的產品、創新的建築技術，以及在地震地區建築的良好表現，導致日本對美國產品的高度需求。

在新架構規定下，美國對兩國所簽協定的執行成效評估，兼採質量標準。美國經由雙邊及多邊途徑，積極監督美國產品進入日本市場的進展，惟成敗參半。茲舉數例以說明之。

I. 日本電話電報公司採購協定

兩國曾依據關稅暨貿易總協定政府的採購法規（the GATT Government Procurement Code），而就日本電話電報公司對設備的採購簽訂協定。但是美國認為該協定的規範並不完備，因而於 1980 年再簽署一項獨立的協定。該協定經過五次更新，有效期限延至 1997 年 9 月 30 日。最新的更新協議規定，日本電話電報公司同意改進採購的過程，採取類似政府採購無線電器材與服務協定的措施。此外，日本電話電報公司的三家附屬企業（日本電話電報公司資料傳輸系統公司、日本電話電報公司行動傳輸網路公司，以及日本電話電報公司能源與建設公司）亦自願的同意接受該等改進措施。

1996 年 10 月，兩國對協定執行的成效進行檢討。雖然該公司的全部國外採購在 1995 年比前一年大約提升 13%，但相較於該公司採購總量的增加，外國無線電通訊器材的占有率並

未顯著提升。美方指出，該公司的數項措施阻礙外國供應商從事有效的競爭。美國要求該公司更嚴格地遵守國際標準，並且使其採購的流程更加透明化，以便具競爭力的外國廠商可獲更多的機會。美國則持續監督日本電話電報公司的採購，以確保外國廠商機會的增加。

II. 衛星採購協定

1990 年 6 月 15 日，美日兩國政府簽署衛星採購協定，規定日本開放對外國商業衛星的採購。

協定簽訂後六個月，美國廠商開始獲得對日出售衛星的合約。美國廠商於 1991 年 12 月首次贏得兩顆地區性通訊衛星的公開競標，價值達六億美元。1992 年 9 月美商與 NHK 簽訂衛星合約，價值七千萬美元。1993 年 12 月，美商獲選建造日本公營電台的 BS-4 頻道之發射衛星。另與日本電話公司簽訂一項三億五千萬美元的合約，計畫於 1995 年發射兩顆通訊衛星。1995 年 1 月，美商與日本運輸省簽訂一項總值九千九百萬美元的衛星採購合約。

III. 紙業協定

日本的紙業市場高居全球第二位。1992 年 4 月 5 日，美日兩國簽署一項紙業協定（Paper Agreement），以促使日本開放紙業市場。該協定要求日本政府鼓勵國內消費者使用外國具競爭力的紙製品，日本政府承諾鼓勵日本的公司，增加外國紙製品的進口。並強化反壟斷法（anti-monopoly）的執行。[74]外商在日本紙業市場的占有率，在該協定簽署前是 3.7%，簽署兩年多之後，仍僅有 3.9%，效果有限。

---

[74] USTR, The President's 1994 National Trade Estimate Report on Foreign Trade Barriers, Japan.

IV. 超級電腦採購協定

　　1989 年，美國因日本公共部門的採購限制，而將日本列名於「超級 301」名單之上。1990 年 6 月雙方達成協議，詳列市場開放的程序，規定公共部門的採購不得存有歧見，而應以產品競爭力爲主要考慮因素。該協定在生效後的三年當中，日本政府採購了美國三部超級電腦。美國進一步施加壓力後，美國超級電腦在日本公共部門市場的出售方獲改善。

V. 稻米

　　在烏拉圭回合最低進口量的協議下，日本承諾在 1996 會計年度進口四十五萬四千八百公噸稻米。此使美國占有日本進口稻米市場的 46.2%，成爲日本進口稻米的最大供應國。然而，美國政府官員仍持續對日本官員施壓，促使日本採購更多的美國稻米。他們認爲，美國稻米的品質與價格應該對日本人深具吸引力，但是由於美國稻米與日本稻米混合在一起，而且日本糧食局進口的大部分稻米皆藏於倉庫中，致使日本的消費者沒有品嚐美國稻米的足夠機會。爲此，美國產業界與日本糧食局諮商，希望能改進「同步採購一銷售」（simultaneous buy-sell）系統的運作，儘量減少糧食局的干涉，使得進口的稻米能直接銷售到私人部門。1996 年底，日本宣布將部分儲藏的進口稻米轉用於對第三世界的援助計畫。美國對此雖表不滿意，惟因烏拉圭回合協議並未禁止進口商品的出口，因此，亦無反對的合法根據。

VI. 軟片與相紙

　　雙方有關軟片市場的議題始於伊斯曼柯達（Eastman Kodak）公司對日本的指控。柯達公司指控日本軟片市場中無孔不入的反競爭貿易行為，與汽車、玻璃、紙業等市場的情況

相似。日本政府直接涉入供銷系統的創設，並透過緊密結合的財務關係、排外性的回扣（exclusionary rebates）等反競爭作為，限制外國產品的進入。柯達公司是美國首屈一指具有國際競爭力的公司，在全球市場占有重要的地位。然而，經過數十年的持續努力，柯達在日本市場僅能邁出很小的步伐。

美國貿易代表署根據柯達公司的指控，調查日本在軟片和相紙市場的貿易壁壘。美國認為，日本的主要或次要軟片製造躉售商藉由二十七萬九千個銷售點供銷其產品，日本四大軟片躉售商自 1975 年以來僅販賣富士（Fuji）軟片。富士公司則透過各種方式與這些供銷者維持緊密的聯繫。

由於外國軟片製造商無法進入日本國內的銷售管道，因而企圖發展平行的銷售網絡，但成就有限。外國製造商利用次級而無全國性規模的躉售商所銷售的軟片，僅約占日本軟片市場的 15%。外國軟片較易在大的廉價商店購得，但是這些商店主要位於大都市中，而且其數量、規模以及營業時間都受到大規模零售商店法（Large Scale Retail Store Law）的限制。

美國政府要求日本政府就柯達公司之指控進行談判，但是遭到拒絕。日本主張該公司應向日本公平貿易委員會提請調查。美國認為日本公平委員會的調查並不能解決該問題，因此，要求世貿組織解決之。世貿組織最後判定柯達公司指控正確。

VII. 蒸餾烈酒

1996 年 7 月，美國、歐盟和加拿大向世界貿易組織控訴日本對進口蒸餾烈酒的歧視待遇。日本對諸如威士忌的外國烈酒課徵較本國產的烈酒六倍的高稅率。11 月 1 日，世貿上訴機構宣布，日本的稅率違背了關稅暨貿易總協定第 3 條第 2 款。11 月 20 日，日本宣布尊重世貿組織的決定。該項決定打開了

美國對日本輸出威士忌、伏特加以及其他烈酒的市場障礙。

爲了符合世貿組織的決定，日本提議修改酒稅法。然而，日本估計完成修法的時間要超過五年。美國不能接受此項時間表，並認爲日本未符合世貿組織的指導原則。由於雙方無法獲致協議，12 月 24 日，美國要求世貿組織對日本遵守裁決的「合理期限」，進行仲裁。1997 年 2 月 14 日，世貿的仲裁人員裁定，日本必須在裁決報告公布後十五個月內修改其國內法。美國期盼日本將完全遵守仲裁人員的決定。

日本是美國烈酒第二大出口市場。儘管日本在進口威士忌和其他西方式烈酒課加高關稅，但美國對日本烈酒的出口額每年已經高達一億美元。

柯林頓政府對打開日本市場，頗感欣慰，指出自柯林頓上任以來，美國輸往日本的產品增加了 35%，而雙邊協定所涉部門產品的成長率更高。[75]然而，在日本的美僑商會則對美國過去十六年來努力打開日本市場的成效給予較低的評價。該商會的研究報告指出，兩國自 1980 年以來在貿易問題上已簽訂了四十五項協定，但是其中只有十三項協定獲得成功，十八項協定差強人意，十項協定未獲成功，四項協定成敗參半。成功的協定包括 1994 年有關行動電話（cellular phones）協定及 1986 年和 1991 年半導體協定。未成功的協定包括 1994 年有關保險、建築及蘋果的協定。[76]

柯林頓政府近年來注意力集中於對中共的貿易談判。美僑商會的該項報告不啻提醒白宮，日本市場的打入仍然是不可忽

---

[75] *CP*, Jan. 15, 1997, p.16.
[76] *Ibid.*

視的問題。柯林頓政府自 1995 年中期後對美、日貿易問題的注意力漸減，一方面因為美國已成功迫使日本達成汽車及零件的協議；他方面因為柯林頓政府的許多官員認為，日本經濟長期停滯不振，對美國的經濟優勢已不構成立即的威脅。

美國前駐日大使孟岱爾（Walter Mondale）亦稱，自 1993 年 7 月後，美國對日貿易逆差已獲改善，1995 年已降低 10%，而 1996 年前三季則降至 27%；美國輸日的產品在 1993 年至 1995 年亦提升 35%。然而，他亦指出，橋本內閣雖然已對日本經貿體制作了很大的改進，日本經濟的管制依然很多。他認為，日本的決策過於依賴共識，以致為了改革經濟體制而徵求被改革的官僚及工商界人士的意見，造成日本政府雖有改革的意願，卻常常難以推動改革。日本政府傳統上「由上而下」的體系，形成有權勢的官僚在五十歲左右即退休而轉入原本受其監督的工商公司服務。此使該等公司得以對從事改革的政府官僚提出退休後不聘用的威脅，以達到阻礙改革的目的。[77]

由於日圓對美元貶值，美國對日本的貿易逆差自 1997 年 7 月起又告增加，而美國汽車業又向政府抱怨日本未充分履行 1995 年汽車協定下的義務，因此，華府又考慮依照 301 條款，對日本施加制裁。[78]

---

[77] *CP*, Dec. 4, 1996, p.4.
[78] *Ibid*, Sept. 24, 1997, p.16.

三、軍事安全關係

美日兩國之間的軍事安全關係，源自冷戰時期的美日安保條約。冷戰結束，國際環境改變，蘇聯對日本的威脅消失，而美國民眾又期待「和平的紅利」，要求削減海外駐軍，布希政府因而決定削減駐日美軍，但是繼續維持美日同盟關係，要求日本增加分攤美軍駐日的費用，主張加強兩國軍事科技的交流與合作。柯林頓政府進一步加強美日安全合作關係。

(一)布希政府對日安全政策之持續性

在美日軍事安全關係上，布希政府大體上維持雷根政府的政策：即重視美日同盟關係，要求日本增加分攤美國在亞太地區的防衛責任，強調兩國軍事科技的交流與合作。

布希政府對美日軍事安全關係之重視，可由其官方文件中窺知。1989 年 9 月 1 日，布希與細川首相在華府會談後公開聲明，美日安保條約不僅對兩國的安全極具重要性，對整個亞太地區的安定亦復如是；因此，兩國決心繼續就安全伙伴關係的各個層面，以及和平與安定方面共同承擔的責任，進行密切的諮商。[79]

布希政府不僅重視美日安全關係，更擴大安全的地理範圍及涉及的議題。貝克國務卿於 1991 年 1 月 12 日透過日本媒體向日本人民所作的談話對此表露無遺。他強調美日同盟仍是兩

---

[79] *Bulletin*, Vol.89, No.2152 (Nov. 1989), p.51.

國合作的基礎。兩國的利益和關係已超越亞太地區而涵蓋全球；但在新的時代中，兩國面臨許多超越傳統安全定義的挑戰，諸如核武擴散、毒品走私、難民流動、國際恐怖主義、第三世界經濟發展的促進、東歐國家和俄國由共產經濟轉為市場經濟，以及生態環境之維護，皆須協力解決之。[80]

同年 11 月，貝克在東京日本國際事務研究所發表的演講中以及在「外交季刊」刊登的專文中，以扇形架構描繪美國與包括日本在內的亞太盟邦及友邦之間的安全關係。他將美國在亞太地區的安全架構比喻為一把打開的摺扇。美日同盟關係是摺扇的中心骨幹，是美國所有雙邊關係中最重要的一項關係。[81]

不僅美國重視美日同盟關係，日本亦然。此種立場充分反映於布希總統與宮澤首相在 1992 年 1 月東京高峰會後所發表的共同宣言中。雙方重申在安保條約中所作的承諾，並確認該約為美日同盟的核心，是兩國政治合作的基石。兩國承認，彼此之間的安全關係對亞太地區的和平與安定非常重要；兩國政府將努力與其他國家密切合作，以減少東亞緊張及不穩定的情勢。鑑於後冷戰時期仍多不安定及不確定的情勢，美國表明將維持前置部署，以維持亞太地區的和平與安定。日本則將繼續根據美日安保條約提供基地及設施，並增加駐日美軍費用的分攤。雙方將採取步驟，增加兩國軍方的合作及軍事科技的交流。[82]

兩國其後簽訂協定。日本同意自 1991 年 4 月起的五年內，

---

[80] *Dispatch*, Vol.2, No.3 (Jan. 21, 1991), p.46.

[81] *Ibid*, Vol.2, No.46 (Nov. 18, 1991), pp.841-842, 詳見第四章。

[82] *Ibid*, Vol.3, No.3 (Jan. 20, 1992), p.44.

將每年分攤的三十億美元駐日美軍費用增加爲三十四億美元。日本負擔的比例由約占全部駐日美軍費用的 40%增至 53%。預計至 1995 年年底，日本負擔駐日美軍雇用日本勞工及使用設施的全部費用。[83]

美日同盟原是冷戰時期的產物，主要是針對蘇聯的威脅。冷戰雖已結束，蘇聯之威脅亦已不復存在，但是美日兩國仍然重視雙方的同盟關係。此乃因爲該項關係在後冷戰時期仍對雙方有利。[84]就美國而言，美日同盟關係至少有五項利益。第一，它使美國得以利用日本基地，執行「區域防衛戰略」（Regional Defense Strategy），維持亞太的安定，在東亞扮演平衡者角色。換言之，美國使用日本基地，不僅是防衛日本安全，一旦朝鮮半島有事時，亦可迅速就近增援；第二，日本提供駐日美軍費用，比其他美軍駐紮國家高出很多。美國如果將駐日美軍撤退回國，則需花費更多的費用；第三，同盟關係使得美國可在科技交流與合作的理由下取得日本的軍事科技；第四，它使美國在美日雙邊貿易談判中取得優勢地位；第五，由於美軍駐日具有阻止日本軍國主義復起之作用，從而減少東亞國家對日本之疑懼，致使美國得以對東亞國家發揮政治影響力。

美日同盟關係對日本仍有其重要性。繼承蘇聯的俄國目前雖忙於內政改革，未來仍有威脅日本安全之力量。北韓政權不穩，又有發展核武之野心，對日本安全仍然構成潛在威脅。中共之興起亦是日本未來安全上無法忽視的一項變數。因此，對日本而言，美日同盟並未因蘇聯之瓦解而失去其安全上之功

---

[83] *Ibid*, Vol.2, No.3 (Jan. 21, 1991), p.47; Vol.2, No.14 (Apr. 8, 1991), p.241.

[84] Young-sun Song, "Prospects for U.S.-Japan Security Cooperation," *Asian Survey*, Vol.XXXV, No.12 (Dec. 1995), pp.1090-1091.

效。尤有進者，該項同盟使得日本與東亞國家進行合作時獲得較多的信任。如果美日同盟不復存在，日本必然增加本身的軍力，以維護安全，從而引起東亞國家對日本的疑懼。最後，美日同盟亦使日本較易獲得美國的先進武器、裝備及科技。

(二)布希政府對日安全政策之變動性

　　布希政府對日本軍事安全政策大體上是蕭規曹隨，但是亦有與其前任政策不同之處，例如不再要求日本增加軍費，裁減駐日美軍，以及修改美日合作研製戰機的協定。

　　日本中曾根康弘首相在美國政府的鼓勵下，於 1987 年增加防衛經費，突破 1976 年三本武夫首相所設不超過國民生產總額 1%的上限。日本的防衛經費早已高居世界第三位，僅次於美蘇兩國。軍隊人數雖然不多，但是武器裝備精良，戰鬥力強。日本軍費如果繼續增加，未必有利東亞的安定。布希政府可能有鑑於此，於要求日本分擔美國在亞太的防衛責任時，不提日本應增加防衛經費，只要求增加美軍駐日費用的分攤。例如，國務卿貝克於 1991 年表明，日本已建立了適當的自衛力量，足可輔助美軍，並對區域安定作出貢獻。[85]

　　美國財政赤字長期居高不下。蘇聯瓦解，對美國及亞太地區的安全威脅消失後，美國人民多期待將國防經費轉移於改善經濟等非軍事用途上。在此情形下，國防部長錢尼（Richard Chiney）於 1989 年 11 月表示將大幅削減國防支出，於五年內減少一千八百億美元國防經費。[86]次年 4 月，美國國防部發表

---

[85] *Dispatch*, Vol.2, No.46 (Nov. 18, 1991), p.842.

[86] Banning N. Garrette, "Military Strategies in East Asia," *The Washington Quarterly*, Vol.14, No.2 (Spring 1991), p.170.

「亞太戰略架構報告」，說明在未來十年內分三階段裁減亞太駐軍，而在第一階段減少駐日美軍約五千至六千名，但是在其後兩階段中，則視狀況再定是否減少駐軍。[87]

布希政府上台後不久，在國內的壓力下，修改了其前任與日本所簽訂的合作研製 FS-X 戰機的協定。研製 FS-X 的計畫源自日本政府，但由美、日兩國合作研製則是美國對日本施壓的結果。雷根政府迫使日本政府讓步而與之達成合作研製之協議。

FS-X 是「戰鬥機支援實驗計畫」（Fighter Support-Experimental）的英文縮寫。日本政府決定研製 FS-X 有經濟和軍事方面的考慮。經濟方面的考慮是求建立航空工業。日本在 80 年代初，曾與美國飛機製造公司合作生產商用飛機，希望經由商用飛機的研製而逐漸重建其航空工業，但是合作計畫迭遭挫折。日本因而轉向軍用飛機的研發，希望經由軍事航空工業發展而產生之工業技術、製造工廠及技術勞動力，可以轉供民用航空工業之用。80 年代中期，日本在基礎材料、微體電子學等方面的高科技已居世界頂尖地位，在技術上已可獨立研製戰機。

日本研製 FS-X 的軍事動機，主要是尋求 F-1 支援戰鬥機的替代品。F-1 是日本在 70 年代自行研製的戰機，任務是阻止陸上的入侵行為、攻擊陸上的侵略者、攔截侵犯日本領空的不明國籍飛機。由於 F-1 的技術過時，且因機齡老舊而有金屬疲勞的問題，因此，該機將於 1997 年至 2001 年間逐步除役。日

---

[87] United States Department of Defense, *A Strategy Framework for the Asia Pacific Rim: Looking Toward the 21st Century* (Washington D.C.: Office of the Assistant Secretary of Defense for International Security Affairs, April 1990), pp.13-14.

本政府於 1985 年 9 月公布的「中期防衛力整備計畫」，已明言研究取代該機的問題。[88]同年 10 月，日本政府研究 F-1 的替代戰機時，曾考慮三種方案：即採用既存的國內模式、採用國外模式，和自行研製。最後日本政府接受防衛廳的提議，在國內自行研製。該機的研製預估需時十年，費用將達十六億美元。

雷根政府強力反對日本自行研製的決定，認為經濟上是浪費資源，技術上亦不可行，因此主張日本直接採用美製 F-16 或 F-18 戰機，或將 F-16、F-18 及 F-15 戰機加以改造，即可符合日本國防需要。雷根政府的反對，實有三項不便明言的原因。首先，日本對美國享有大量順差，而美國飛機及武器裝備是美國少數有助降低日本順差產品中的兩項產品。日本如果自行研製而不向美國採購戰機，將無法大幅降低對美國的順差。其次，日本建立軍事航空工業一旦成功，亦將帶動商用航空工業的建立，未來可能對美國在國際航空工業的領導地位構成威脅。最後，日本自行研製先進的戰機，將使日本在國際政治上漸趨獨立自主，並且更易成為亞洲的軍事強權，引發東亞國家對日本的猜忌與疑懼，不利美國維護亞太安定的政策。

1987 年 6 月，美國國防部長溫伯格（Casper Weinberger）訪問日本，正式向日本防衛廳提議，由美日兩國共同改造現有的美國戰機，並且強調該項問題是美日關係之核心。美國官員開始明確警告日本，如果日本自行研製，可能引發嚴重的政治後果。[89]在美國強大壓力下，日本不得不同意與美國合作研製

---

[88] 何子祿，「美日 FS-X 共同研製計畫爭議」，美歐月刊，第 11 卷第 6 期（民國 85 年 6 月），頁 24-25; Debora Spar, "Co-developing the FSX Fighter: The Domestic Calculus of International Cooperation," *International Journal*, Vol.XLXII, No.2 (Spring 1992), pp.267-271.

[89] Spar, *op. cit.*, p.277.

FS-X 戰機。1988 年 11 月 29 日，兩國簽署 FS-X 協議備忘錄，規定 FS-X 將以 F-16C 為原型，由兩國各自運用最優越技術改造成符合日本需要的戰機；研製計畫及成本由日本防衛廳負責，日本企業為主要承包商，而美國企業則為轉包商，可承造約 30%至 45%的研製工作；美方將提供日方所有有關 F-16C 的技術資訊，而日方則將研製過程中自美方技術所衍生之技術情報提供美方。[90]

美國國會及工商界對該項協議多表反對。反對的原因不但涉及對日逆差問題，更觸及美日商業競爭及國防安全。日本不願購買美國戰機，自然無助於大幅減少對美貿易順差。日本善於應用美國科技，造成極具競爭力的商品。美國航空企業界擔心，日本將來會運用美國提供的技術，研製商用飛機，造成美國航空工業競爭力的衰退。反對者亦擔心日本會洩漏美方科技給敵對國家，危害美國國防安全。[91]

日本政府在美國壓力下，最後同意修改協議。雙方於 1989 年 4 月簽署新的協議，規定日方不得將技術轉移於工商業目的使用；日本只能接觸到部分與控制飛機中央電腦有關的軟體；美商在研發及生產過程中將取得 40%的承包合約。[92]

(三)柯林頓政府的對日安全政策

柯林頓政府對日本軍事安全政策的變動性大於持續性。就持續性而言，美國繼續要求日本增加駐日美軍的費用。就變動性而言，美國減縮琉球基地，擴大美日軍事合作關係。

---

[90] 何子祿，前揭文，頁 24-25。
[91] Sasae, *op. cit.*, pp.22-24.
[92] *Bulletin*, Vol.89, No.2148 (July 1989), pp.48-49.

1.要求日本增加駐日美軍費用

　　1991 年，日美兩國簽訂為期五年的特別措施協定。根據該協定，日方在協定的有效期間內，每年負擔駐日美軍的費用為四十八億美元。此數額約占駐日美軍經費總額的 70%，占日本軍事預算的 10.4%。日本自 1992 年至 1995 年負擔的美軍經費，不斷增加。柯林頓政府上台後一再要求日本增加負擔金額。惟因日本內閣替換快速，加以琉球美軍強暴日本女童事件爆發，美國暫時擱置該項要求。其後，雙方著手強化美日同盟，於 1995 年 9 月 27 日達成新的協議，規定自 1996 年 4 月 1 日至 2001 年 3 月 30 日的五年期間，日本分攤的金額由每年四十三億美元增至五十億美元。

2.縮減琉球美軍基地

　　柯林頓政府減縮琉球美軍基地，乃因美軍強暴日本女童事件引發琉球人的反美運動，而採取的安撫手段。

　　由於駐日美軍人員刑事犯罪案件屢屢發生以及基地噪音太大，致使琉球人的抗爭不斷發生。1995 年 9 月 4 日，三名美軍強暴一名十二歲琉球女童事件發生後，[93]沖繩縣舉行了有八萬五千人參加的抗議集會，強烈要求修改駐日美軍地位協定、縮小美軍基地規模。[94]

　　美軍強暴女童事件凸顯美軍占地過多問題及駐日美軍罪犯的司法管轄問題。就前者而言，駐日美軍所使用的土地，75%

---

[93] CNN World News, "U.S. apologetic over Okinawa rape," http://cnn.com/ WORLD/ 9509/japan_ rape/index.html

[94] CNN World News, "Protesters rally against U.S. bases in Okinawa," http://cnn.com/ WORLD/9603/ japan_us_lease/ index.html

位於琉球，但整個琉球僅占日本全部土地面積的 0.6%。琉球最好的 20%的土地，都圍上鐵絲網，成爲美軍基地，致使琉球沒有較具規模的產業，經濟發展落後於日本其他地區。沖繩縣知事大田昌秀（Masahide Ota）以美國基地妨礙當地經濟發展爲由，要求美軍於 2015 年以前完全撤離該地。[95]就後者而言，日美雙方 1960 年簽訂的「美軍地位協定」第 17 條第 5 款 C 項規定：「在應由日本行使司法審判權的美軍士兵及其家屬的違法案件中，日方檢察院正式提起公訴以前，嫌疑犯仍由美軍基地拘留。」此種條款助長琉球美軍的犯罪活動。在強暴女童事件的壓力下，日美雙方於 1995 年 10 月 25 日達成協議，將原協定中關於「美軍在公務外犯罪，起訴前由美方拘留」的規定，改爲「對殺人或強姦類犯罪在起訴前就可由日方拘留」。琉球基地問題構成沖繩、東京及華府的三角矛盾。就沖繩而言，美軍基地是有百害而無一利，希望美軍早日歸還土地。就美國而言，一旦撤出沖繩而日本政府又不能在其他地方提供相對的基地，美國的亞太戰略就要落空。華府當然希望維持現狀，但也自知有其困難。就東京而言，日本政府基於「美日安保同盟」的立場，有義務提供基地讓美軍使用，如不能勸說沖繩人民續租基地，則駐日美軍之撤離，會對日本整體安全產生重大影響。

琉球美軍基地有十二座設施，涉及三萬二千多名地主。基地租約將在 1997 年 5 月 14 日到期。地主中有二萬九千人同意續租，但擁有約九十英畝地的二千九百三十七名地主揚言不再與美軍續約。他們一方面基於美軍強暴事件，另方面對美軍常製造事端和戰機噪音，不滿已久，因此，欲將美軍趕出琉球。

---

[95] 聯合報，民國 85 年 12 月 3 日，版 10。

沖繩縣知事大田昌秀因而拒絕繼續代為簽署美軍基地租約，使得美國駐軍面臨合法性的問題。

　　日本首相橋本龍太郎（Ryutaro Hashimoto）因此一方面向法院提出告訴，要大田昌秀履行作為知事的責任；另一方面則從事修法以解決此問題。就前者而言，橋本獲得勝訴，法院判定大田昌秀必須服從中央政府的指示，代為簽署已經到期的土地租約。[96]就後者而言，日本政府修改法令，規定即使地主反對續約，日本政府也可以將土地繼續租給美軍。[97]

　　為了解決沖繩基地的問題，美日兩國於 1995 年 11 月專門設立了一個「沖繩特別行動委員會」（Special Action Committee on Okinawa），研商如何逐步減少或縮併沖繩的基地。在該委員會之上，兩國的外交和國防部長組成一個「安全磋商委員會」（Security Consultative Committee），在更高的層次上研究解決沖繩問題的途徑。美國於 1996 年 4 月 15 日，在柯林頓訪日前夕，同意將普天間空軍基地從人口稠密的宜野灣遷到計畫籌建的岸外浮動平台上，承諾關閉十一處琉球基地。[98]

3.擴大軍事合作關係

　　柯林頓政府初期對日本採取強硬經貿政策，致使美日軍事合作關係陷入低潮。惟 1994 年後，美國開始加強對日的安全關係。

　　兩國之間的安全關係因經貿及科技交流之爭議而受損。美

---

[96] 同上註。

[97] **聯合報**，民國 85 年 8 月 29 日，版 10。

[98] Special Action Committee on Okinawa(SACO), Interim Report by the Japanese Minister for Foreign Affairs Ikeda, Japanese Minister of State for Defense Usui, U.S. Secretary of Defense Perry, and U.S. Ambassador to Japan Modale, April 15, 1996.

國國防部長裴利曾宣布，如果日本不願將軍民兩用的科技轉移給美國廠商，美國將禁止承包兩國合作計畫工程的日本廠商獲得美國軍事科技。此種以牙還牙的措施頗類似柯林頓政府「數值取向」的對日經貿政策，徒增雙方的齟齬及猜疑，而無補於美國自日本獲取的軍事科技之目的，因為美國廠商對該項科技並無興趣。[99]尤有進者，美國可能提早自東亞裁減駐軍的謠傳不斷。日本頗感不安，因而面臨與西方（尤其是美國）合作或是重返亞洲（特別是改善與中共的關係）的選項思考。日本為應否「脫美入亞」而猶豫不定，充分表現於對馬來西亞所倡而含有排美色彩的「東亞經濟核心會議」（East Asian Economic Caucus）的態度上。日本從未堅決反對或贊成之。日本民意的反映更為明確。根據「讀賣新聞」（*Asahi Shimbun*）1994 年 8 月的調查報告，受訪的日本人中，60%認為日本應兼重東、西兩方，28%主張向亞洲傾斜，只有 6%主張傾向西方。[100]

在此情況下，細川首相於 1994 年 2 月設立一個私人顧問委員會，檢討 1976 年的「國家防衛計畫大綱」（National Defense Program Outline），並研擬新的大綱。新大綱的草案於同年 7 月由日本防衛廳官員非正式的向美國國防部官員提出。草案的主要內容是強調日本可在多邊（聯合國）、雙邊（美日）及單方安全選項中作一選擇。此種表示實為日本在不確定美國對東亞安全承諾時所放出的試探氣球。

奈伊（Joseph S. Nye, Jr.）於出任美國助理國防部長前，曾主張美國應借助日本的力量，共謀兩國共同利益的維護，並整

---

[99] David L. Asher, "A U.S.-Japan Alliance for the Next Century," *Orbis*, Vol.41, No.3 (Summer 1997), pp.354-355.

[100] 轉引自 Kurt W. Tong, "Revolutionizing America's Japan Policy," *Foreign Policy*, No.105 (Winter 1996-97), p.108.

合經貿與安全的利益，強化美、日同盟關係，並由美國全球戰略的大環境審視該項關係。[101]1994 年 9 月奈伊出任負責國際安全事務的助理國防部長後，深知日本求確定美國未來對日安全政策之方向，積極主張改變柯林頓政府對日本的安全政策，加強美日安保體制。他認為全球的權力平衡已移向亞洲，致使日本的戰略重要性不減反增；美日同盟對美國將中共納入國際體系的政策非常重要；美日兩國對維護公海航行自由及國界不可侵犯的安全承諾，對中共形成「建設性的壓力」，使之不致將南海及釣魚台附近之海域，劃入其二百浬專屬經濟區。

　　奈伊的主張通稱為「奈伊倡議」（The Nye Initiative）。[102]在奈伊力促下，柯林頓授權國防部與日方商談加強雙邊安全關係。商談的結果導致兩份文件：即美國國防部於 1995 年 2 月公布的亞太戰略報告和同年 11 月日本公布的「國家防衛計畫大綱」。美國在該報告中說明：「沒有其他的雙邊關係比美日關係來得重要。此種關係是美國太平洋安全政策和美國全球戰略目標的基礎。美國與日本的安全關係是美國在亞洲安全政策的制輪楔（linchpin）。美日的安全關係不僅對兩國有利，而且是維持亞洲穩定的重要因素。」[103]該報告強調，美日同盟係美國東亞政策關鍵，它不應由於貿易的摩擦而遭受損害。美國應該從長遠的戰略觀點檢視美日關係。

---

[101] Joseph S. Nye, eal, "Harnessing Japan: A U.S. Strategy for Managing Japan's Rise as a Global Power," *Washington Quarterly*, Vol.16, No.2 (Spring 1993), pp.29-42.

[102] Peter Ennis, "The Nye Initiative: Can It Save the U.S.-Japan Alliance?" *Tokyo Business Today*, June 1995, pp.38-41.

[103] *United States Security Strategy for the East Asia-Pacific Region* (Washington, D.C.: Department of Defense, Office of International Security Affairs, February 1995).

日本於同年 11 月公布的「國家防衛計畫大綱」，全盤接受美國的倡議，而與美國的亞太戰略報告遙相呼應，聲稱美日同盟對日本的安全不可或缺，並將在維持日本周邊地區和平與安全上繼續扮演主要的角色；為了增強美日安保體制的可信性，雙方必須努力促進資訊的交換及政策之協商，加強裝備及科技的廣泛交流。[104]

　　美日兩國原計畫於 1995 年 11 月亞太經合會在大阪開會時舉行高峰會議，討論加強安全合作問題，並準備一篇「聯合宣言」的文稿，明定將日美安全合作的重點從「遏制蘇聯」轉變為「加強亞洲的安全與穩定投資」。然而，由於琉球美軍強暴少女事件的持續蔓延，柯林頓便藉口國內預算問題，延遲對日本的訪問。[105]其後，琉球美軍強暴案的審判終結，同時美國答應縮減 20%的琉球基地並歸還普天間基地，緩和了琉球居民的反美情緒，而延長美軍基地土地租用期的法律程序亦告完成。凡此皆使美日雙方在討論安全合作上，已有一個較好的環境。雙方於 1996 年 4 月 15 日簽訂了「日本國政府與美利堅合眾國政府關於日本自衛隊與美利堅合眾國軍隊之間相互提供後方支援、物資和勞務的協定」（Agreement Between the Government of Japan and the Government of the United States of America Concerning Reciprocal Provision of Logistic Support, Supplies and Services Between the Self-Defense Forces of Japan and the Armed Forces of the United States of America）。[106]同年 4 月 16 至 18

---

[104] National Defense Program Outline in and after FY1996, http://www.mofa. go.jp/ region/n-america/us/q&a/ref/6a.html

[105] 周季華，「日美安保體制的強化與東亞的安全」，日本學刊，1996 年 第 4 期，頁 33。

[106] Statement by the Chief Cabinet Secretary on the Signing of the "Agreement

日，柯林頓總統正式訪問日本，與日本首相橋本龍太郎舉行高峰會議，並發表「日美安保聯合宣言——面向 21 世紀的同盟」（Japan-U.S. Joint Declaration on Security—Alliance for the 21st Century）。[107]1997 年 9 月 23 日，雙方又公布新的防衛合作指導綱領，取代 1978 年制訂的「日美防衛合作的指導綱領」。

雙方相互提供物資與勞務的協定內容，包括糧食、水、營房、交通、石油、潤滑油、服裝、通訊、零件等項。換言之，日本對美國的支援已不僅是基地的提供。日本政府亦明言，對美國提供的項目已不受限於日本所定武器輸出的三原則。[108]此不僅顯示日本繼 1983 年決定對美國提供軍事技術之後，再度對「禁止武器出口三原則」打開了缺口，明顯與日本憲法第 9 條有關禁止行使集體自衛權的精神相牴觸。協定儘管沒有超出平時合作的範圍，但是不排除日方在特殊情況下通過實際操作而變平時支援為戰時支援。海灣戰爭中日本就曾藉口美國軍艦是在離開日本島嶼後的移動過程中接受軍事任務的，故稱對接受軍事任務前的美艦所予後勤支援在法律上並無不當。[109]

Between the Government of Japan and the Government of the United States of America Concerning Reciprocal Provision of Logistic Support, Supplies and Services Between the Self-Defense Forces of Japan and the Armed Forces of the United States of America," April 15, 1996. http://www.mofa.go.jp/ju/security/ forces.html

[107] Japan-U.S. Joint Declaration on Security-Alliance for the 21st Century, 17 April 1996. http://www.mofa.go.jp/ju/security/security.html

[108] 日本「武器輸出三原則」係 1967 年佐藤榮作首相在國會答辯時所確立，表明日本政府不向：1.共產國家；2.聯合國決議的禁止輸出武器國家；3. 國際紛爭當事國及有顧慮國家輸出武器。1976 年 2 月，三木武夫首相進一步表示：關於三原則以外的地區，將遵照憲法、外匯法及外貿管理法之精神，慎重處理武器輸出。此語一出，即使對盟軍也難予輸出。

[109] 楊伯江，「『日美安全保障聯合宣言』意味著什麼」，現代國際關係（北京），1996 年第 6 期，頁 3。

「聯合宣言」的主要內容有六項：

第一，美日同盟在冷戰時期協助確保亞太地區的和平與安全，如今亦仍是亞太地區具有活力的經濟成長之基礎。雙方同意，美日兩國未來的安全與繁榮與亞太地區的未來密不可分；

第二，雙方同意美日伙伴關係的重要性在下世紀時仍然維持不變；

第三，亞太地區是當前世界上最有活力的地區，但是亦存在著不安定和不確定的因素。朝鮮半島依然存在著緊張局勢。包括核武在內的軍事力量依然大量集中存在著。懸而未決的領土爭端、潛在的地區性衝突、大規模殺傷性武器及其載運工具的擴散，是造成這一地區不安定的因素。

第四，雙方重申美日安全關係仍為達成共同安全目標及維護 21 世紀亞太地區安定而繁榮的環境之基石。橋本確認，日本的防衛力量將如 1995 年 11 月發布的國家防衛計畫大綱所提示的，在後冷戰時期扮演適當的角色。雙方同意，兩國防衛日本的有效合作基礎，是適當結合日本的防衛力量與美日安全體系。雙方同意，美軍的留駐亦對維護亞太地區的和平與安全不可或缺；承認美日安全關係是支持美國在亞太地區積極交往的重大支柱。美國重申將在亞太維持十萬名駐軍。

第五，為了增強安全關係的可信性，雙方同意從事下列方面的合作：

1. 雙方就國際情勢，尤其是亞太地區情勢，密切協商，並加強資訊的交換；同時因應國際安全環境的可能變化，就包括駐日美軍結構在內的防衛和軍事態勢，繼續密切協商。

2. 雙方同意檢討 1978 年制訂的美日防衛合作指導綱領，

並同意有必要研究日本周邊地區可能發生的事態對日本
和平與安全產生重要影響的情況下的美日合作問題，並
進行日美之間的政策調整。

3.雙方同意加強在科技及裝備方面的相互交流，包括諸如
F-2 戰機等裝備的雙邊合作研發工作。

第六，雙方同意，兩國政府共同的及個別的努力，以求在
亞太地區建構一個更和平而安定的環境；強調和平解決地區問
題的重要性。

「聯合宣言」正式重新界定美日安全合作體制。首先，該
宣言將防衛範圍由「遠東」擴大到「日本周圍地區」。日美安
保條約的第 6 條雖規定，爲了對日本的安全及遠東的國際和平
與安全有所貢獻，美國海、陸、空軍得以在日本使用其設施及
地區，惟以往日本偏重於第 5 條共同防衛日本本身的和平及安
全之規定。根據 1978 年 11 月日美兩國簽訂的「日美防衛合作
的指導綱領」，雙方安全合作範圍除日本本土外，僅限於遠東
地區。所謂遠東地區係指朝鮮半島、台灣和菲律賓以北地區。
4 月 17 日的日美「聯合宣言」將以往所用的「遠東有事」改爲
「日本周邊地區事態」（situations in areas surrounding Japan）。
美日兩國因而可能針對朝鮮半島有事、中國大陸和台灣之間發
生爭端，以及在南沙群島發生武裝衝突、海上運輸線發生海盜
行爲和第二次海灣戰爭等危機，研究共同對付這些事態的計
畫，以便自衛隊對美軍實施後方支援。[110]所謂「日本周邊地區」
之範圍包括對日本可能產生重大影響的中東、麻六甲海峽、南
沙群島和台灣海峽等，從而擴大日美防衛合作的對象。

---

[110] **讀賣新聞**（日），1996 年 5 月 18 日。引自張大林，「評『日美安全
保障聯合宣言』」，國際問題研究，1996 年 4 月，頁 24。

防衛範圍的變化不僅是範圍的寬窄問題，而是日本正式表明要在其邊界以外發揮軍事作用，同時亦顯示日美安全條約由保衛日本擴大爲合作因應亞太地區的衝突。尤有進者，日美相互提供後方支援、物資和勞務協定還規定：「在聯合國維持和平行動和人道主義國際營救活動中，將促進自衛隊和美軍進一步發揮各自的作用，爲以聯合國爲核心的國際和平作出積極的努力。」此一規定進而預示著美日安全合作有擴大到世界範圍的可能。[111]

　　日本政府發言人內閣官房長官梶山靜六數度公開表明，日美安保條約的「遠東」涵蓋菲律賓以北的地區，包括台灣海峽和朝鮮半島。所以台灣海峽當然屬於日美共同協防的「周邊有事地區」。[112]此項說法引起中共的抨擊。中共認爲，日美安保條約訂立於日本承認中共之前，而日本在建交公報中，已承諾尊重台灣是中國領土不可分割的一部分，因此，日美安保範圍如果包括台灣海峽，則是干涉中共內政。[113]中共的強烈反對導致日本內部對「周邊有事」之範圍應否包括台灣海峽之爭論。最後日美兩國決定對「周邊有事」一詞刻意加以模糊，不作地理範圍的認定。橋本於 9 月上旬訪問中共時，努力解釋美日聯合宣言並非針對中共，「周邊有事」並無特別地理範圍。中共曾要求日本政府明示將台灣海峽排除於「周邊有事」的適用範圍內，但是遭到拒絕。[114]因此，中共的指摘並非毫無根據。

　　9 月 23 日公布的美日安保防衛合作指導綱領亦未對「周邊有事」作出明確界定。1978 年的綱領是依據美日安保條約第

---

[111] 同上註。
[112] **聯合報**，民國 86 年 8 月 20 日，版 10。
[113] 同上註，民國 86 年 8 月 20 日，版 10。
[114] **中國時報**，民國 86 年 10 月 25 日。

5 條制訂的，美國可以使用日本基地以維護日本的安全，但是美國因應「遠東」的危機時，並非可以自動使用駐日美軍和日本基地及設備。在美國要求下，新綱領反映安保條約第 6 條的規定，設定日本周邊地區發生緊急事態而影響日本安全時，日本對美國進行支援。新綱領明定，美日兩國因應「日本周邊有事」時的合作，包括人道救濟、海上搜索與救援、經濟封鎖、撤僑；而日本對美軍活動的支援包括提供公私機場及港口設施，在日本周邊的公海及公空的後勤支援，情報收集、監控與掃雷、海上航行安全的確保。[115]由於周邊地區範圍擴大，包括台灣、南亞以至中東地區，日本的角色由「專守防衛」（即防衛本土）擴大到在海外的「集體防衛」，從而突破日本憲法第 9 條的限制。

日美雙方同意新綱領的規定，顯然與 1994 年北韓發展核武危機及 1996 年 3 月中共在台海製造飛彈危機有關。兩國即使無意圍堵中共及北韓，但是顯然欲藉美日安全合作的加強提高應變的能力，以嚇阻包括北韓及中共在內的潛在敵對勢力以武力打破現狀的企圖。

---

[115] http://www.mofa.go.jp/ju/security/guideline.html

第五章

美國對中共的政策

布希政府時期，美國與中共的關係陷入艱困的境地。天安門事件導致美國府會對中共政策的分歧。國會要求強力制裁中共，布希政府則力求維持與中共的建設性交往，減少對雙邊關係的衝擊。雙方在政治、經濟及軍事關係上皆是爭議叢生。柯林頓政府迫於客觀形勢，放棄將人權與最惠國待遇掛鉤的政策，採行與中共全面交往的政策，全方位增進雙方關係。

一、政治關係

　　在後冷戰時期，美國與中共在人權、貿易、武器擴散及西藏等問題上的歧見愈來愈顯著。六四天安門事件，突出中共不尊重人權的事實，使得人權問題成爲影響美國與中共之間全面關係的核心問題。布希總統爲了維持美國與中共的關係，力拒國會懲罰中共的要求，否決國會以延長中共最惠國待遇爲迫使中共改善人權的手段，堅持對中共採取「建設性交往」（constructive engagement）的政策。柯林頓上台之初，一方面支持國會在人權方面的主張；他方面確定與中共「全面交往」（comprehensive engagement）的政策，但是不久即迫於客觀情勢而放棄以最惠國待遇爲促使中共改善人權的工具。全面交往的政策導致1997年兩國建立「建設性戰略伙伴關係」的協議，使得雙方關係進入新紀元。

(一)布希政府制裁中共表裡不一

　　1989年6月4日，中共血腥鎮壓天安門由學生領導的民主運動，引起各國的強烈反應。美國輿論及國會皆主張向中共表

達美國人民的強烈不滿與憤怒。布希政府不得不對中共進行制裁，使得雙方友好關係急遽下降。美國府會對延長中共最惠國待遇之爭、兩國意識形態及人權觀念之對立、北京對美國和平轉變中共制度之猜忌，以及兩國對國際新秩序觀點之分歧，皆使雙方政治關係陷入 1979 年建交以來之最低潮。布希則力求維繫華府與中共的關係。

布希曾擔任美國駐聯合國大使、中情局局長，及美國駐北京聯絡辦事處主任，對外交問題，尤其對中共問題，有豐富的經驗及認識。對中共事務的瞭解，布希政府的決策人士可能無人比得上布希。因此，布希政府的中共政策實反映布希的觀點。

1988 年蘇聯自阿富汗完全撤退軍隊，美蘇和解進入新的里程碑。蘇聯威脅的降低理應相對降低中共在美國戰略上的重要性。然而，布希於 1989 年執政後，仍然重視與中共的戰略關係，因此，就任後不久，就在 2 月趁參加日皇裕仁喪禮之便，走訪北京，與中共領導人敘舊，以表達與中共維持良好關係的誠意。布希爲了向國內支持民主與人權的人士表態，邀請中國大陸異議人士方勵之參加在美國駐北京大使館舉行的晚宴。中共力加阻撓，使得方勵之不克參加。布希的親善之旅反而引發尷尬局面。

1989 年 6 月 4 日，天安門事件發生後，美國國內及國際輿論同聲強烈譴責中共血腥鎮壓民運的行爲。布希亦不得不公開嚴詞譴責中共，並表示深感遺憾，更認爲天安門廣場前的示威者，只是要求基本人權，是美國在全球各地支持的目標。爲了表示支持中國大陸的民運，布希於 6 月 5 日宣布對中共採取制裁措施，包括停止對中共的軍售及雙方高層軍事人員的互訪，優惠考慮中共留美學生申請延長居留之事宜，透過國際紅十字

會對天安門事件中受傷人民予以人道及醫藥的救助。對中共軍售的禁止亦影響到國務院軍品管制名單（Munitions Control List）上的商業銷售，金額高達四億至七億美元之間。最主要的商業銷售是波音公司生產的六架 CH-47 Chinook 載貨直昇機，金額約一億多美元。除了軍售外，布希政府亦停止對中共的高科技轉移，包括立即停止四架波音 757 客機的出售及三座美國所製人造衛星輸出的許可；片面停止執行雙方於 1985 年所簽的核能合作協定。布希藉此表示對中共鎮壓民運之反對，同時回應國會及民意的強大壓力，因此制裁的象徵性意義大於實質性意義。美國對中共的軍售很少，停止出售不會對中共造成傷害。布希無意使華府與北京的關係轉壞，因而拒絕召回駐中共大使，亦不考慮對中共實施經濟制裁。他於 6 月 5 日記者會中表明：美國無法原諒中共的暴行，但也不能忽視未來與中共的關係；現在不是情緒反應的時刻，而是理性審慎行為的時刻；美國的作法應是鼓勵中共進一步的開放，促使正面的因素有更多發揮的空間。[1]他在 6 月 8 日記者會中承認，即使中共繼續鎮壓民運，他仍求與中共維持良好關係，因為美國與中共的關係非常重要，維持良好的雙邊關係符合美國的利益。[2]

由於中共大肆搜捕並處決了部分參與民運的份子，布希乃於 6 月 20 日宣布停止助理部長級以上的官員與中共官員接觸，並採取行動勸阻國際金融機構對中共的貸款，取消商業部長莫斯巴克（Robert A. Mosbacher）及財政部長布雷迪預定分別於 7 月及 11 月至中國大陸的訪問。

中共對美國的制裁，反應強硬。北京一方面堅稱天安門事

---

[1] *Weekly Compilation of Presidential Document*, May 29, 1989, p.761.

[2] *New York Times* (NYT) June 9, 1989, p.12.

件是一宗「反革命事件」，絕不可能容忍，他方面指責該事件是受到「外來勢力」的干預介入，是「國際大氣候」對中共進行「和平演變」的顛覆所造成的後果，並且特別挑明「美國之音」（Voice of America）有渲染及協助學生民運的事實，指責美國的制裁是干涉中共的內政。中共不僅繼續大肆搜捕民運人士並處決了部分民運人士，更要求美國交出逃至美國大使館的方勵之夫婦，驅逐「美國之音」駐北京辦事處主任與美聯社記者。中共的強硬態度迫使布希政府不得不採取進一步的制裁行動，以平息國內對中共的不滿。針對美國的制裁，中共亦加以反擊。中共停止與美國的文化與科技交流，取消接受美國和平工作團的計畫，拒絕允許逃入美國大使館的方勵之夫婦出境。

布希不僅透過記者會向中共表達維持良好關係之意，更於7月派遣國安會顧問史考克羅（Brent Scowcroft）和副國務卿伊戈伯格（Lawrence Eagleburger）秘密訪問北京，以求穩定雙方關係。此一秘密訪問與布希公開宣布的制裁禁令相違，當時亦無人知曉，直至1989年12月下旬，史考克羅與伊戈伯格再度訪問北京時方為外界獲知。

布希不顧自己的禁令，派遣史、伊二人兩度訪問中共，主要目的是勸告中共節制行為，改變強硬立場，以免雙方關係進一步惡化。中共雖然承諾不出售飛彈給中東國家，准許一名美國之音記者入境，並且降低了反美的宣傳，但是在人權問題上拒絕讓步，換言之，不取消戒嚴，不釋放被捕的民運人士，不允許方勵之夫婦離境出國。

為了避免與中共關係進一步惡化，布希力阻國會以立法方式對中共施壓。1989年6月下旬，眾議員裴洛西（Nancy Pelosi）提出「1989年緊急中國移民救濟法案」，希望正式立法，豁免

三萬二千名在美國持 J-1 簽證之中共留學生必須學成後返國服務兩年才能申請改變身分的規定。此一法案於 11 月分別在參眾兩院以無異議方式通過，但是布希總統卻加以否決，另以行政命令賦予中共留美學生同樣的豁免。國會雖不滿意，但是在 1990年 1 月下旬復會時，未能成功的推翻布希的否決。然而，中共在 1 月上旬，解除了北京部分地區的戒嚴，並釋放了五百七十三名民運人士。此示美國的制裁並非毫無作用。

(二)布希力主續延最惠國待遇

　　布希政府力求維持與中共的良好關係，充分表現在與國會對續延中共最惠國待遇之爭執上。布希政府力主續延，而國會則主張有條件的續延，以求迫使中共改善人權。布希不惜動用否決權，打消國會有條件續延最惠國待遇的法案。

　　1974 年貿易法案第 402 條，亦即通稱的傑克森—范尼克修正案（Jackson-Vanik Amendment）規定，總統可以向國會推薦，給予非市場經濟國家最惠國待遇，但其前提是總統必須保證這些國家的政府允許該國公民自由移民，或者總統可以確保在給予最惠國待遇之後，該國政府會增進移民的自由。國會有權審查總統的決定，並拒絕接受總統的決定。惟如果國會拒絕同意，總統仍可依法否決國會的決定。此項修正案原本是針對蘇聯而制訂的。自 1980 年中共獲得最惠國待遇以來，美國每年皆例行性的續延一年。[3]由於天安門事件後中共在人權問題上並無讓步之意，美國國內人士主張取消中共的最惠國待遇，以迫使中共改善人權。[4]

---

[3] *Ibid.*
[4] *NYT*, March 11, 1990, p.A1 and A16.

美國拒絕給予北京最惠國待遇並非是對中共施加全面性經濟制裁，但是卻足以嚴重地傷害到中（共）美之間的商業關係。如果華府對於中國大陸進入美國的貨物課以正常的關稅，中共將支付更高的關稅，其中最重要的二十五種商品的關稅將從8.8%躍升至50.5%。[5]美中（共）企業委員會估計，中共出口至美國的產品會因而減少50%，金額約六十億美元；而北京的反應可能是抵制美國出口至中國大陸的產品，排斥美國在中國大陸上的投資，中斷更廣範圍的學術與文化的交流計畫，拒絕與美國在戰略與外交進行合作。[6]

　　由於美國是中共最大的貿易伙伴之一，因此，美國提高對中國大陸產品的課稅將對中共經濟造成損害，特別是對中國大陸極度依賴美國市場的工業部門（如紡織工業）和一些區域（如東南各省）。尤有進者，西方國家對中共實施經濟制裁，特別是國際金融機構借貸的停止以及商業信用的緊縮，使北京的國際償債能力拉起警報。一旦中共對美國的輸出減少，必須為其產品尋找替代市場。中共掌管外貿的官員深知喪失最惠國待遇的嚴重性，估計每年減少一百億美元的出口收益。此一數字遠高於美國的預測。[7]

　　中共的領導人警覺到喪失最惠國待遇所引起的經濟成本後，為了避免與美國對立，因而試圖由外交政策上尋求根本解決之道。在他們的要求下，北京和上海的研究機構對於如何穩定中（共）美關係提出了建議，包括允許方勵之離開中國大陸而到第三國；增加自美國的進口，以顯示中共與美國互利的商

---

[5] *Ibid.*, April 4, 1990, p.A12.

[6] *Christian Science Monitor* (CSM), May 21,1990, pp.1-2.

[7] *Journal of Commerce*, May 16, 1990, p.4A.

業關係；釋放大部分在六四事件後被拘捕的示威者；在中共的新聞媒體上減少反美的宣傳；以及重申北京的利益在和美國發展穩定關係。[8]北京政府討論的結果是，接受一個處理與美國關係的多面向策略。首先，它鼓勵美國的盟邦對華府施加壓力，以免美國對中共施加更多的制裁，並促使美國與北京回復正常的關係。第二，中共在雙邊的敏感問題上對美國作出一些讓步。最後，中共透過各種管道以顯示其對美國仍具重大戰略價值。[9]

中共因而對美國採取修好的姿態。1990年4月初，中共同意恢復傅爾布萊特交流計畫；5月初，解除拉薩的戒嚴；5月10日再釋放二十一名民運人士；6月上旬宣布購買價值二十億美元的波音噴射客機，並在未來幾年內再購買同額的客機；派遣高層採購團於該年底前赴美採購。[10]6月25日，中共允許方勵之夫婦前往英國。江澤民親自從事改善對美外交的工作，而於5月上旬接受美國記者華特斯（Barbara Walters）的電視訪問。他也寄了一封長信給一群美國大學生，解說中國大陸的情形，傳達與美國重修舊好的願望。[11]

5月24日布希宣布續延中共最惠國待遇。但是國會反對，認為白宮對中共擺出太多的修好姿態，主張在中國大陸的人權情況沒有基本改變前，進一步的經濟制裁有其必要。美國許多社論主筆、國會議員、人權提倡者，以及中國大陸在美國的留學生與教授代表，皆支持國會的立場。

---

[8] Harry Harding, *A Fragile Relationship: The United States and China since 1972* (Washington, D.C.: The Brookings Institution, 1992), p.262.

[9] *Ibid.*

[10] *Wall Street Journal* (WSJ), June 1, 1990, p.A16.

[11] *Beijing Review* (BR), June 4-10, 1990, pp.16-18.

另一方面，美國國內亦出現一個有力的聯合陣線，支持續延最惠國待遇。基本上，該一聯合陣線支持續延的理由有三。第一，美國取消中共的最惠國地位會導致美國與中共的貿易大戰，因而將減少美國的出口，並將中國大陸的市場拱手讓給競爭者，從而威脅美國人在中國大陸上的投資，增加自中共進口美國消費品的價格，因爲中共出口到美國的許多產品中，包含了低價的鞋、襪與衣服之類，可以減輕低收入美國人的負擔。[12]第二，絕大多數中共出口到美國的商品都經由香港，減少中（共）美貿易將因而嚴重損害一個友好的市場經濟體。香港政府和香港的美國商會估計，中共最惠國待遇取消後一年，香港在貿易上將遭受七十至一百億美元之間的損失，以及大約兩萬個工作機會。[13]

　　第三，也是最重要的，美國取消中共最惠國待遇將會傷害到美國應予協助的中國大陸人民。[14]中國大陸經濟改革的核心部分是大陸沿海區域的小規模個體戶和集體企業。美國對中共產品課以高關稅將會傷害到這些個體戶和集體企業，但對國營企業的衝擊則較少，因爲其產品主要是供國內市場所需。美國對北京施加經濟制裁，亦會導致中國大陸的政治緊縮，而支持或同情與美國接觸的人士將會首當其衝的成爲整肅目標。支持中共最惠國待遇的人士也指出，不同於流亡到美國的中國大陸學生與學者，中國大陸的絕大部分知識份子反對美國進一步的經濟制裁，因爲中共人權情況並未惡化。[15]

　　在爭辯的過程中，有條件續延一年的妥協方案逐漸形成。

---

[12] *Ibid.*, p.266.

[13] *WP*, May 12, 1990, p.A17.

[14] *NYT*, April 27, 1990, p.A34.

[15] *Ibid.*, May 13, 1990, p.A16.

[16]然而，續延的方式又有兩種，一種較為嚴厲，而另一種則較為溫和。較溫和的方式是由眾議員皮斯（Don Pease）所提出的法案（編號HR 4939），條件除了傑克森—范尼克修正案所規定的移民自由外，尚包括中共終止戒嚴、停止對赤柬的援助、釋放被拘禁的非暴力示威者、放寬新聞自由、終止對美國之音的電波干擾、停止對在美國的中國公民施以恐嚇與騷擾行動，以及放寬人民至外國旅遊和讀書的禁令等項。[17]

較嚴厲的方式是由眾議員裴洛西所提議的法案（編號HJ Res 647）。該法案除了設定類似的條件外，要求總統在1991年檢討中共最惠國待遇時，保證中共完全實現該法案所規定的條件。眾議院討論該案時，其他眾議員增列一些新條件，包括中共對結束宗教迫害做出重大的進展以及遵守和英國所簽的香港協議。

布希政府不僅反對取消中共最惠國待遇的提案，亦不贊成有條件續延該待遇的兩項提案。取消中共最惠國待遇提案，以二百四十七票對一百七十四票獲得通過，但是未達到推翻總統所需的絕對的多數。皮斯提案以三百八十四票對三十票的多數獲得通過，達到考驗總統否決的多數。[18]在參議院中，參議員密契爾（George Mitchell）的提案（編號S2836）也未得到參議院全體的認可。[19]因此，由於參眾兩院意見不一，致使國會在1990年未能修改政府對中共最惠國待遇的政策。

---

[16] Harding, *op. cit.*, p.267.

[17] *Ibid.*, p.268.

[18] *NYT*, October 19, 1990, pp.A1,A8.

[19] David L. Kleykamp, "The Political Economics of United States Most Favored Nation Policy Towards China." *Tamkang Journal of American Studies*, Vol.X, No.1 (Fall 1993), p.4.

中共的人權狀況、軍事技術的轉移，以及對美國的貿易順差，皆使國會無可避免地想運用每年對中共最惠國待遇的檢討，傳達對北京的不滿。雖然一些美國參眾議員於1991年再次提出取消中共最惠國待遇的主張，但是國會更普遍的態度是有條件的給予中共最惠國待遇。此實類似1990年皮斯和裴洛西所提的建議，但是不同處是增列了一些嚴格的條件。

中共為免喪失最惠國待遇地位，對華府做出新的讓步。因此中共保證禁止囚工產品的輸出，停止紡織品經由第三國不法的轉口至美國，加強保護美國的智慧財產權。[20]中共亦宣稱，在阿爾及利亞所建造令人起疑的反應爐將置於國際原子能總署（International Atomic Energy Agency）的監督之下，同意與其他聯合國安全理事會常任理事國參加對於限制武器銷售至中東的會談，並且表示考慮簽署禁止核子擴散條約（Treaty on the Non-Proliferation of Nuclear Weapons）和參與飛彈技術控制體制（the Missile Technology Control Regime）。[21]

布希於1991年5月15日美國陣亡將士紀念日在耶魯大學發表演說，正式宣布將給予中共最惠國待遇。布希批評國會中反對他的人，是接受一項「正義的孤立主義」政策。他辯稱說，以概括的條件來危害中共的最惠國待遇地位就等於將中共孤立起來，而中共的孤立將會使美國在維護亞洲的和平與安定以及促進中國大陸民主化的能力降低。[22]布希在宣布續延之前，訓令駐中共大使李潔明（James Lilly）於3月29日至4月2日至西藏訪問，本人亦於4月16日在白宮接見達賴喇嘛。布希成為與

---

[20] *BR*, November 4-10, 1991, pp.8-45.

[21] Harding, *op. cit.*, p.279.

[22] *WP*, May 16, 1991, pp.A1,A35.

達賴會面的首位美國總統。此等措施皆是迎合國會對西藏人權的強烈主張，以求減少國會對政府處理中共人權問題之不滿。然而裴洛西和密契爾仍然分別在眾議院和參議院提出有條件延續一年的法案。行政部門仍重申過去反對的立場，但是並沒有產生顯著效果。眾議院在7月10日以三百一十三票對一百一十二票通過裴洛西法案。兩週後參議院亦以五十五票對四十四票通過密契爾法案。[23]參眾兩院的決議經協調會商為國會法案後，11月眾議院以四百零九票對二十一票通過之。[24]1992年2月25日參議院以五十九票對三十九票通過之。國會法案列出的條件包括中共必須在人權、貿易與限制武器擴散方面都有實質的進展。但是布希於3月2日否決國會的法案。他說雖然同意該法案的目標，但是不同意該法案所規定的作法。他認為，與中共全面交往的政策是促使中共改變的適當策略。[25]3月11日眾院以三百五十七票對六十一票推翻布希的否決。然而，3月18日，參院以六十票對三十八票，未能達到推翻總統否決所需的三分之二的多數。[26]

　　布希總統於1992年6月2日宣布續延中共最惠國待遇一年。他對中共人權狀態仍很失望，但是要求國會續延最惠國待遇。他重申一貫的立場，強調如果美國希望影響中共，則孤立中共是錯誤的政策。[27]7月21日，眾議院以三百三十九票對六十

---

[23] Kleykamp, *op. cit.*, p.4.

[24] *1991 Congressional Quarterly Almanac*, (hereafter cited as CQ Almanac) Vol.XLVII (Washington, D.C.: Congressional Quarterly Inc., 1992), pp.121-125.

[25] 中國時報，民國 81 年 3 月 4 日，版 10。

[26] *1992 CQ Almanac*, Vol.XLVIII (Washington, D.C.: Congressional Quarterly Inc., 1993), pp.157-161.

[27] 聯合報，民國 81 年 6 月 3 日，版 10。

二票壓倒性的通過皮斯—裴洛西法案（編號HR 5318）。9月14日，參議院也以口頭表決（voice vote）的方式通過相同的提案。28日，布希總統否決國會法案。30日，眾議院以三百四十五票對七十四票推翻總統的否決。然而，10月1日，參議院以五十九票贊成，四十票反對，未能推翻總統的否決。[28]

(三)柯林頓將人權與最惠國待遇脫鉤

　　柯林頓在競選總統期間，批評布希對中共的軟弱，並且宣稱絕不容忍從巴格達到北京的暴君。柯林頓並於 1992 年 9 月 14 日發表聲明，讚揚美國參議院通過有條件給予中共最惠國待遇決議案，認為該案顯示一種合理且精心設計的軟硬兼施政策，以促使中共走上正確的方向，增進美國在該地區的利益，並加速中國大陸自由和民主的來臨。然而，柯林頓上台後，亦為續惠中共與否，遭受國內正反意見的壓力。柯林頓政府為了既能續延中共的最惠國待遇，又能滿足國會的要求，乃在決定是否續延的期限之前，亦即 1993 年 5 月中旬，派遣亞太助卿羅德訪問中共，敦促中共改善人權。羅德向中共當局表明，美國在中共最惠國待遇上附加條件，已是箭在弦上，而北京政府要符合美國的要求，待做之事仍多。他說：「不論這些條件是以什麼形式提出，絕對都是我們極盼獲得突破的嚴肅條件。我們的目標在取得進展，絕不是要剝奪貿易最惠國待遇。」[29]然而，羅德此行並未成功。因此，柯林頓總統於 5 月 28 日以行政命令宣布續延中共最惠國待遇一年，但下一年度是否續惠中共，則視中共是否符合行政命令中所列出的條件而定。該行政命令列出七

---

[28] *1992 CQ Almanac*, pp.158-161.
[29] *JT*, May 13, 1993, p.7.聯合報，民國 82 年 5 月 13 日，版 10。

項條件。第一和第二項條件是強制性的，其一為中共能否實質推展美國 1974 年貿易法第 401 條關於自由移民的規定；其二為中共是否遵守 1992 年和美國簽訂有關囚工產品問題的協議。中共必須滿足該兩項條件，否則無法獲得最惠國待遇。對其餘五項條件，美國僅要求中共達成「全面與顯著的進展」（overall significant progress）。五項條件分別為：採取步驟遵守世界人權宣言（Universal Declaration of Human Rights）；釋放以和平方式表達政治與宗教信仰而遭囚禁或扣押（包括在民主牆及天安門運動中被捕）的中國公民，並且提供這些人士的相關資料；保證犯人的人道待遇（例如允許國際人道及人權組織探視人犯）；保護西藏特有的宗教與文化遺產；允許國際電台與電視台向中國大陸播放節目。該命令規定，一年之後（即 1994 年 6 月 3 日之前），國務卿決定是否向總統推薦續予中共最惠國待遇。[30]柯林頓在發布此項行政命令時宣稱，「從今天起，美國在中國政策上將只有一種聲音。我們不再有一個行政部門的政策與一個立法部門的政策。我們僅有一個美國的政策。」[31]

柯林頓所列的前兩項條件，事實上並不嚴厲。自由移民之事，卡特於 1979 年鄧小平訪問時曾當面提及。鄧小平立即回答說，中共樂意放出一千萬人到美國。柯林頓與卡特一樣，不敢承受如此數量的移民。至於囚工產品輸美的協議，中共本來就應遵守，並非新增的義務。美國在其餘五項條件中，雖要求中共作出「全面而顯著的進展」，但是有無此種進展的解釋權操

---

[30] "Executive Order 12850-Conditions for Renewal of Most-Favored-Nation Status for the PRC in 1994," *Weekly Compilation of Presidential Documents*, Vol.29, No.21 (May 31, 1993), p.983.

[31] "China: Most-Favored-Nation Status," *Dispatch*, Vol.4, No.24 (June 14, 1993), p.425.

諸美國政府之手，致予柯林頓政府相當大的彈性運用空間。柯林頓政府有條件續延中共最惠國待遇，一方面是希望中共改善人權，他方面避免與國會對立。

中共外交部對柯林頓的行政命令立即發表聲明，指責附加條件是公然違反三個「中」美聯合公報和兩國貿易關係協定原則，嚴重干涉「中國」內政的行為，「中國」政府對此表示堅決反對，並向美國政府提出抗議。[32]

柯林頓總統的行政命令，滿足國會議員密契爾與裴洛西的要求。他們認為總統的計畫已經使得國會沒有行動的必要。密契爾稱頌柯林頓的命令是「公平、合理及負責任的」。他和裴洛西一致認為，柯林頓的行政命令與他們在 4 月所提的草案具有相同的目標。然而，柯林頓的行動並未滿足紐約共和黨籍議員索羅門（Gerald B. H. Solomon）議員的要求。他提案取消中共最惠國待遇。該案於 1993 年 6 月 30 日，由眾議院歲出歲入委員會（Ways and Means Committee）以三十五票對二票通過。[33]但是 7 月 20 日，眾議院以三百一十八票對一百零五票否決了該案，從而正式認可柯林頓總統的行政命令，但也向中共傳達一個訊息：若中共不能達成美國總統所定的條件，下一年度的最惠國待遇必被取消。

中共在獲取最惠國的努力上，也不斷出現兩面手法。一方面在人權問題上作出有限的讓步，以符合美國提出的續惠條件；另一方面仍對美國將貿易事項與非貿易事項問題掛鉤的作法大加撻伐。就前者而言，1993 年 11 月 9 日，中共外長錢其琛在北京會見美籍記者時表示，如果國際紅十字會提出探望監獄

---

[32] 人民日報，1993 年 5 月 29 日，版 1。
[33] *1993 CQ Almanac*, p.184.聯合報，民國 82 年 7 月 2 日。

中的政治犯要求時，中國大陸將會給予正面的考慮。[34]1994 年 4 月 23 日，中國大陸著名異議人士王軍濤在中共與美國的默契配合下，由北京監獄送赴美國「保外就醫」而提前釋放。[35]就後者而言，錢其琛抨擊柯林頓的政策是「作繭自縛」。[36]中共反對將人權與最惠國待遇問題掛鉤。他指出，人權問題有兩個方面，一方面是中美兩國有不同的人權觀，這將是長期存在的現實；另一方面，在處理分歧的作法上也不同。北京認為，對人權問題雙方可以在平等、相互尊重和互不干涉內政的基礎上進行對話，中共只能做其法律允許的事情。以人權問題為藉口對中共施加壓力的作法是徒勞的，也是有害的。[37]

　　中共更加強對美國的採購，以提升美國工商界對中共市場的重視。1993 年 4 月初，中共派出一支由「國家計畫委員會副主任」甘子玉率領的採購團，赴美採購飛機與汽車。[38]「中國石油天然氣總公司經理」王濤率領的中國石油代表團亦在德克薩斯州的休斯頓市與多家公司簽訂七項購買鑽油設備的合約，[39]價值在二億美元左右。[40]兩個採購團共採購總值約十一億六千萬美元的商品與設備。[41]1994 年 4 月中共對外經濟貿易部部長吳儀率領一個多達兩百人的投資貿易洽訪團訪美，團員來自國務

---

[34] **中國時報**，民國 82 年 11 月 11 日，

[35] **聯合報**，民國 83 年 4 月 24 日。

[36] 錢其琛回答「紐約時報」記者的談話，見星島日報，1994 年 3 月 22 日，頁 A2。

[37] 中共國務院副總理兼外交部長錢其琛在與美國務卿於 1994 年 3 月 14 日結束會談後所作的記者會。人民日報，1994 年 3 月 15 日，版 4。

[38] *JT*, April 7, 1993, p.5; 中國時報，民國 82 年 4 月 7 日，版 11。

[39] 大公報（香港），1993 年 4 月 4 日，版 2。

[40] 星島日報，1993 年 4 月 12 日，版 2；人民日報，1993 年 4 月 12 日，版 7。

[41] *WP*, April 14, 1993, pp.A2, A23.

院、中國石油化公司、中國北方工業集團、中國石油總公司及二十六個省市等，就近八百個工業和農業項目尋求美商投資。此爲中共 1978 年改革開放以來赴美最大的貿易代表團。[42]該代表團與美國工商界總共簽署了三百六十二項購買美方設備和向中國大陸投資的合約或協議，金額高達五十四億美元。[43]

中共的各種努力並未平息美國國內對 1994 年續延中共最惠國待遇問題之辯論。反對無條件給予北京最惠國待遇的人士，仍希望以人權的實踐與否爲續延的條件。贊成無條件續延的代表人物民主黨參議員鮑卡斯則說，將中共貿易最惠國待遇與人權問題連在一起的政策充滿對抗，除了美國之外，沒有其他國家會採取這種笨拙而錯誤的作法。[44]1994 年 5 月 17 日，超過一百名的眾議員聯名致函柯林頓總統，要求續予中共最惠國待遇，並建議成立討論中共人權的雙邊委員會。此外，以參院貿易小組委員會主席鮑卡斯爲首的六十位參議員亦認爲，中國大陸的最惠國貿易待遇應與人權問題分開處理。[45]

另外在美國商業方面，全美零售聯盟副主席霍爾說，自 1990 年以來，美國對中國的出口幾乎增加了一倍，1993 年達九十億美元，爲美國提供了十七萬個就業機會。他說，取消對中共的最惠國待遇，不僅會因減少對中共的輸出而使美國遭受損

---

[42] 明報，1994 年 3 月 16 日，頁 A12。
[43] 大公報（香港），1994 年 4 月 22 日，頁 2。
[44] 鮑卡斯認爲，柯林頓政府把人權問題與貿易問題聯繫在一起的方針「充滿了衝突，並且成效甚少」，「沒有其他國家採取這種笨拙的作法。」；而全美學自聯則以爲，最惠國待遇將助使大陸強硬派安然度過目前的政治和經濟危機，進而鞏固他們的權力，而使以改革的共產主義、極端民族主義和黷武主義爲特性的一套制度復甦，見星島日報，1994 年 3 月 27 日，版 A2。又見人民日報，1994 年 3 月 27 日，版 6。
[45] "As Deadline Nears, Pressure Builds for Clinton to Punish China," *CQ*, Vol.52, No.20 (May 21, 1994), p.1282.

失，同時也會因增加進口關稅而使美國消費者增加負擔。美方對中國大陸大多數商品增加關稅「將使物價大幅度上漲，給美國消費者帶來一百六十億美元的經濟損失，等於使九千四百萬個家庭每戶每年平均增加一百七十美元的稅務」。[46]

此外，根據世界銀行所發表題為「中國：對外貿易改革」（the Trade Reform in China）的報告指出，美國若取消對中共最惠國待遇將使中共對美國的出口下降 42% 到 96%。而無論美國對中共產品提高進口關稅還是從別國進口高價商品替代中國大陸的廉價商品，都會使美國消費者增加開支，每年造成一百四十多億美元的損失。這對兩國將造成「災難性的」（disastrous）結果。該報告並謂，鑑於中共進出口體制的改革以及外國直接投資的增加，中共對外貿易開放程度「明顯超過美國和日本」。[47]

柯林頓政府亦派遣高層官員訪問中共，以促進人權之改善。1994 年 2 月底，美國負責人權事務的助理國務卿夏塔克（John Shattuck）訪問大陸。夏塔克雖未獲得中共任何承諾，但他在離開北京前表示，有跡象表明中共在數個範疇上做出改善：包括(1)讓國際人權組織探視囚犯；(2)改善移民申請；(3)釋放了相當數目的囚犯；(4)在法制方面作出了重要的改善。[48]然而，由於夏塔克訪問北京時秘密會晤了中共著名異議人士魏京生，導致中共的嚴重抗議。中共外長錢其琛表示，夏塔克擅自會晤假釋期間的罪犯魏京生，係置中共法律於不顧。1994 年 3 月中旬，國務卿克里斯多福（Warren Christopher）訪問北京，

---

[46] 人民日報，1994 年 3 月 18 日，版 6。
[47] JT, April 3, 1994, p.3; April 8, 1994, p.9;人民日報，1994 年 4 月 3 日，版 6。
[48] 大公報（香港），1994 年 3 月 3 日，版 12。

親自衡量中共在人權方面是否符合 1993 年柯林頓政府標示的
「全面顯著的進展」。然而，就在他訪問前夕，中共逮捕、傳
訊了包括王丹等十八名民運人士。魏京生則於 3 月 4 日上午被
扣二十四小時後獲釋，但 6 日又被迫離開北京至天津暫住。[49]
克氏企圖說服中共領導人改善大陸人權的使命並未達成，而且
使中共變本加厲地表達強硬姿態。李鵬甚至說，歷史已經證明，
中共是不會接受外來壓力的。儘管克氏明告中共，處此情形下，
美國將別無選擇，只好取消中共最惠國待遇。但李鵬亦強硬的
表示，美國將因此而失去中國大陸廣大的市場。[50]江澤民亦說，
西方國家關心的並非是廣大中國人民的人權，而是「極少數顛
覆中國政府，破壞中國穩定的人」，「這些極少數人的問題，
是政治和法律的問題，與人權問題無關。」[51]

　　克氏此行雖然遭到中共前所未有的反彈，但雙方亦達成某
些協議，諸如中共提供了二百三十五名政治犯的詳細資料，同
意日後提供西藏一百零六名人犯的資料，並與美國商討「美國
之音」受干擾的情形。雙方並簽署一項執行囚工產品備忘錄的
補充合作聲明；中共也同意和國際紅十字會商談視察大陸監獄
之事宜。[52]

　　克里斯多福訪問中共返美之後，柯林頓政府開始研擬對中
共選擇性貿易制裁的方案。[53]參議院多數黨領袖密契爾等人主張
取消中共公營企業產品的最惠國待遇，但對民間企業輸美的貨

---

[49] 中國時報，民國 83 年 3 月 13，版 1,11。

[50] *NYT*, March 3, 1994, p.A1.; *WP*, March 3, 1994, p.A1.

[51] 中國時報，民國 83 年 3 月 14，版 1。

[52] Warren Christopher, "My Trip to Beijing was Necessary," *WP*, March 22, 1994, p.A17.

[53] *Ibid.*, March 18, 1994, p.A17.

物繼續給予最惠國待遇，以收既維護柯林頓人權政策的神聖性而又不致完全放棄美國商業利益之雙重效果。然而，這種選擇性的制裁方案在政策執行上將面臨極大的困難，因為鑑別大陸產品的生產單位是一項複雜而艱鉅的工作。[54]然而另一政策選項亦已浮現。3 月 19 日，克卿在接受哥倫比亞廣播公司訪問時，首次透露將貿易與人權分開的可能。[55]

　　1994 年 5 月 26 日，柯林頓宣布續延中共最惠國待遇一年，並將人權與最惠國待遇脫鉤。他指出，中共遵守了行政命令中兩項強制性的條件，足以續獲最惠國待遇；對於其他五項人權條件，中共雖有若干進步，但是並未達到「全面與重大進展」的要求；惟取消中共的最惠國待遇，既不符合美「中」雙邊互利的關係，亦無助於促進人權的進展。因此，美國決定延長中共最惠國待遇一年，並把延長最惠國待遇與人權問題分開；未來審核是否續予中共最惠國待遇時，將依照傑克森－范尼克條款所定是否合乎自由移民的規定而定。[56]他認為：「延續貿易最惠國待遇，可以避免孤立中國，又能使美、中雙方不但在經濟上有接觸，也可以在文化、教育等問題上互通有無，並在人權事務上繼續積極有所作為。此種作法，我相信更能促使中國在國內或海外，都扮演一個負責任的角色。」[57]柯林頓相信，將人權問題與最惠國待遇掛鉤，不但無助於中共人權的改善，甚至可能損及美國在中國大陸的利益。每年對人權問題與最惠國待

---

[54] **中國時報**，民國83年4月22日，版11。

[55] **明報**，1994 年 3 月 22 日，版 A2。

[56] "China's MFN Status: Summary of the Report and Recommendation of Secretary of State Warren Christopher," The White House, Office of the Press Secretary, May 26, 1994, pp.1-2.

[57] **中國時報**，民國 83 年 5 月 28 日，版 9。

遇的辯論不但阻撓美國推動安全與經濟事務的進展，也未能使中共在人權問題上有多少改善。[58]

　　柯林頓宣布無條件給予中共續延最惠國待遇之後，一些反對此舉的議員，包括參議院民主黨領袖密契爾、眾議院民主黨領袖蓋哈特（Richard A. Gephardt）、民主黨黨鞭伯尼歐（David E. Bonior）眾議員和裴洛西眾議員於6月16日共同提出一項「密契爾—裴洛西案」（編號 HR 4590）。為了避免殃及中國大陸的自由企業而僅懲罰北京政府，該法案主張局部取消北京輸美產品關稅優惠待遇，對象包括中共「人民解放軍」和國防企業所製造及輸出的產品，以及中共部分國營事業的企業產品。[59]密契爾說明該案將影響大約五十億美元中國大陸對美國出口的產品。[60]蓋哈特在聲明中說：「美國的道德與經濟利益是不可分割的。我們若提供優惠貿易待遇給不尊重自己人民基本權利和利益的國家，自己將在道德和實質上受到傷害。」[61]

　　然而，該案遭受兩院同僚的冷落。參議員鮑卡斯對該案發表一份聲明，認為該議案將「注定失敗」（foredoomed to failure）。因為大多數參議員都支持總統的決定。[62]支持續予中共最惠國待遇的賴富特（Jim Ross Lightfoot）眾議員認為，眾議院已經有一百五十位議員宣布支持柯林頓的立場，如果該案在眾院全院表決時，支持者一定還會超出原先的人數。[63]

---

[58] *South China Morning Post*, May 28, 1994, p.7;中國時報，民國83年6月3日，版10。

[59] David S. Cloud, "Leaders Introduce China Sanctions," *CQ*, Vol.52, No.24 (June 18, 1994), p.1587.

[60] *Ibid.*

[61] 中央日報，民國83年6月18日，版7。

[62] Cloud, *op.cit.*, p.1587.

[63] *Ibid.*

6 月 29 日，索羅門眾議員在眾院歲入委員會所提反對柯林頓給予中共最惠國待遇的聯合決議案（編號 H J Res 373）以三十一票對六票獲得通過。[64] 8 月 9 日，眾議院針對續予中共最惠國待遇的不同意見議案進行一連串的投票。首先眾議院以壓倒性的三百五十六票對七十五票否決企圖取消中共所有產品最惠國待遇的共同決議案。[65] 眾議院對密契爾－裴洛西案進行表決前，外交委員會主席韓莫頓（Lee H. Hamilton）提出修正案，主張支持柯林頓的決定，將最惠國待遇與人權脫鉤。表決結果，該修正案以二百八十票對一百五十二票獲得通過。裴洛西案最後以一百五十八票對二百七十票遭到否決。[66]由於眾議院拒絕將中共的人權與貿易重新掛鉤，致使參議院支持的參議員放棄進一步的行動。[67]

1995 年，支持續予中共最惠國待遇的議員，在外交委員會亞洲小組委員會主席畢萊特（Doug Bereuter）的領軍下，認為李登輝總統美國之行已招致中共的強烈反彈，如果國會用投票來反對續予中共最惠國待遇，可能傷害已經非常脆弱的中美關係。同時，批評中共者亦改弦更張，不再以取消最惠國待遇為施壓的手段。畢萊特起草一項 （編號 HR 2058）決議案，籲請柯林頓政府要求北京改善人權和貿易制度，並且限制軍備出口。該項決議案並無貿易制裁的規定。眾議院於 7 月 20 日以四百一十六票對十票，壓倒性的多數通過該決議案；並另以三百二十一票對一百零七票擱置一項取消中共最惠國待遇的議案（H J Res 96）。為了避免直接就最惠國待遇待遇本身進行表決，行

[64] *CQ*, Vol.52, No.26 (July 2, 1994), p.1774.

[65] *Ibid*, Vol.52, No.32 (August 13, 1994), p.2380.

[66] *1994 CQ Almanac*, p.137.

[67] *Ibid.*, p.138.

政部門也支持 HR 2058 決議案。該決議案包括下列重要條款：

第一，籲請總統在聯合國、世界銀行，以及世界貿易組織中採取「強化的外交倡議」（intensified diplomatic initiatives），要求中共釋放政治犯；停止出售導彈技術和核武給伊朗與巴基斯坦；終止強制性的墮胎法；允許言論自由與宗教自由；緩和與台灣的緊張關係並且停止出口囚工產品。

第二，邀請總統於法案制定後的三十天內到國會報告，往後則每半年到國會報告美國在聯合國、世界銀行以及世界貿易組織對中共所採取的行動。

第三，要求自由亞洲電台於三個月內開播。[68]

歲入委員會的主席阿契爾（Bill Archer）、湯恩（Jennifer Dunn）以及梅蘇（Robert T. Matsui）等眾議員皆強烈主張，美國唯有透過交往政策，才能對中國大陸產生影響。

1995 年 3 月，歐盟在聯合國人權委員會提出一項史無前例的譴責中共人權紀錄的決議案。美國首席代表費若柔在投票前的討論中鼓勵各國投下贊成票，她說這樣可證明「中國理應採取與其他每一個國家同樣的人權標準」。然而，結果以二十一票反對、二十票贊成和十二票棄權而未能通過人權譴責案。[69]

1996 年 5 月，克里斯多福在一場演說中，重申支持續予中共最惠國待遇。他認為，有關最惠國待遇的辯論不應是對中共現行政治體制或是對中共領導階層政策的一種全民公投，而是是否最能促進美國的利益。他強調，答案應是十分的肯定，亦是 1979 年以來美國歷任總統一致的結論。他指出，取消最惠國待遇或設下條件限制，對中國大陸的人權並無裨益，卻會妨害

---

[68] *1995 CQ Almanac*, pp.92-93.
[69] **自由時報**，民國 84 年 3 月 9 日，版 24。

美國的經濟，危及二十萬以上美國人的工作。它會影響香港，因此香港立法局領袖李柱銘與港督彭定康（Chris Patten）都贊同無條件延續最惠國待遇。它會傷及台灣，其經濟極度依賴與中華人民共和國的商務關係及美中貿易。它會妨害美國與中共在北韓等地區安全問題及其他共同的重要利益方面的合作。它也會削弱美國對亞太地區的影響力，而該地區仍期望美國為維持穩定與安全的力量。

(四)柯林頓的「全面交往」政策

柯林頓總統於 1993 年 9 月批准與中共「全面交往的策略」。美國與中共在包括貿易、人權、武器擴散等問題上歧見很大，但是柯林頓政府認知中共對美國的利益影響重大，而且與日俱增，因此必須與之交往。亞太副助卿魏德曼（Kent Wiedemann）列舉六大交往的理由：

　　1.中共為五個核武國家之一，而且軍力日強；

　　2.中共經濟在本世紀前仍會以 8%至 10%的年增率繼續成長；

　　3.中共在全球貿易的角色突飛猛進，其市場對美國商業及工作皆具有重要性；

　　4.中共是聯合國安理會五個常任理事國之一，擁有否決權，因而對諸如武器擴散、維持和平、制裁伊拉克等全球性重大問題之解決，具有影響力；

　　5.中共在諸如北韓核武、南沙群島、柬埔寨等區域安全問題上，扮演關鍵性角色（a key role）；

　　6.在包括防阻販毒、遣返非法華人移民、環保等雙邊及全

球問題上，中共的合作不可或缺（essential）。[70]

依照魏德曼的說法，交往的目的有三：

1. 在達成結果所需的各層次及強度（the levels and intensity）上追求美國的利益；

2. 在雙方利益競合的領域尋求建立信心及協議；

3. 透過對話以求減少彼此有歧見的領域。[71]

亞太副助卿貝德（Jeffrey A. Bader）更指出，全面交往的長程目的是引領中共進入國際體系而成為一個盡責並具建設性的成員。他認為中共在世界上的角色必將逐漸增加，而該角色可為助力亦可為破壞力，因此美國外交的任務是確保中共成為一股助力，目的是儘可能的鼓勵中共全面而負責的融入國際體系。[72]

美國對中共採行全面交往政策，乃因在諸多區域和全球問題上需要中共之合作或不反對。圍堵中共將使該等問題難以解決，又會影響美國與盟邦之關係，因為沒有盟邦認為圍堵政策是明智的。然而，美國並未排除圍堵中共之可能。貝德指出，如果中共改變路線而在國際上變成一個危險和擴張主義的行為者，美國未來有充分的時間採取不同的策略，並會獲得其他國家的支持。[73]

尼克森與中共交往的最主要原因是聯中共以牽制蘇聯，因

---

[70] Statement for the Senate Foreign relations Committee, Asia and Pacific Subcommittee, July 25, 1995, Kent Wiedemann, Deputy Assistant Secretary of State for East Asian and Pacific Affairs, *Dispatch*, Vol.6, No.30 (July 24, 1995), p.587.

[71] *Ibid.*

[72] "Sino-American Relations and U.S. Policy Options," *AIT Backgrounder Series* (May 8, 1997), p.2.

[73] *Ibid.*

此交往的基礎較窄。柯林頓政府對俄國與中共皆採交往政策，而且由於美國認爲俄國已採行民主政治，接納國際規範，故而不贊成聯中共以制俄的權力平衡主張。[74]

中共綜合國力的強大已引發西方人士的「中國威脅論」以及因應「中國威脅」的圍堵主張。柯林頓政府拒採圍堵政策，乃因該政策既無必要，亦不可行，更會迫使中共走上與美國對抗的不幸結果。助理國防部長奈伊於 1995 年 12 月 12 日在亞洲協會（Asia Society）的演講中對此作了最好的說明。首先，他指出無必要圍堵中共的兩點主要理由。第一，美國仍很強大，不必對中共的興起反應過度。即使中共軍費會隨經濟增強而增加，中共仍需經過很長一段時間方可望將其軍力發展到足以威脅美國的程度。第二，中共爲了繼續發展經濟，必須有一個和平、安定和開放的國際貿易體系，因而與美國的基本利益相同，皆求維持亞洲及世界的和平及繁榮，從而提供雙方交往的結構性基礎。[75]

美國即使欲圍堵中共，事實上亦不可行，因爲沒有任何國家會響應美國的號召。奈伊指出，美國的亞太友邦皆支持與中共交往的政策。尤有進者，奈伊強調，美國如果採取先發制人的圍堵政策，將會迫使中共成爲美國的敵人，亦會減緩中共的政治改革，從而出現不必出現的現象。奈伊指出，交往非謂雙方在武器擴散、台海安定及人權等議題上不會有歧見，而只表示在雙方有共同利益的議題上會攜手合作以達成共同的目的；在雙方有共同利益但亦有矛盾的議題上會尋求共識、減少分

---

[74] "Dual Engagement," speech by James B. Steinbery, Director, Policy Planning Staff, *Dispatch*, Vol.6, No.19 (May 8, 1995), p.393.

[75] Press release, Dec. 12, 1995.

歧；在雙方利益不能調和的議題上會設法防止或減少衝突。[76]

　　亞太助卿羅德亦說，對中共全面交往的政策並非基於中共的挑釁氣勢或善行義舉，而且其意義既非默認中共的不當行為，亦非企圖孤立中共或頓挫其發展。交往的目的是尋求在雙方有共識之處行動一致，在模稜兩可之處培養更多共識，並防止或減少意見不同之處的衝突。他認為，問題不在於中共是否會成為全球或地區性安全事務的要角，而在於何時及如何；美國所面臨的挑戰是確保中共在發展成為一個全球要角時，是朝建設性的方向為之，且會成為一個在國際體制內依國際法行事的國家。[77]

　　柯林頓亦於1997年10月與江澤民舉行高峰會前，在「美國之音」發表演說，詳細說明須與中共全面交往的各種理由，強調不宜對中共加以圍堵甚至對抗。他說：

　　　　和中共擴大合作領域，並率直的處理歧見，這種務實的交往政策是最符合美國本身根本利益與價值的策略，並可促成中國大陸更為開放自由。

　　　　我知道有些人不同意。他們堅持中國和美國的利益是相衝突的……。他們認為我們應該以更強硬的態度，在中國變得更強大之前加以圍堵甚至對抗。

　　　　我認為這種觀點是錯誤的。孤立中國不但於事無補，還會製造對立以及潛在危險。以軍事、政治或經濟手段孤立中國，很難得到全球盟邦的支持，更重要的是，中國人

---

[76] *Ibid.*

[77] Statement before the Senate Foreign Relations Committee, East Asia-Pacific Subcommittee, Oct. 11, 1995.

本身也在爭取更大的自由。孤立政策將促使中國人升高敵意，並採取對抗我方利益的策略。這對於合作防止武器擴散的目標有害無益，亦將阻礙我們維持亞洲安定的努力；……惡化而非改善異議份子的處境；……封閉而非打開這個重要的市場；……會使中國更不可能在國際社會的規範下運作並逐漸融入國際社會之中。[78]

　　自 1993 年 9 月起，柯林頓政府推動與中共全面交往的政策，因此，在政治關係方面，美國展開與中共高層官員的互訪，利用亞太經合會和聯合國等多邊會議的機會，舉行兩國元首的高峰會；並在包括人權、西藏等有歧見的議題上進行對話；在北韓核武等有共同利益的議題上尋求合作。在經貿關係方面，柯林頓政府恢復天安門事件後即未召開的「共同經濟委員會」（Joint Economic Committee），積極打開中國大陸的市場，力促中共遵守國際經貿體系的規範。[79]在軍事關係方面，柯林頓政府自 1993 年 11 月恢復與中共軍方高層官員的訪問，同意就聯合國維持和平、武器擴散、軍事透明化等議題進行對話。

　　主管政治事務的國務次卿塔諾夫（Peter Tarnoff）於 1997 年 2 月 20 日指出，柯林頓政府不僅擺脫五年來最惠國待遇的爭論，進而與中共多方面交往，而且恢復「戰略性對話」（strategic dialogue）。他認為雙方以嚴肅、坦誠、尊重與耐心處理彼此差異的同時，對話是擴大在共同議題上合作領域的最佳途徑。[80]

　　交往政策於 1995 年夏天遭到嚴重挫折。中共指責美國政府

---

[78] 中央日報，民國 86 年 10 月 26 日，版 3。
[79] *NYT*, Jan. 22, 1994, p.37.
[80] "Building a New Consensus on China," *AIT Backgrounder Series*, BG-97-13, March 21, 1997, p.2.

允許李登輝總統於 1995 年 6 月至美國康乃爾大學作返回母校之旅，背離「一個中國」政策，因而採取召回駐美大使、停止雙方軍事人員交流等報復措施，使雙方關係陷入低潮。為了修補與中共的關係，柯林頓政府一再重申信守三個公報及「一個中國」的政策，不支持台灣的獨立，表明未來台灣領導人的私人訪美將是「稀少而不常發生的」。1995 年 9 月國務卿克里斯多福與錢其琛在紐約會談，達成恢復雙邊交流與合作的協議，使雙方關係逐漸好轉。惟至 1997 年 10 月底，江澤民應邀赴美，進行首次正式訪問，並達成多項協議，雙方關係方進入新紀元。

柯江高峰會的最重要協議，是建立「建設性戰略伙伴關係」。雙方因此同意定期在兩國首都舉行元首高峰會，在元首間建立「熱線」以便直接聯繫；兩國外長、國防部長、國安會顧問等內閣及次內閣層次官員定期互訪，就政治、軍事、安全和軍控問題進行磋商。[81]依照國務卿歐布萊特（Madeline Albright）和錢其琛在高峰會後記者會上的說法，所謂建設性戰略伙伴關係並非是同盟關係，而是雙方就共同面對的問題或挑戰，進行合作以求維持世界和平、穩定與經濟繁榮。美國首先提議使用「戰略性伙伴」一詞，中共則主張使用「建設性伙伴」。雙方妥協，兩詞合一，成為國際政治上首見的「建設性戰略伙伴」的名詞。[82]

雙方同意建立加強海上軍事安全磋商機制，以避免發生海空意外事故、誤解或錯誤判斷；並同意就人道主義救援和救災問題通報情況，進行討論，交流經驗。雙方聲明，在維護世界及地區和平與穩定，促進全球經濟增長，防止大規模毀滅性武

---

[81] 聯合報，民國 86 年 10 月 31 日，版 10。
[82] 同上註。

器擴散，推動亞太區域合作，打擊販毒、國際有組織犯罪和恐怖主義，以及加強雙邊經濟發展、貿易、法律、環保、科技、教育，和文化交流與合作等方面，都存在巨大的合作潛力。惟雙方亦不諱言，在人權問題上存有重大分歧，但同意本著平等和相互尊重的精神，通過政府和非政府級別的對話，及非政府人權論壇結構和作用，進行討論。

柯林頓政府在人權問題上，除了透過雙邊途徑對中共公開或私下施加壓力外，亦通過多邊架構為之。例如，自 1995 年起美國與歐洲盟邦每年在日內瓦聯合國人權委員會提案，要求任命特設調查員，調查中共的人權記錄，惟皆以些微差距而未獲通過。國務卿歐布萊特在柯江高峰會亦表明，美國今後仍會為之。事實上，在柯江高峰會後第二天，國務院宣布任命政策研究主任克雷格（George B. Craig）兼任國務院西藏事務特設協調人，任務是促進和維護西藏人的人權及特殊宗教、文化及語言遺產，以及促進中共與達賴喇嘛或其代表之間的實質對話。[83]柯林頓更不顧中共的堅決反對，於 12 月 8 日在白宮會晤以保外就醫名義流亡來美的大陸異議人士魏京生。[84]總之，美國藉以表明，不會因戰略伙伴關係而終止對中共人權的關注。

二、經貿關係

布希政府極力抗拒國會的壓力，以免美國與中共的政治關

---

[83] http://secretary.state.gov/www/briefings/statements/971031a.html/ ；惟自 1998 年起，美國在人權委員會中不再支持調查中共人權的提案。
[84] 聯合報，民國 86 年 12 月 10 日，版 9。

係惡化；但是在經貿關係方面則持續對中共施加壓力，以促使北京禁止囚工產品輸美、減少對美貿易順差、保護智慧財產權及制止紡織品非法轉口。柯林頓政府強調經濟安全為一切安全之本，而對外貿易的拓展有助國家的經濟安全，因此對中共的經貿政策比其前任更為強硬，以促使中共開放市場，遵守國際經貿規範。

(一)市場准入問題

美國一直求打開中國大陸的市場，以降低對中共的貿易逆差。美國認為中共的一些不公平貿易方法，尤其是輸入配額、內部貿易法規，及其他非關稅障礙，使得美國產品難以打入中國大陸市場。在無法經由談判而獲得具體結果後，美國政府轉而以制裁相威脅。1992年8月21日，美國貿易代表署宣布，如果中國大陸市場准入的談判不能於10月10日完成，美國將對價值達三十九億美元的中共輸美產品課徵100%的關稅（原有關稅只約3%至5%左右）。9月8日，中共亦威脅對四十億美元的美國產品加以報復。[85]

惟雙方皆無意進行貿易戰，而於10月10日達成協議，簽訂諒解備忘錄（the Memorandum of Understanding）。中共承諾將其貿易法規更加透明化，削減一系列美國產品的關稅，取消輸入管制及配額。美國則承諾支持中共加入關貿總協定。[86]

中共如果落實承諾，則美國產品受到中共輸入許可限制的項目會由五百七十二項降至五項；原有二百三十四項被禁止輸

---

[85] Carl Goldstein, "Brawing in the Ring," *Far Eastern Economic Review* (FEER), Sept. 24, 1992, p.97.

[86] 人民日報，1992 年 10 月 12 日，版 2。

入者減為三十一項；原受配額限制的五十二項則減為十項。中共的電訊市場亦對美國產品開放。

美國政府對中共採取強硬立場，實是基於多重原因。第一，布希政府求消除雙邊貿易中的不公平現象；第二，它有意做給國會看。國會正為是否續延中共最惠國待遇進行辯論；第三，布希為競選連任而鋪路。布希的對手，民主黨總統候選人柯林頓，一再指責布希對中共過於軟弱。布希在貿易談判上對中共大施壓力，是向國人證明他會對中共採取強硬立場。

然而，雙方簽訂該備忘錄後，仍不斷相互指責。美國認為中共未能充分履行承諾，市場仍不開放。中共認為，美國自天安門事件以來對中共的制裁，尤其是高科技轉移的禁止，拒絕對美商提供輸出入的貸款保證，仍為雙邊貿易造成重大阻礙。尤有進者，中共指責美國是阻止中共加入關貿總協定（今世界貿易組織）的主要力量。

(二)囚工產品輸美問題

華府對中國大陸人權的關注也涉及中共利用囚工製造外銷產品。這些產品包括茶葉、紡織品、酒等。雖然囚工產品的數量在中共全部對外出口中只占很少的比例，但是華府認為此舉不正當的創造了中共的貿易盈餘，亦違反人權。[87]

中共囚工產品出口到美國，是雙方貿易關係中比較新的問題。美國參議員赫姆斯（Jesse Helms）於1991年6月在國會公布了一長串美國市場中中國大陸囚工產品表冊，對中共作重大指控，[88]惟並未引起公眾的關注。直到哥倫比亞廣播公司（CBS）

---

[87] *WP*, July 15, 1990, p.B5; and April 19, 1991, pp.A14,A18.
[88] *Congressional Record*, Vol.137, No.70 (May 5,1991), p.S5,629,and

所製作的「六〇分鐘」節目，於1991年9月18日播出了中國大陸的囚工營以及其所生產的囚工產品，才引起大眾的關注。[89]

囚工產品不但引起美國輿論的注意，而且亦涉及美國法律的問題。根據1930年史穆—郝利關稅法案（the Smoot-Hawley Tariff Act）第307條的規定，美國應禁止藉由強迫、奴隸或囚工所製造的產品進口。[90]惟該法案在執行上常有實際的困難。首先，對於所猜疑為囚工的產品，關稅局（the Customs Service）必須提出第一手之證明證據。舉例來說，1988年人權組織曾經指控蘇聯的一些產品為強迫勞工的產品，但是缺少有效的目擊證據。因此，儘管國務院、中央情報局（Central Intelligence Agency）以及國際人權委員會（the International Commission on Human Rights）所蒐集的證據，顯示蘇聯的確強迫勞工從事生產，但是財政部拒絕禁止蘇聯產品的進口，因為沒有充足的證據顯示該等產品或部分的產品是由囚工所製造。[91]美國的進口商亦無能力鑑定其進口的貨物是否為囚工產品。

其次，1965年的漢德烈克法規（Hendrick Rule）給予美國進口強迫勞工產品的考慮空間。根據漢德烈克法規，囚工製品的買賣若符合以下的條件，則可以允許進口：(1)囚犯自願從事生產，並且是在屬於他們自己的時間內從事生產；(2)對於這些

Vol.137, No.99 (June 25,1991), pp.S8,609-S8,612.

[89] Yangmin Wang, "The Politics of U.S.-China Economic Relations," *Asian Survey*, Vol.XXXIII, No.5 (May,1993), p.450.

[90] 該法案是在美國經濟不景氣的衝擊下所制定，請參見Patrick Low, *Trading Free: The GATT and U.S. Trade Policy* (New York: Twentieth Century Fund Press, 1993), pp.36-37.

[91] Cited by James Michael Zimmerman, "U.S. Law and Convict-Produced Imports," *China Business Review* (CBR), Vol.19, No.2 (March-April 1992), p.41.

產品的出口，該國政府並不從中獲得金錢上的利益；(3)工資的給付完全比照非囚犯的勞工者。在上述的條件下，美國於1968年進口墨西哥的手工藝品，1979年進口加拿大的汽車排氣管零件，以及1980年進口葡萄牙的手工地毯。[92]

　　另外，美國並沒有禁止自己的囚工產品在國內外市場銷售。根據1992年的報告，大約有五千名美國的在監者正為私人工廠從事工作，另有大約六萬五千名入獄者從事牌照和設備品的製造，並售給聯邦、州和市政機構，每小時賺取二十至九十美分。廉價的囚工幫助一些美國公司與外國競爭。舉例來說，據報導指出，美國的尼曼船舶公司（the Nyman Marine Corporation）雇用囚工生產船翼，並出口至丹麥、荷蘭、法國。[93]

　　由於此等立法的漏洞，美國提供了一個國內市場以接納囚工產品，而且並不認為囚工產品的貿易為非法。當中共採行出口導向的政策後，鼓勵各生產單位打進國際市場，囚犯和勞改營也循著同樣的政策以求賺取一些強勢貨幣。在天安門事件發生之前，由勞改營和囚犯所製造而進入美國的產品，並沒有受到太多的注意。此或許有幾點原因。首先，中共勞工低廉，而且人數眾多。因此，工廠雇用低廉勞工或使用囚工，經濟上並沒有多大的邊際效益差別。其次，美國進口商深知，法規對於囚工產品認定困難，而且不易證明其違法。第三，當時蘇聯仍是美國的主要戰略對手，而日本又是美國的主要經濟競爭者，因此，普遍的友好氣氛圍繞著北京與華府之間的關係，從而降低了美國媒體、大眾輿論，以及政府機構對此議題的關注。但

---

[92] *Ibid.*
[93] "There's Prison Labor in America, Too," *Business Week*, February 17, 1992, p.42.

是隨著蘇聯的解體，中共產品競爭力的提升，再加上天安門的鎮壓，中共囚工產品開始受到美國人的注意。

　　在中國大陸的經濟蓬勃發展，而人民生活水準持續提高之後，一般工人的工資上漲。因此，囚工產品變得較具利潤。中共囚工產品銷美被查獲的案例即使很少，但是經由廣泛宣傳的結果，足以使得美國大眾與政府深信，中共有相當規模的囚工產品銷往美國。1991年9月，美國關稅局宣稱，中國大陸銷美的活動扳手、凹槽扳手和鋼管的工廠雇用囚工。一位稅務官員在國會作證稱，他的單位已經加強有關情報蒐集的努力，以遏止由中國大陸輸入的囚工產品。在國會方面，立法的焦點是落在對可疑產品的禁運。參議員赫姆斯根據史穆—郝利法案的第307條款，提出強硬的法案，要求財政部檢查有問題的中國大陸囚工工廠，以確定囚工產品並未外銷美國。[94]

　　中共在此議題上採取低姿態，而且對美國關稅局的指控並未提出抗議。1991年10月，中共的對外經濟與貿易部和司法部聯合發布一項法規，禁止輸出囚工產品，不允許外商及其代理商購買囚工產品以便銷往國外，並且禁止監獄與外商設立合營企業，中共海關有權扣押與沒收出口的囚工產品，並對有責任的人加以處罰。[95]數月之後，中共媒體報導數宗涉及囚工產品出口而被起訴的案件；涉及的產品被沒收，企業被罰款，相關人員被懲罰。[96]這些報導意謂中共努力禁止囚工產品輸美。

　　布希政府對中共所採取的行動並不滿意，表明希望在1992年9月前達成禁止囚工產品輸美的協議。美國在談判中一方面要

---

[94] *Ibid.*, p.452.
[95] 人民日報，1991 年 10 月 10 日，版 1-2。
[96] 同上註，1992年2月11日，版2。

求中共釋放美國所提的政治犯，因爲這些政治犯也許並不願意參與囚工工作，另一方面要求允許美國進入受質疑的勞改營，以確定或澄清該等勞改營並未製造外銷產品。中共最初全部加以拒絕，其後讓步，而於1992年8月8日與美國簽署禁止監獄產品出口協定諒解備忘錄，同意當有明確的證據證明囚工產品輸入美國時，美國的檢查員可至囚工工廠訪問。[97]這是中共長期所稱「中國主權不可侵犯」原則的重大例外。

(三)貿易逆差問題

依照美國的統計，美國對中共的貿易，1979年至1982年爲順差，1983年開始出現逆差，其後逆差急遽上升，從1989年的六十二億美元升至1992年的一百八十二億多美元，1996年已高達三百九十五億美元（見**表**5-1）。美國自中共進口的成長率高於對中共出口的成長率，致使中共順差不斷增加。例如，美國國際貿易委員會於1994年即指出，1993年美國自中國大陸進口額增加了23%，由1992年的二百五十五億增爲三百一十四億美元，但對中國大陸出口的增加速度較爲緩慢，從1992年的七十三億美元增加爲八十六億美元，增加率是17.8%。[98]

美國與中共對形成貿易不平衡的原因持不同的看法。美國認爲，雙方貿易不平衡是由於北京的政治決策。美國貿易代表署於1991年3月下旬所出版的年度報告中指出，中共對許多進口產品增加了關稅，對進口執照採取緊縮控制，對出口產品的基本原料增加分配，並增加對出口部門的信用貸款，以製造一個對己更有利的貿易順差。美國更指出，美國長期關注的智慧

---

[97] 星島日報，1992年8月8日，版1。
[98] **中央日報**，民國83年5月5日，版7；**中國時報**，民國83年5月5日，版11。

表 5-1　美國對中國大陸貿易統計表（1989-1996）

單位：百萬美元

年　代	輸　出	輸　入	逆　差
1989	5,755	11,990	-6,235
1990	4,806	15,237	-10,431
1991	6,278	18,969	-12,691
1992	7,470	25,729	-18,260
1993	8,767	31,535	-22,768
1994	9,287	38,781	-29,494
1995	11,748	45,555	-33,807
1996	11,978	51,495	-39,517

資料來源：U.S. Bureau of the Census, *Statistical Abstract of the United States, 1993*. Washington, DC, 1993, pp.813-16. http://www.ita.doc.gov/ industry/otea/usfth/china. e-i

財產權在中國大陸並未受到充分的保護，而中共限制外國服務業亦減少了美國產品與服務業在大陸的銷售。[99]然而，中共卻認為，中（共）美貿易出現不平衡的問題，華府本身應負全部責任。中共官方的「國際貿易研究所」副所長周士堅說，美國與中共的貿易赤字是美國本身工業結構變化後的自然結果，因為該結構鼓勵進口勞力密集的產品。[100]

對於美方的逆差數字，北京也深不以為然。北京認為華府的統計把港、台、日、韓等在中國大陸投資生產後再出口的產品都算在中共頭上不僅不公平，而且還等於幫助該等國家隱瞞對美國的真正貿易出超數字。周士堅說，如果美國把占大陸輸出兩成以上的外資企業扣除掉，則美國在中美貿易上不但沒有所謂的逆差，而且還享有順差。[101]

[99] Hamilton, *op. cit.*, p.451.
[100] 轉引自中國時報，民國 83 年 1 月 31 日，版 11。
[101] 中國時報，民國 83 年 1 月 31 日，版 11。

中共於1997年3月發表關於兩國貿易平衡問題的白皮書,指稱美國誇大逆差的嚴重程度,並要求美國放寬乃至取消對中共歧視性的出口管制政策,以便增加美國出口的機會。白皮書說,中美貿易方式有兩個顯著的特點:一是以轉口貿易為主,即無論中共對美出口,還是美國對中共出口,大量貨物都是經過以香港地區為主的第三地轉口;二是以加工貿易為主,即中共對美國出口的產品絕大部分為加工產品,中共進口原料和零件、初加工件,加工後再出口。以轉口和加工為主的貿易方式,促進了兩國貿易數量的迅速增長,同時也形成了兩國貿易統計與貿易實況之間的較大偏離。

　　白皮書說,兩國關於雙邊貿易平衡狀況的統計存在著明顯的差異:第一,美方的進口統計,因忽視轉口和轉口增加值而高估了從中共的進口;第二,美方的出口統計,因忽視轉口而低估了對中共的出口;第三,美國確定貨物原產地所採用的方法,導致雙方統計上的差異。此外,美國因出口統計不完全而低估了對中共的出口值。

　　白皮書表示,依據美方的貿易統計來評價兩國間的貿易平衡狀況是遠遠不夠的。從根本上說,美國對外貿易的逆差,是由自身深層次經濟因素決定的,不應把責任歸咎於其他國家。目前國際通行的按原產地原則的統計,存在著不合理性,特別是對於轉口貿易和加工貿易的統計,往往存在較大誤差。這是美國對大陸貿易逆差被嚴重誇大、中美貿易平衡狀況被扭曲的實質所在。而且,多年來,美國對中共採取歧視性出口管制政策,是制約美國對中共出口而影響雙邊貿易平衡的主要障礙。因此,中共希望美國政府能從發展雙邊貿易與經濟合作的長遠利益考慮,切實採取有效措施,放寬乃至取消現行歧視性的出

口管制政策，以解決雙方貿易平衡問題。[102]

　　中共雖對美國多所指責，但也採取步驟對美國開放市場，更派遣貿易代表團赴美採購。[103]中共希望以實際行動縮小美國的貿易逆差，平息美方的不滿；更希望透過大規模的採購行動，彰顯中國大陸市場的巨大潛力以及雙邊貿易的無限前景。

(四)智慧財產權的保護問題

　　美國對於智慧財產權(簡稱智財權)保護的關注由來已久。天安門事件未發生前，智財權的保護問題即已存在於中共與美國之間。1979年雙方首次簽訂貿易協定時，美國曾提出此項問題。雷根政府時期，美商大肆抨擊中共對智財權保護的不力。然而，在當時友好合作的氣氛下，美國僅將智財權的保護視為雙邊關係中普通的困擾問題之一而已。[104]但在天安門事件之後，美國國會強調該問題的特殊與重要性。冷戰結束後，美國不必為了牽制蘇聯而遷就中共，致使雙方處於「更正常」的關係下，國會因而期待布希政府對此問題的解決有所突破，或至少有所進展。

　　當智財權的討論成為兩國的主要議題時，亦象徵西方的市場經濟體系已進入中國大陸。1979年雙方首次進行貿易談判時，智財權是少數最難達成協議的問題之一。當時中共的談判代表對於此「資本主義的概念」知之甚少。在中共建立的社會

---

[102] 關於中美貿易平衡問題，中華人民共和國國務院新聞辦公室，1997年3月，北京。

[103] 青年日報，民國83年6月13日，版7。

[104] Jerome A. Cohen, "Legal Framework for Investment," in *U.S. China Trade: Problems and Prospects*, Eugene K. Lawson, ed. (New York: Praeger Publishers, 1988), p.124.

主義體系下，知識份子包括科學家、工程師、作家，以及所有從事心智勞動的專業人才。在政治的分類下，這些人才被排除於「勞動階級」之外，是中共所賤視的「臭老九」。[105]他們的成果被視為社會公共的製品，任何新發明和有價值的心智創作，皆可由整個國家中的各個社會單位自由地使用。然而，心智創作，特別是藝術與文字的作品，一旦有任何差池則作者將單獨承受其責，並會遭受嚴厲的處罰。因此，在1979年美國要求中共對此類財產加以保護時，中共官員的確感到相當陌生與震驚。北京與華府的首次貿易談判因而在此議題上面臨僵局。其後因鄧小平以個人名義，保證中共將保障商標和其他的智財權，雙方始得以初步解決此問題。[106]

中共緩慢而謹慎的接受智財權的保護原則。首先，鄧小平在1979年作了一項官方聲明，表明中國大陸的知識份子與專業人士此後為「勞動階級」的一部分，並且尊重他們的創造品與成果。[107]除了說服中國共產黨接受這種革命性或反革命的思考方式外，鄧小平並且著手制定法律以實現其保護專利、商標和其他智財權的諾言。然而，五年之後，中共人代會方批准中共的專利法。該法於1985年4月1日生效。中共亦制定商標法，以鼓勵外國技術的引進。中共於1983年加入世界智財權組織（The World Intellectual Property Organization），並於1984年12月簽署巴黎工業財產保護公約（The Paris Convention for the Protection

---

[105] 吳安家主編，**中共政權四十年的回顧與展望**（台北：國際關係研究中心，民國80年），頁351。

[106] Qingshan Tan, "The Politics of U.S. Most-Favored-Nation Treatment to China: The Cases of 1979 and 1990," *Journal of Northeast Asian Studies*, Vol.IX, No1 (Spring 1990), pp.15-28.

[107] Wang, *op. cit.*, p.446.

of Industrial Property）。然而，美國人發現中共的法律和西方的規範之間，仍有相當大的差距。首先，中國大陸對於商標法所保護的範疇遠低於西方的標準。舉例而言，製藥和化學的配方仍被排除在法律保護之外，而微生物和電腦軟體則處於模糊的保護情況。其次，這些保護都非常含糊不清。特別是對外國人而言，那些是主管機構，如何執行這些法律，都有疑問。[108]

絕大多數的發展中國家，甚至一些已開發國家，都拒絕給製藥發明者專利法的保護，因為這些產品是人們健康和福祉的必需品。而且在此前提下，藥品應大量生產，並儘可能地壓低其售價，而不付任何佣金給商標專利持有者。中共雖然承認智財權應予保護，[109]然而，法律規範不周，執法不嚴。在天安門事件後，美國人對中共保護智財權不力的挫折感轉變為氣憤，國會更欲乘機挑戰中共最惠國待遇的資格。1991年，美國的企業宣稱，中國大陸的盜版行為使他們每年的銷售損失超過了四億美元，單是軟體的損失即有三億美元。[110]

布希政府在天安門事件前後，就此議題與中共展開談判。1989年年底，中共同意遵守著作權公約，並修改專利法，以便擴充保護的適用範圍和期限。由於美國認為中共對智財權的保護不力，因而在1989和1990年兩度將中共列入特別301條款的「優先觀察名單」中。[111]根據1974年貿易法182條，且經1988年綜合貿易暨競爭力法303條的修訂後，美國貿易代表必須每年認

---

[108] *Ibid.*

[109] Ellen R. Eliasoph, "China's Patent System Emerges," *CBR*, Vol.12, No.1 (January-Feburary 1985), pp.50-57.

[110] Morton David Goldberg and Jesse M. Feder, "China's Intellectual Property Legislation," *CBR*, Vol.18, No.5 (September-October 1991), p.8.

[111] Wang, *op. cit.*, p.447.

定，那些國家未有效且充分保護智財權，或否定依賴智財權保護者公平合理進入市場的權利。任何外國凡有最苛刻、最令人難以置信的法令、政策或作法，以致有關的美國產品受到實際或潛在的最大不利影響，皆必須列為「優先國家」，而可能要接受301條款調查。美國貿易伙伴已致力消除智財權的侵權行為，但是仍有問題者，可能被列名於「優先觀察名單」。美國將繼續促請對方解決該等問題，並監看其狀況，以決定是否有必要採取進一步行動。已訂定完善的保護智財權的行動計畫，並在執行該等計畫上有所進展的貿易伙伴，則可能被列名「觀察名單」。

　　1991年4月，布希政府採取較前更強硬的立場。貿易代表署將中共自「優先觀察名單」提升到「優先國家」，並依據特別301條款，任命代表，開始對中共智財權的保護進行六個月的調查與談判，設定11月26日為解決該項問題的最後期限。屆時美國貿易代表署如果決定中共未能在智財權上提供適當與有效的保護，則將對中共實施貿易制裁。布希政府的強硬立場不僅反映天安門事件後華府與北平之間惡化的關係，亦顯示布希政府將特定貿易爭議自整體經濟及政治關係抽離的戰術作用，以緩和來自國人及國會的壓力。中共在美國的強硬態度下開始從事快速的改變。中共一方面對「301調查團」視中共為「不公平和不友好的」貿易伙伴提出抗議，他方面也接受美國代表團的到訪，並且在6月趁美國調查團在北京時，公布了兩個新的智財權保護法。該等立法包括了美國長期要求的「中國著作權法」（Chinese Copyright Law）和其施行細則，並且將軟體亦列入保護。美國雖然樂見中共開始採取行動，但是美國貿易代表署主管日本與中共事務的助理代表馬賽（Joseph Massey）批評說，

這些法律仍然「跟不上國際標準」。[112]

例如，中共法律規定保護「中國公民與單位」已出版或未出版的作品時，並未提到對外國未出版軟體的保護，致與伯恩公約與普遍著作權公約下的「國民待遇」原則背道而馳。在「國民待遇」原則下，一國給予外國人作品的保護不得少於其給予本國人的保護。此類與國際標準不符的情形使得美國的批評者懷疑中共保護智財權的有效性。[113]然而，中共認為它在配合國際規範上已經大有進步，但是不可能完全接受美國的要求。1991年12月，中共對外貿易經濟合作部副部長吳儀宣稱，「因為中國是一個開發中國家，必須保護它逐漸成形但脆弱的工業。因此，我們不能處在滿足所有需求的立場」。[114] 由於深知中共的領導人是「最後一刻才談判的高手」（masters of eleventh-hour negotiations），美國貿易代表署因而設定1992年1月16日為談判的最後期限。屆時雙方對此爭議如仍無法達成協議，美國將對中國大陸輸往美國的物品實施制裁。中共也威脅報復美國的制裁。

僵局在期限屆滿後的幾小時方告打破，從而避免了美國的貿易制裁。雙方簽署一項諒解備忘錄，美國貿易代表署因此終止特別301的調查，以換取中共的許多承諾。中共同意在十八個月內加入伯恩公約和日內瓦標音文字公約（the Geneva Phonogames Convention），並在未來兩年採取必要的步驟，制定新法規，以擴大對智財權的適用範圍。中共作出三點顯著的讓步：第一，首次將著作權的保護擴及外國軟體、書籍、影片、

---

[112] *CBR*, Vol.18, No.5 (September-October 1991), p.8.

[113] Goldberg and Feder, *op. cit.*, p.8.

[114] "Wu Yi on China's Foreign Trade Situation," *China Foreign Trade* (Hong Kong), January 1992, p.2.

錄音帶和其他主要作品的所有人；電腦程式在中國大陸被歸類爲「文字作品」，並且依照伯恩公約的規定，取得五十年的保護；第二，撤消對於製藥和化學產品商標的禁止；第三，保護不同形式的公平競爭，包括對貿易秘密的保護。

該諒解備忘錄規定，巴黎工業財產保護公約和伯恩公約之類的國際條約在效力上優於中共國內法；中共透過伯恩公約提供外國人高於本國人的保護標準；中共修改相關法規時應與美國磋商並將美國的意見「列入考慮」。[115]

北京實踐其承諾，申請加入伯恩公約和普遍著作權公約，並且將修改後的專利法由「全國人大」於1992年6月通過。伯恩公約和普遍著作權公約在中國大陸於同年10月生效。中共於12月正式地申請加入日內瓦標音文字公約。[116]然而，問題並未完全解決。華府雖然承認中共在保護智財權的法規方面已有「很好的進展」，但是執行不力，致使中國大陸盜版情形依然猖獗。美國指出：中國大陸至少有二十六家非法工廠生產光碟（CD）；盜拷的電腦軟體高達94%；幾乎所有影視作品皆無法獲得授權。美國廠商每年因而損失的金額高達十億美元。盜版猖獗的主要原因之一，是中共限制美國智財權產品的輸入。[117]中共堅持已對智財權的保護作了很多法律規定，而且也正加強執法工作；同時認爲美國的要求對諸如中國大陸的發展中國家，並不合理。[118]

---

[115] Joseph T. Simone, Jr., "Improving Protection of Intellectual Property," *CBR*, Vol.19, No.2 (March-April 1992).

[116] Wang, *op. cit.*, pp.449-450.

[117] Lee M. Sands and Deborad Lehr, "IPR Watchdogs," *CBR*, Vol.21, No.6 (November-December 1994), pp.16-18.

[118] Gao Lulin, "Taking a Stand," *op.cit.*, pp.9-12.

柯林頓政府時期，美國強硬的政策幾乎使中共與美國陷入貿易戰。1994年7月，美國貿易代表署展開為期六個月的「301條款」的調查，並以1995年2月4日為決定是否對中共實施貿易制裁的最後期限。其後美國宣布，如果中共在版權的保護上沒有進展，美國將針對價值高達二十八億美元的中國大陸產品，課徵100%的關稅。[119]中共對外貿易經濟合作部發言人指責美國應對雙邊智財權的談判破裂負責，因為美國忽視中共過去十年中的進步情形，尤其是中共十年內做到西方國家需要幾十年、甚至一百年方能做到的進步。他聲明，中共絕不屈服於壓力之下，並會採取必要的報復措施，以保護其利益。[120]

2月4日，美國貿易代表坎特宣布，自2月26日起，針對十億八千萬美元的中共輸美產品課徵100%的關稅，以彌補美商每年遭受十億美元的商業損失。中共亦於同一天宣布反制裁措施。[121]然而，美國的制裁威脅迫使中共讓步。[122]2月15日雙方達成保護智財權協議。協議包括取締現有仿冒工廠，預防未來仿冒及未來開放影視產品市場三大部分。中共在協議中的主要承諾如下：

第一，在大陸全境立刻採取打擊仿冒措施。中共展開「特別執法期」，清查大規模的仿冒品製造、分銷據點；查封仿冒品製造廠，特別是雷射唱片盜版廠；禁止盜版雷射唱片、雷射影碟及唯讀光碟片（CD-ROM）的出口。

第二，確保智財權保護法令有效執行的長期改革措施。其

---

[119] Karl Haus, "Back to Normal: U.S.-China Trade War Looms Closer," *FEER*, January 19, 1995, p.52.

[120] 人民日報，1995 年 1 月 2 日，版 1,4。

[121] 同上註，1995 年 2 月 6 日，版 1,4。

[122] Lincoln Kaye, "Trading Rights," *FEER*, March 9, 1995, p.54.

中包括：政府各部會嚴禁使用未經合法授權的電腦軟體，並編列足夠經費採購合法版本；成立中央、省及地方政府會報型態的智財權工作小組，協調智財權法令的訂定與執行工作；比照美國海關成立海關查禁仿冒的系統；建立著作物登錄查驗制度；確保美國智財權所有人在大陸將可有效的循司法體系尋求救濟，在民事訴訟費用上給予外商國民待遇等。

第三，對美國智財權所有人開放市場。中共不對美國視聽著作物設定進口配額；在接受中共官方檢查規定的原則下，開放美商在大陸行銷其產品目錄的所有錄音著作物；開放美商以合資方式在大陸從事其產品的製造、銷售與販賣。初期開放城市為廣州、上海，並於五年內開放其他十一個城市。

北京依協議必須每季向華府提供一次查禁仿冒的統計資料。雙方定期會商檢討協議的執行進展。中共並將在美國海關的協助及美商團體的參與下，建立進出口查驗及智財權產品登錄制度。

美國談判代表李森智（Lee Sands）於 1995 年 8 月前往北京，就該協議的協行情形，進行首次檢討。美方不滿中共的執行成效，在經過十九輪談判而未獲結果後，於 1996 年 4 月 30 日根據「綜合貿易法 301 條款」公布報告，將中共列為優先報復國家。該報告說明，中共在禁止盜版唱片、影片及電腦軟件之零售方面，有一些進展，但是未能禁止仿冒品的大量生產，因而稱中國大陸為盜版版權及專利權最猖獗之地，應為優先報復的對象。

中共對外貿易及經濟合作部發言人表示，如果美國根據「特別 301」條款對中國大陸實施貿易報復，中方將根據「中華人民共和國對外貿易法」第 7 條，對美國採取相應的反報復措施。

他對美方的指控提出反駁說，大陸方面對智財權的保護「不但在立法上達到了國際水平，在執法上也作了最大的努力」。他聲稱，貿易報復無助於問題的解決，只會對兩國經濟貿易關係帶來嚴重影響，也將損害美國自己的利益。[1]

　　1996 年 5 月 14 日，中（共）美代表在北京舉行的最後一輪談判破裂，次日美國公告貿易制裁清單，並設定 6 月 17 日為正式實施制裁日期，中共隨即宣布反制裁產品名單（見**表** 5-2）。

表 5-2　美方制裁與中共反報復清單

	美方制裁清單	中共反報復清單
一九九六年五月十五日公布	1.絲綢產品、棉織成衣、毛織成衣、人造纖維、毛絲織物、家居服飾； 2.電話、行動電話、傳真機、對講機、電暖氣、咖啡機等，共值五億美元； 3.兒童腳踏車、運動用品、紙袋、木塑雕像、珠寶、黃金與白金事物、不鏽鋼廚具、醫療橡膠手套。	1.棉花、冷凍牛羊肉、雞肉、水產品、水果、西洋蔘、食品等農牧產品； 2.豆油、花生油、菜子油等植物油（脂）； 3.大小客車、小汽車、旅行車、越野車等車輛及零附件； 4.通訊設備，如有線或無線電話機、尋呼機及其零件，程控電話設備； 5.各種照相機、電子遊樂器，遊樂器卡、錄音機、煙、酒、化妝品、照相機底片； 6.暫停進口產於美國的電影片、電視片及錄影帶、光碟、影碟等音像製品。 7.暫停受理和審批美國農藥、藥品製造商根據中共農業化學物質產品和藥品行政保護條列所提出的申請； 8.暫停受理和審批美商在大陸投資商業、旅遊、內外貿企業、並暫停受理和審批美國商業、旅遊、內外貿企業在大陸設立分支機構和代表處。
	課以 100%關稅，總值約三十億美元。	一至五項徵收 100%關稅，六至八項為暫停性的限制措施。八項內容總值約三十億美元。

資料來源：**聯合報**，民國85年5月17日，版9。

---

[1] **聯合報**，民國 85 年 5 月 4 日，版 9。

美國報復清單的產品，總值約三十億美元，無一不是中國大陸輸美的熱門產品，如被課以 100%的關稅，對大陸出口工業顯然將造成重大傷害。由於這些產品多爲台商在大陸加工出口的主力項目，其時訪美的我國經濟部長江炳坤就曾對台商將遭到衝擊而表示擔憂。台商曾於上一年夥同大陸港商、美商及美國進口、零售業者，在貿易代表署舉辦的聽證會上，要求柯林頓政府把主要是台資、港資及美資的大陸企業出口項目排除在該署因仿冒問題而擬對中共報復的清單之外。貿易代表署代理代表白茜芙（Charlene Barshefsky）在宣布報復清單的記者會上說，儘管北京過去一年多來對仿冒品的零售採取了一些查禁行動，但中國大陸仍爲美國智財權最大的侵害者，仿冒品的生產、行銷及出口均在上升中，在香港、拉丁美洲甚至北美市場到處都可以買到大陸製的仿冒品。白茜芙表明，華府期待北京根據去年的雙邊協定，在近期內至少做到下列四點：

　　第一，採取行動打擊盜版雷射唱片工廠，對從事侵權行爲的業者，應施以吊銷執照與許可的處分，查扣並銷毀盜版產品及生產機具，並對涉案企業及個人處以罰金及徒刑。

　　第二，掃蕩仿冒行爲最猖獗的廣東省及其境內各經濟特區的不法仿冒業者。

　　第三，建立出口查驗機制，防止仿冒品流出大陸。

　　第四，對美國智財權商品開放市場，批准美國視聽著作物及電腦軟體的合資申請案，取消美商錄音著作物對大陸企業授權的配額限制，並允許他們與大陸企業分享授權產品產銷的營收。[124]

　　美國與中共相繼宣布貿易報復措施後，中共外交部發言人

---

[124] 聯合報，民國 85 年 5 月 17 日，版 4。

崔天凱表示，中共的談判大門一直是敞開的，雙方是否會再進行磋商，完全取決於美國有沒有誠意。他強調，只要美國有誠意，從雙方關係的大局出發，和大陸平等磋商，問題會得到妥善解決。他抨擊美國以勢壓人，不符合當今世界潮流。[125]

白茜芙的回應是美國會繼續和中共當局進行討論，[126]但是希望中共能在近期內對美國智財權商品開放市場、批准美商著作物及電腦軟體的合資申請案。中共抨擊美國企圖設立「中」美合資音像節目製作企業，強行進入大陸文化市場。一般認為，雙方在這項要求上爭執不下，極可能是會談僵持的主要原因。[127]

雙方談判雖然一度陷於膠著，但結果仍如一般預期，中共於最後期限前做出退讓。事實上，中共一貫在「服從大局」的戰略考量下，尋求與美國維持穩定的經貿關係。然而，部分由於談判內容已進一步涉及實質性的影音市場開放問題，部分則因中共內部的強硬民族主義情緒高漲，因此談判較往年更為艱難而僵持不下。

經過多年來的不斷談判，取締非法盜版已不復是雙方智財權談判的重點。事實上，美國的談判重心已由 1992 年的「迫使中共加入國際各項版權公約，接受國際規範」，以及 1995 年的「加強取締工作，關閉盜版工廠」，轉移到 1996 年的「打開中國大陸影音市場」。然而，影音文化產品市場的開放涉及意識形態的問題。一向對「西方文化侵略」十分敏感的中共當局，自然在這方面顯得十分堅持。而且該項談判又在 3 月台灣飛彈

---

[125] 同上註。
[126] **中國時報**，民國 85 年 5 月 23 日，版 10。
[127] **聯合報**，民國 85 年 6 月 18 日，版 3。

危機之後舉行，氣氛較往年更爲凝重。儘管如此，中共在「服從大局」的戰略考量下，依然不得不採取退讓姿態，尋求與美國維持穩定的經貿關係。中共國家主席江澤民 1996 年訪問非洲時再次揭示，中共當前的「大局」就是發展經濟和解決台灣問題；中共與美國爆發貿易戰不僅有害經濟的發展，也無助台灣問題的解決。

　　基本上，中（共）美雙方都不願意因經貿問題而使雙方關係瀕臨決裂。這既不符合美國的全球戰略利益，也不符合中共現階段爭取和平國際環境發展經濟的戰略。因此，談判的成敗往往是繫於雙方的籌碼，以及由此產生的決心。就美國而言，是否延續中共最惠國待遇，美國內部見解分歧；但在保護智財權上，美國朝野的立場則十分一致。因此，柯林頓在保護智財權上的強硬態度有利於年底的連任選舉。美國在談判上握有較多的籌碼。中共十分清楚，智財權紛爭的解決不僅有助中共最惠國待遇的延續，也將有效縮短中共加入世界貿易組織的進程。尤有進者，中共侵犯美國智財權的事實，以及對美享有鉅額貿易順差，皆使中共的談判氣勢矮了一截。美國是以「特別301 條款」逼使對手開放市場，中共的談判策略是儘量提高姿態，以便在最後攤牌的時刻，做出最少的讓步。[128]

　　中共雖然已關閉了十五家生產仿冒品的工廠，但是美方基於過去教訓，認爲應對中共的執行情形長期觀察，並且必須隨時準備對中共施壓，方可使中共落實承諾。[129]雙方協議的要點之一，是北京首次同意與美國共同監督智財權協議的執行。爲

---

[128] 中國時報，民國 85 年 5 月 12 日，版 9。

[129] Paul Blustein, "Accord Won't Resolve Friction with China, Trade Experts Say," *WP*, June 18, 1996, p. C1.

此，美國談判代表白茜芙在談判報告中特別將「私人機構人員將獲准收集盜版證據，以便向有關部門舉報」，單獨列出作爲談判成果。在此之前，雙方多輪智財權和其他貿易談判中，中共對共同執法問題都以「捍衛主權尊嚴」爲理由而堅決拒絕之。[130]

(五)紡織品非法轉口問題

自從1979年華盛頓與北京簽署第一個貿易協定以來，紡織品始終是中國大陸出口到美國的最重要產品。儘管在美國進口紡織品的總額中，中國大陸所占的比率已逐步減少，但是其絕對數量與價值卻逐漸增加。一般而言，許多開發中國家皆依賴出口紡織品到已開發國家，作爲其自身經濟與工業發展的首要步驟。中國大陸亦然，而將其經濟發展的初步工作放在紡織品的出口上。1989年中共已成爲世界第五大紡織品出口國，占全球紡織品總值的7.2%，賺取一百三十一億美元的外匯。[131]中共是美國紡織品的第三大供應國，占美國紡織品輸入的13%。

創建現代紡織工業的已開發國家，關注勞力密集（labor-intensive）工業移至發展中國家的「生產週期」（product cycle）。1974年「多邊纖維協定」（The Multi-Fibre Agreement）控制紡織品貿易發展的秩序，並且透過配額以避免國內紡織品市場因進口紡織品的增加而瓦解。[132]中共於1984年加入該項協定。

1979年以來，華府在「多邊纖維協定」的規範下，與北京

---

[130] **中國時報**，民國 85 年 7 月 10 日，版 9。

[131] "China's Export Strategy of Textiles in the 1990s," *China's Foreign Trade* (Hong Kong), January 1991, p.3.

[132] Low, *op. cit.*, pp.108-112.

簽訂了三個雙邊紡織品協定。第三個紡織品協定於1988年1月生效。在該協定下，美國除了對一些手工項目產品不加限制外，對所有自中國大陸進口的紡織品皆設定了配額。並且對中國大陸紡織品的進口設定平均每年成長3%的限制。此項比例是多邊纖維協定所設最低6%的一半。該項協定於1990年年底期滿。在談判新協定的過程中，美國指控中共經由一些較小的國家，非法轉口紡織品到美國，迴避進口配額的規定。根據美方官員的說法，在1991年內，超過八千五百萬美元價值的中共紡織品，透過換貼原產國標籤而進入美國。[133]華府認為，日漸明顯的事實證明，中共政府秘密補助此種非法行為。[134]

　　1990年12月和1991年2月，美國紡織品協定實施委員會（the U.S. Committee for the Implementation of Textile Agreements），正式裁定中共非法轉口紡織品到美國，因此指示關稅署長（the Commissioner of Customs）對中國大陸1990年的十九項紡織品課徵關稅。[135]中共因而可能受到約五千萬至一億美元左右的損失。美國政府的強硬立場似乎是向國會表態，因為國會已表明阻止中共紡織品的非法輸入，且視之為對中共貿易逆差的主要因素之一。[136]

　　華府與北京對於紡織品的爭議尚包括對於貿易數字計算的分歧。華府的計算方式是將所有在中國大陸所製造的產品，不論是直接輸往美國或經第三地間接運往美國，皆視為中國大陸的製品。然而，北京的計算方式僅承認直接出口至美國的產品，

[133] James L. Kenworthy, "The Transshipment Question," *CBR*, September-October 1991, p.43.

[134] *WP*, July 23, 1991, pp.A1,A5.

[135] Wang, *op. cit.*, p.455.

[136] Carl Goldstein, "China needs U.S.," *FEER*, January 24, 1991, pp.34-35.

認爲中國大陸轉移到第三地而由該地加工、包裝、交易或轉口再輸往美國的產品，皆應該歸於第三地而非中國大陸。中共的官員也宣稱，中國大陸直接出口到美國的紡織品中，來自台灣和香港的部分占多數。儘管中共使用了美國規定的全部配額，但是中共只賺取所有價值的7%到8%而已，因爲中共紡織工業生產過程中只具有低附加值性質。[137]

北京雖然並未明示承認任何錯誤，但是對紡織品部門發布了一連串訓令，禁止紡織品透過第三地進入美國，並修改原生產地的法律規定，以便符合國際貿易規範。[138]由於中共採取此等措施，美國於1991年4月同意延長雙邊紡織品協定兩年。

然而中國大陸的廠商和公司仍有逃避配額管理的行爲，致非法轉口紡織品的事件時有所聞。非法轉口的主要手法包括：在中國大陸境內縫製第三國或地區製造標籤；外包裝寫中國大陸製造，但內包裝或製品上有第三國或地區製造標籤；內外包裝都標有中國大陸製造，但貨到境外拆換成爲第三國和地區的標籤；無任何產地標籤，貨到境外再縫製第三國或地區製造標籤；產品主要加工程序在中國大陸完成，以合資企業性質將產品運往境外再進行簡單加工，將加工的境外變爲原產地。[139]

一般而言，中共的立場是堅決反對紡織品非法轉口，對有關企業嚴懲不怠。但美方則認爲中共處置不力。中共認爲美國指控的非法轉口數量超過實際數量，但美方認爲查有實據，並執意扣減中共輸美紡織品配額。

---

[137] Donald M. Anderson, "The Word from Beijing," *CBR*, July-August 1991, p.6.

[138] James Bovard, "The Unfair War on Chinese Textiles," *Asia Wall Street Journal*, January 10, 1994, p.8. 人民日報，1991年11月15日，版1。

[139] 明報，1995 年 8 月 2 日，版 C2。

延長兩年的第三個紡織品協定於 1993 年 12 月 31 日期滿，雙方在 1993 年 9 月、11 月以及 12 月分別舉行三輪談判，但是未能找出解決歧見的方案。然而在第四輪談判開始前，華府於 1994 年 1 月 6 日片面宣布將中國大陸紡織品進口配額自 1 月 17 日起減少 25%至 35%，金額約四十億五千七百萬美元，以抗議中國大陸紡織品的非法進口。美國海關發現，中共透過四十多個國家和地區，尤其是香港、台灣、澳門和新加坡，對美國進行轉出口。美國貿易代表署的首席紡織品談判代表希爾曼（Jennifer Hillman）表示，中共要和美國談判新的紡織品協定，必須先採取具體步驟，包括停止大規模轉出口、超額出口、違反美國著作權法等行為；若雙方無法獲致協議，美國有權片面制定配額。[140]

　　中共對美國的行動立即表示不滿。中共對外貿易經濟合作部主管國際事務官員李忠洲認為，美國此舉是不合理的，且完全漠視國際貿易原則和雙邊協定。他提議與美國設立一個聯合檢查機構，監督有關紡織品的違法行為。[141]另一方面，中共對外經貿合作部發言人宣稱，北京願意就紡織品非法輸出問題和美國進行談判，不過，如果美方拒絕談判，中共別無選擇，只有採取報復措施。[142]

　　雙方談判於 1994 年 1 月中旬舉行，並且各讓一步，因而簽訂了第四個紡織品協定。美國不再堅持扣減中國大陸 25%至 35%的紡織品配額；並在紡織品非法轉口問題上放棄了原先要求的反舞弊條款。該條款授權美國當局派遣特別調查團前往中

---

[140] **聯合報**，民國 82 年 9 月 5 日，版 10。
[141] **中國時報**，民國 83 年 1 月 11 日，版 11。
[142] 同上註，民國 83 年 1 月 12 日，版 10。**聯合報**，民國 83 年 1 月 12 日，版 10。

國大陸調查涉嫌舞弊的企業。中共也做了實質性的讓步。首先，中共同意，美國駐華大使館職員可以在中方官員的陪同下，前往涉嫌參與非法轉口貿易活動的中國工廠參觀調查；在有確鑿證據顯示大陸企業參與紡織品非法轉口時，同意接受不超過三倍的紡織品配額的扣減；其次，中共也接受美國對紡織品配額中某些類別自然增長的重大調整。[143]

　　協定簽署未久，雙方即發生非法轉口事實之爭。1994 年 4 月 14 日，美國根據轉口國多明尼加廠商的告知，斷定中共經該國轉口美國的一百四十五萬打 352 類服裝全部是中國大陸裁片而多國加工的產品，另外並透過澳大利亞與馬爾地夫轉口五萬九千一百七十八打 339 類紡織品。美國並提供部分案例證據，宣稱將扣減中方的配額。中共根據美國提供的廠商名單進行調查，認為其中大部分並非中共的產品。雙方於 6 月 9 日至 10 日在舊金山進行磋商，中方要求美方依據協議規定提供全部的充分證據，但美方認為無須提供所有的證據，並決定自 7 月 1 日起，扣減中共 1994 年 352 類紡織品配額一百三十四萬三千六百零三打，339 類配額五萬九千一百六十五打。[144]美國表明是將大陸為原產地的紡織品計入配額中，並非削減中共輸美紡織品配額。[145]

　　1995 年 5 月 4 日，美國政府單方面扣減中共紡織品配額一百八十三萬打。早在 1994 年 10 月 5 日美國即知會中共，指控中國大陸企業經由香港非法轉口一百八十三萬打服裝。美國海

[143] *JT*, January 18, 1994, pp.1,6.人民日報，1994 年 1 月 18 日，版 1。聯合報，民國 83 年 1 月 18 日，版 10。
[144] 文匯報（香港），1994 年 7 月 22 日，版 A6。人民日報，1994 年 7 月 22 日，版 4。
[145] 中國時報，民國 83 年 7 月 24 日，版 10。

關在調查其海關官員受賄案時，發現兩家美國進口公司自兩家
香港公司進口成衣，偽報貨物名稱，收買美國海關官員放行貨
物。香港海關根據美國海關的要求搜查香港的公司，得到部分
貨物原產於中國大陸的證據。美國海關據此推論，該兩家美國
進口商自 1990 年至 1991 年向美國批發商銷售的一百八十三萬
打服裝全部來自中國大陸。美國知會中共後，雙方先後於 1994
年 12 月以及 1995 年 3 月進行兩次磋商。然而，在該一百八十
三萬打中，美國僅提供七萬打的證據。中共自行向香港海關調
查的結果，認為中方企業向該兩家香港公司只出口了十九萬八
千打。尤有進者，中共宣稱其與香港海關調查結果，證明係美
國進口商將中方企業出口到香港的服裝改換包裝，加縫標示後
自行轉口美國，並偽報貨物名稱，向美國海關官員行賄後使貨
物進入美國。中共不能承擔由於美國商人及美國海關人員的違
法活動所造成的非法轉口責任，亦不能接受美方因此扣減中共
的配額。[146]但美方並不採納中共的看法。[147]

　　1996 年 9 月 6 日，美國政府決定對中共一再進行的紡織品
非法轉運行為，進行「三倍扣減配額」的懲罰，金額約一千九
百萬美元。此為首次使用 1994 年紡織品協定中的制裁措施，顯
示美國對各國是否遵守協定的重視。[148]自 1994 年雙方簽訂紡織
品協定以來，美國連續三年扣減大陸紡織品配額，1994 年扣減
一百四十三萬打，1995 年扣減一百八十三萬打，致使中共輸美
之紡品成衣大量減少。

　　針對美國的宣布，中共對外貿易經濟合作部新聞發言人於

---

[146] 同上註，1995 年 6 月 16 日，版 2。
[147] 人民日報，1995 年 5 月 6 日，版 1。
[148] "China Sanctioned With Triple Charges on Textile Transshipments," Office
of the United States Trade Representative, Sept. 6, 1996, 96-69.

9 月 7 日聲明指出，美國政府沒有充分證據，也未經充分磋商，就單方面扣減中國大陸配額的作法，嚴重違反雙方紡織品協定，因此要求美方取消扣減行動，否則，中共將不得不做出必要反應，由此產生的一切後果應由美方負責。惟中共延至 11 月 10 日方宣布，自 12 月 10 日起暫停進口部分美國紡織品、農牧產品、水果及酒、飲料等價值一千九百萬美元的產品。

中共對兩國的貿易關係早生不滿。特別是一年一度的最惠國待遇審查，加入世貿組織的談判，智財權的談判，以及美國單方面對中共所設的種種貿易限制，皆令中共心生怨懟。中共採取反報復的手段，揆其原因，除了涉及的金額不大、影響較小外，似也有意藉機測試進入第二任期的柯林頓政府對中共的政策是否有所調整。

中共認為，柯林頓政府削減配額，只是在總統大選的壓力下，在貿易政策上再次展現強勢作風而已。因此，中共選擇在美國總統大選之後，做出報復的回應，顯然已刻意避開了敏感的政治時機，也希望藉此獲得美國的善意回應。就此而言，中共此次的反報復政治意義應該要高於經濟意義。[149]

1994 年的協定於 1996 年 12 月底期滿，然而，雙方自 1996 年 10 月 17 日至 12 月 21 日的三回合談判皆未獲協議，[150]因此，白茜芙於 12 月 23 日宣布延長 1994 年雙邊協定至 1997 年 1 月 31 日止。美國企圖在最後關頭與中共達成協議。因為談判一旦破裂，則不僅雙方各自擬定的貿易制裁清單將付諸實施，新的紡織品貿易協定亦將流產。[151]惟相較於雙方每年超過四百億美

---

[149] 中國時報，民國 85 年 11 月 11 日，版 9。

[150] "U.S.-China Textile Agreement Extended to January 31, 1997," Office of the United States Trade Representative, Dec. 23 1996,96-100.

[151] 聯合報，民國 86 年 1 月 28 日，版 9。

元的貿易總額，一千九百萬美元的貿易制裁，只能算是九牛一毛。雙方相互威脅打貿易戰的目的，是彼此都想爭取一個於己有利的新紡織品協議。

雙方經過艱困的談判後，在 1997 年 2 月 2 日簽署新的紡織品協定。在這項爲期四年的協定中，美國第一次獲得進入中國大陸紡織品市場的機會；中共也得到美國小幅度增加進口的配額。[152]白茜芙說，新的協定奠基於 1994 年的協定，並且在兩個重要的領域取得進展：美國和中共簽訂了第一個紡織品准入協定，而且雙方也強化打擊非法轉運的手段。[153]

美方強調，雙方在紡織品貿易上存在不對等狀態，中國大陸 1995 年輸往美國的紡織品總額達到六十六億美元，由美國進口的紡織品只約六千四百萬美元，爲此，美國政府必須就市場准入問題，與北京進行討論。美方雖然拒絕具體說明中共對開放紡品市場所做的讓步，但表示協定中明訂美國紡織品銷往中國大陸的關稅稅率和非關稅性障礙。[154]

新紡織品貿易協定避免了一場貿易戰爭，並使美國對中國大陸的紡織品輸出得以倍增，但美方對中共保證執行停止非法轉運紡織品的努力感到不滿，並且說：「一個國家若只是準備停止轉運出口，並不足以讓我們停止指控。」[155]根據美方的說法，雙方談判人員對中共所提出的停止轉運出口的保證和其實

[152] "U.S. and China Reach Four-Year Textile Trade Agreement – U.S. Gains Market Access in China and Targets Areas of Transshipment Violations for Cutbacks," Office of the United States Trade Representative, Feb. 2, 1997,97-07.CNN-China, U.S. ink textile trade agreement-Feb. 2, 1997, http://www.cnn.com/WORLD/9702/02/briefs/ china.reut.html
[153] 明報，1995 年 8 月 2 日，版 C2。
[154] 聯合報，民國 86 年 2 月 3 日，版 9。
[155] 同上註，民國 86 年 2 月 1 日，版 9。

施方法字斟句酌，是談判由原訂的三天拖長到六天的主因。

三、軍事安全關係

美國與中共的軍事安全關係涉及雙邊的軍事合作與交流，飛彈擴散，及核、生、化武擴散和核武試爆三大問題。布希政府停止與中共的軍事合作及交流，以制裁中共武力鎮壓民運人士；要求中共協助防範大規模毀滅性武器的擴散及停止核武試爆。柯林頓政府繼續執行促使中共協助防範核武和飛彈的擴散，敦促中共停止核試，但是積極推動與中共的軍事合作與交流。

(一)由停止到積極推動軍事合作與交流

1989年天安門事件發生前，美國與中共繼續推動軍事交流。同年4月及5月，雙方艦隊司令率艦艇官兵至對方港口訪問。天安門事件發生後，美國布希政府於6月5日即對北京實施制裁，其中包括切斷對中共的軍售與軍事科技轉移，並且停止雙方軍事領袖的互訪。[156]美國停止和中共的下列軍事交易：改良殲八型戰鬥機電子導航系統，全部設備價值五億美元；六千二百萬美元搜索戰砲的雷達裝置；二千八百萬美元改良製造巨型砲彈的設備；一千萬美元M-46型反潛魚雷；1988年批准的八千五百萬美元商業性武器交易。[157]布希總統採取這些措施，主要是報復中共軍隊在北京的殘暴行為。美國自1984年允許軍售

---

[156] 中國時報，民國 78 年 6 月 6 日，版 10。
[157] 同上註，民國 78 年 6 月 7 日，版 10。

中共以來，總共已售出價值七億四千八百萬美元的武器及軍事科技，估計占中共軍事科技總輸入的30%。[158]

雙方軍事人員往來雖然終止，但是兩國使館武官處與駐在國軍方仍保持公務接觸的渠道。至1990年下半年，兩國軍事關係方稍有鬆動。[159]

「中」美之間最大的軍事技術合作項目是殲八戰鬥機改造工程。1989年10月，中共軍事技術人員獲准重返改良殲八戰機的工廠，繼續先前的工作。惟美國政府表明，在禁止軍售中共的制裁未取消前，改成的設備不得交給中共。[160]但是1990年7月雙方商定提前結束該項工程。中共外交部發言人表示，由於美方單方面大幅度提高價格，已使工程無法進行下去。[161]

華府對北京的武器與高科技產品銷售，在天安門事件時已達最低潮，但是其後逐漸放寬。華府甚至已將高科技產品對大陸的銷售作為其運用的籌碼，以促使北京採行華府所要求的行為。布希政府時期華府與北京軍事關係演變的主要情形見**表5-3**。

布希在國內壓力下，停止與中共的軍事合作與交流。但是華府與北京皆重視此種合作與交流。自全球力量對比的角度觀之，北京認為當前世界力量對比明顯有利於西方國家，世界已朝多極化方向發展。惟就綜合國力與國際影響力而言，中共認

---

[158] 田弘茂，「美國與中共關係陷入低潮」，**中國時報**，民國 78 年 6 月 30 日，版 4。

[159] 中華人民共和國外交部外交史編輯室編，**中國外交概覽(1991)**（北京：世界知識出版社，1991 年），頁 319-320。

[160] "Letter to the Speaker of the House and the President of the Senate on the Licensing of Communications Satellites for China," Dec.19, 1989, *Weekly Compilation of Presidential Documents* 25 (Dec. 25, 1989), pp.1972-1973.

[161] 同上註，頁 320。

表5-3　1989-1992年中共與美國軍事關係表

時　　間	事　　　　件
1989.04	中共北海艦隊司令馬辛春中將率「鄭和號」訓練艦250名官兵訪問夏威夷。
1989.05	美國第七艦隊司令莫茲中將率領三艘軍艦1,800多名官兵訪問上海。
1989.06	美國宣布禁止武器出口至中國大陸。
1989.12	華府國家安全顧問史考克羅率團訪問北京，希望勸阻中共出售M-9型中程飛彈給敘利亞，並停止軍援赤柬。
1990.05	北京與華府以價格過高爲由，宣布取消由美國克魯曼公司和中共軍方合作提升中共製殲八式戰機電子作戰的「和平珍珠計畫」。
1990.12	美國宣布批准向中共出售包括超級電腦在內的高科技產品。
1991.06	美國凍結出口超級電腦並禁止衛星零件出口中共。
1992.07	美國助理國務卿戴維斯訪問北京，表達美國對中共出售M-11飛彈給巴基斯坦的關切。
1992.09	美國取消對中共在衛星及有關零件出口的限制。

資料來源：**中國時報**，民國83年8月12日，版9。人民日報，1989年。

爲美國仍是世界上唯一的超級強國。[162]但華府亦視中共爲區域強權；認知中共在全球某些區域具有廣泛的利益，在第三世界亦有影響力，以及身爲聯合國安理會常任理事國所代表的政治大國地位。[163]雙方都有爲全球的安全與穩定做進一步合作的意願。[164]

---

[162] 杜攻，「對轉換中世界格局的幾點看法」，**國際問題研究**，1991 年第 4 期，頁 4-5。

[163] Harding, *op. cit.*, p.332.

[164] 人民日報，1994 年 3 月 15 日，版 4。

柯林頓政府對中共之重視，與其前任相比，有過之而無不及。國防部長裴利公開聲稱，中共是一個全球性而非區域性的重要強國，致使與中共進行建設性交往成為美國在亞太地區推行預防性防衛（preventive defense）的四大要素之一。另外三大要素是與日、韓聯盟，建立地區多邊信心措施，和預防核武擴散。裴利指出，由於美國與中共的利益有時處於和諧，有時處於衝突的狀況。在雙方利益和諧時，兩國可透過健康而誠實的對話進行合作；但當利益衝突時，亦可協力降低緊張狀態。尤有進者，裴利認為，與中共國防及軍事組織及各階層軍事人員進行安全對話所創造出的官方接觸及私人關係網，必可建立信賴、瞭解和互相合作。交往可提供影響中共的途徑，使其能協助抑止而非加劇大規模毀滅性武器的擴散；在美國利益濱於危險的不穩定地區如朝鮮半島，扮演安定的角色；使中共在國家安全、軍事組織、戰略計畫、採購、預算及作業程序等方面，變得更為開放，從而有助增進中共鄰邦的信心，減少美軍在中共也有駐軍的地區作軍事活動時發生誤會或事端的機會。[165]

　　助理國防部長奈伊主張，美國與中共在五個廣泛領域中可進行雙邊軍事交往：(1)高層訪問；(2)功能或工作層次的交流；(3)信心措施的建立，包括軍艦的互訪，海上事故的避免等措施；(4)國防工業及人員之轉用於民生工業或企業；(5)中共軍事人員參與美國軍方舉辦的研討會或座談會等多邊軍事活動。[166]

　　1993年10月，美國國防部主管東亞安全事務的助理國防部長傅立民（Charles Freedman）訪問北京，為天安門事件發生以

---

[165] Remarks on Relations between the U.S., Japan and China at Symposium at Fort McNair, Washington, D.C. Feb. 13, 1996.

[166] Remarks before the Asia Society, Washington, D.C., Dec. 12, 1995.

來美國國防部訪問中共官階最高的官員，開始落實柯林頓政府與中共軍方交往的政策。雙方交往情形見**表**5-4。次年10月國防

表5-4　1993-1997**年中共與美國軍事交流概況表**

時　　間	事　　　件
1993.10	美國宣布恢復與中共的高階層軍事接觸。
1993.10	美國助理國防部長傅立民訪平三天。
1994.03	中共國防大學校長訪美。
1994.03	美國國防部次長魏斯納(Frank Wisner)隨同克里斯多福訪平。
1994.03	美國飛彈巡洋艦「邦克山號」(Bunker Hill)訪問青島。
1994.07	美國太平洋艦隊司令拉森(Charles Larsen)訪問中國大陸。
1994.08	中共副參謀總長徐惠滋訪美。
1994.09	美國空軍參謀長麥克裴(Terril McPeak)訪問中共。
1994.10	美國國防部長裴利訪平四天。
1994.11	美國軍備管制暨裁軍總署署長侯倫(John Houlun)訪平，恢復自六四事件後中斷的裁軍及軍管磋商會談。
1994.12	美國助理國防部長華納訪平。
1995.03	中共參謀總長助理熊光楷訪美。
1995.04	美國太平洋艦隊司令麥凱(Richard C. Macke)一行十一人訪問湛江中共南海艦隊。
1995.05	中共空軍司令員于振武訪美十天。
1995.05	中共國防委員李貴鮮原定月底訪美，因抗議李登輝總統訪美而取消。
1995.06	中共國防部長遲浩田延遲原定的訪美之行。
1996.12	中共國防部長遲浩田訪美十天，完成兩度延期的訪問。
1997.01	十二名中共上校軍官赴哈佛大學受訓。
1997.02	中共副總參謀長隗福臨訪美。

時　間	事　　　　件
1997.04	中共軍艦訪問夏威夷。
1997.05	美國參謀總長聯席會議主席夏利卡希維里上將訪問中共，為六四事件後訪平的最高層將領，亦是1983年魏塞上將之後訪平的聯參會主席。
1997.08	中共參謀長傅全有訪美。
1997.10	美國海軍軍令部長強森中將訪問中共五天，為首位訪問中共的美國海軍軍令部長。
1997.12	美國太平洋總司令普魯赫訪平，主張雙方舉行聯合演習。
1997.12	中共解放軍副總參謀長熊光楷訪美，根據柯江會談協議，與美方進行首度防衛諮商會談。
1998.01	美國國防部長柯恩訪平，與中共簽署建立加強海上軍事安全磋商機制協定。

資料來源：作者自行整理。

部長裴利訪問中共，奠定雙方國防部長互訪之基礎。1995年6月，李登輝總統的私人訪美引發中共中斷與美國軍事人員之交流，推遲國防部長遲浩田的訪美計畫。惟1996年12月以來，雙方已逐漸恢復全面交往。1996年12月3日遲浩田率團抵美，進行十天的訪問，象徵雙方軍方關係復趨正常化。1997年1月，中共派出十二位上校級軍官，至哈佛大學甘迺迪學院接受短期的講習課程。4月，中共軍艦訪問夏威夷。中共總參謀長傅全有與美國參謀首長聯席會議主席夏利卡席維利亦於1997年完成互訪。1998年1月19日，美國國防部長柯恩訪平，與中共簽署建立加強海上軍事安全磋商機制協定。因此，至1998年年初時，兩國已在奈伊主張的五大領域陸續進行交往。

(二)飛彈擴散問題

冷戰結束意味著人類暫時遠離兩大超強間核子大戰的危
險。然而，由於某些第三世界國家積極購置或研製具有大規模
殺傷力的核生化武器及原料，致使世界仍未能全然脫離大型戰
禍的陰影。為了維護世界的和平與穩定，美國一直努力阻止生
產這些武器的技術和原料以及運載這些武器的飛彈售往第三世
界。中東、北非和亞洲是從事這些飛彈交易最頻繁的地區，美
國政府自然特別注意之。而北京則是有能力出售飛彈給該等地
區的國家。[167]北京與華府對飛彈規模的認知不同、對全球武器
移轉的觀點亦異，加以國家利益有別，意識形態分歧，致對飛
彈移轉問題爭議不斷。

專家曾說，軍售是外交政策的放大。[168]因此，北京的軍售
不僅有經濟目的，亦為其外交的一環。惟北京近年來的經濟成
長率高居全球第一，而依然加強武器的外銷，外交上的考慮顯
然超過經濟上的利益。中共的國防花費遠超過其國防預算。中
共1992年的國防預算約為六十億至七十億美元之間，實際開支
卻高達一百二十億至二百四十億美元之間。[169]惟中共人民解放
軍除了經營各種企業之外，亦由出口武器獲得大量額外的財
源。從1985年至1989年，中共出售了七十億美元的武器。[170]中
共銷往第三世界的武器總額近年來已從全球第五位降至1992年

---

[167] 林郁方，「克林頓政府的亞太戰略」，**美國月刊**，第 9 卷第 1 期（民
國 83 年 1 月），頁 43。

[168] Andrew J. Pierre, *The Global Politics of Arms Sales* (Princeton: Princeton
University Press, 1982), p.3.

[169] "Asia's Arms Race," *The Economist*, February 20,1993, pp.20-21.

[170] Richard A. Bitzinger, "Arms to Go: Chinese Arms Sales to the Third
World," *International Security*, Vol.17, No.2 (Fall 1992), p.84.

的全球第十位。北京外銷武器的金額已由1987年的四十七億美元劇降爲1992年的一億美元。[171]冷戰的結束使得整個第三世界的武器需求量減少。俄羅斯極力促銷武器更使北京外銷武器的機會大減。飛彈因此成爲中共的銷售重點。惟美國已與英、日、加、德等國於1987年達成「多邊飛彈技術管制」（MCTR）協定，對中程飛彈及飛彈技術的擴散力圖防阻，因而要求中共合作。1986至1987年兩伊戰爭期間，中共曾出售二十五至五十枚東風三型中程飛彈給沙國，增加中東的複雜情勢。

　　1989年12月布希祕密派遣美國國家安全顧問史考克羅訪問中國大陸後不久，中共外交部否認有關中共出售M-9飛彈給敘利亞的報導，並且首次公開保證不出售中程飛彈至中東。中共早在1988年曾私下對美國國防部長卡魯西（Frank Carlucci）保證說，中共「沒有賣也沒有計畫賣任何中程飛彈給中東國家。」[172]然而，由於北京對中程飛彈的界定與西方不同，致使美國最關切的M-9飛彈並不在中共的保證之中。[173]其後中共M-9和M-11兩種飛彈進入量產。1991年4月媒體報導指出，中共違背早先的保證外，準備出售M-9飛彈給敘利亞，而M-11飛彈的發射器則出現在巴基斯坦。但是中共宣稱並未出售中程飛彈到中東地區，因爲M-9飛彈的射程與中程飛彈的射程標準相差數公里。[174]布希政府的批評者亦指控中共供應伊拉克製造化學武器的神經瓦斯、飛彈燃料和核子武器。

[171] Nayan Chanda, "Drifiting Apart," *FEER*, August 26, 1993, p.11.

[172] *WP*, September 8, 1988, pp.A31,A35.

[173] John W. Lewis, Hua Di, and Xue Litai, "Beijing's Defense Establishment: Solving the Arms-Export Enigma," *International Security*, Vol.15, No.4 (Spring 1991), pp.86-109.

[174] *WP*, April 6, 1991, p.A15.

由於M-9飛彈射程可達六百公里，敘利亞可用以攻擊以色列。M-11飛彈射程大約三百公里，加以巴基斯坦已擁有或即將擁有核子武器，故而巴國能用M-11飛彈攻擊印度。美國強烈反對下，中共出售飛彈的傳說終未成真。但是美國於1991年6月16日宣布凍結出口超級電腦給中共並禁止將衛星零件售與中共。同年11月，中共向到訪的美國國務卿貝克當面保證，絕對不會違背「多邊飛彈技術管制」協定的規定，但是條件是美國必須取消禁止出售衛星零件及超級電腦給中共的禁令。[175]布希政府於1992年2月21日接受了中共的要求，以國家利益為由，取消了該項禁令。[176]

雙方對飛彈的爭議並未因此結束。1992年7月，美國助理國務卿戴維斯訪平，對傳聞中共仍出售M-11飛彈給巴基斯坦之事，表達關切。1993年8月25日，柯林頓政府確認中共於1992年曾將M-11飛彈的組件及技術轉移給巴基斯坦，未信守對貝克的承諾而違背「多邊飛彈技術管制」的規定，因此對中共十一家武器輸出公司及一家巴基斯坦公司實施制裁，禁止美國公司在兩年內向中共航太工業部出售各式衛星及火箭有關的零件和設備，金額估計達十億美元。[177]

中共否認美國的指控。惟中共官方人員私下表示，M-11飛彈是特為輸出而設計的，故其射程不超過三百公里，符合「多邊飛彈技術管制」協定的規定。該協定規定，禁止輸出射程超過三百公里以上而載重量達五百公斤的飛彈。然而，美國基於國內法的規定，認為如果M-11飛彈的載重量減輕，射程會超過

---

[175] *Dispatch*, Vol.2, No.47 (November 25, 1991), p.859.

[176] *NYT*, Feb. 22, 1992, p.A1.

[177] *WP*, Aug. 26, 1993, p.A1.

三百公里，因此，認定中共M-11飛彈應在「多邊飛彈技術管制」協定之列。為此，該協定締約國於1993年6月修改該協定的規定，納入上述美國國內法的規定。但是中共認為，美國的行為不啻是在比賽開始後，改變比賽的規則。[178]美國雖對中共施加壓力，而中共亦承諾不輸出飛彈，但是據信中共繼續向包括巴基斯坦等國出售飛彈的組件。中共不再輸出整套飛彈系統，以免違背「多邊飛彈技術管制」，但是卻出售不在該管制範圍內的飛彈系統或組件。

　　1994年10月，裴利訪平，兩國就飛彈爭議發表聯合聲明。中共重申承諾遵守「多邊飛彈技術管制」的綱領（guidelines），不再出售禁止輸出的飛彈。並首次同意該綱領禁止輸出的飛彈包括M-11飛彈。美國因而取消1993年8月宣布的制裁，允許人造衛星輸往中共。雙方同意就「多邊飛彈技術管制」事宜舉行深入的討論，採取漸進的方法，解決飛彈輸出的歧見，以便協力防阻飛彈的擴散。[179]

　　然而飛彈爭議並未消失。1995年6月，美國情報顯示，中共曾向伊朗轉移技術、材料、飛彈導航系統、電腦化的機器工具，並提供工程上的協助。伊朗因而能製造的飛彈，其射程及載運力皆超過「多邊飛彈技術管制」所禁止的範圍。[180]中共據信亦售給伊朗巡弋飛彈（C-802）。該飛彈的射程是九十五公里，效力可媲美法國的飛魚飛彈（Exocet）。伊朗並曾試射之。更為嚴重的是，傳言巴基斯坦已部署中共製的M-11飛彈，而且已完成

---

[178] Paul Godwin and John Schultz, "Arming the Dragon for the 21st Century: China's Defense Modernization Program," *Arms Control Today* (December 1993), p.8.

[179] *Aviation Week & Space Technology*, Oct. 10, 1994, p.24.

[180] *International Heral Tribune* (IHT), June 23, 1995, pp.1,6.

198　冷戰後美國的東亞政策（1989-1997）

可裝配於飛彈上的核武彈頭。[181]1997年柯江高峰會，雙方亦只同意在1994年聯合聲明的基礎上繼續努力防止飛彈的擴散，重申各自對「多邊飛彈技術管制」綱領已作出的承諾。

(三)化武擴散問題

美國防範中共協助他國發展化學武器，充分表現於「銀河號」事件中。

「銀河號」是中共的一艘貨櫃船，定期航行於新港—上海—香港—新加坡—雅加達—杜拜—達曼—科威特的航線。1993年7月23日，美國根據情報，聲稱「銀河號」載有化學武器前體硫二甘醇（thiodiglycol）和亞硫酰氯（thionyl chloride），由大連啓航運往伊朗。中共聲明遵守化學公約的規定，不會出口任何化學品。美國要求登船檢查。中共表示「銀河號」在中東第一站卸貨時可由當地海關與中共代表共同驗貨。美國所求不遂後，乃採取軍艦跟蹤和軍機拍照的行爲，監視「銀河號」。該船在美國的壓力下，無法按計畫停靠港口，致在公海上漂泊二十四天。最後雙方妥協，該船於沙國達曼港靠岸，由沙國海關人員及中方代表登船驗貨，而美國代表則以沙國海關顧問的身分參與驗貨。結果並未發現任何美方所稱的化學品。美方認爲，「銀河號」可能利用黑夜掩護，將化學品拋入大海。中共強烈指責美國違背公海航行自由的國際法，無端干擾「銀河號」的航行，並破壞中共的形象，因此要求美國道歉並賠償三千餘萬美元的損失，但是美國置之不理。[182]

1995年3月，美國宣布中共的三家公司（即Asian Ways

---

[181] *FEER*, June 27, 1996, pp.14-15.
[182] 人民日報，1993年8月8日，版1；8月14日，版8。

Limited, World Co. Limited和Mainway International）因涉及化學武器的擴散而被禁止在美國銷售產品。國務院雖未表明三家公司所從事的行為，但是咸信是將毒氣瓦斯的原料自中共輸往伊朗。

(四)核武擴散問題

經過九年的研發，中共終於在1964年10月16日下午三點製造成功第一顆原子彈。由於中共為聯合國的常任理事國之一，而另外四個常任理事國又已擁有核彈，所以這五個國家從此被稱為核武國家（nuclear-weapon state）。[183]1968年美、蘇、英三國簽署防止核武擴散條約，以免非核武國家成為核武國家。當時法國認為，若成為該條約一員的話，其行動將受到限制，因此拒不加入。此一想法影響到中共的立場，使得毛澤東視該約為美蘇維持其核武霸權的工具，因此堅持拒絕參加。[184]惟在1988年，北京宣稱反對核武擴散，表示不會幫助其他國家取得核武，同意由國際原子能總署對其所有的核子出口實施防護及監督的措施。[185]

中共在1990年和法國一樣，首次參加防止核武擴散條約的檢討會議。1991年8月10日，中共在美國的一再敦促下，宣布決定加入該條約。該年年底中共全國人大常委會批准加入該條

---

[183] David Fischer, *Toward 1995 : The Prospects for Ending the Proliferation of Nuclear Weapons* (New York: United Nations, 1992), p.4.

[184] Fischer, *op. cit.*, p.230.

[185] "...it neither stands for nor encourages nuclear proliferation, nor does it help other countries to develop nuclear weapons. ...in its exports of nuclear material and equipment, it will require the recipient countries to accept safeguards by the International Atomic Energy Agency." see Fischer, *op. cit.*, p.30.

約。[186]1992年3月9日，中共將批准書送至寄存國英國政府，完成加入手續。[187]

美國關切中共協助他國發展核武，由來已久。中共於1984年加入國際原子能總署之前，採行積極輸出核子反應爐的政策，與巴基斯坦、印度、南非、阿爾及利亞和阿根廷皆有核子合作計畫。80年代中期後，中共的核子政策顯著改變。中共宣稱不協助所謂的「核子門檻」國家發展核武，遵守有關核子轉移的大部分國際規範，包括國際原子能總署對核子出售的防護條件，要求接受國不得將技術轉用於非民用的用途。然而，一般認為中共基於牽制印度的戰略考慮，長期暗中協助巴基斯坦發展核武，提供設計藍圖及足以製造兩枚核武的濃縮鈾。[188]中共公開的協助主要涉及和平用途的技術資訊，而非核武有關的技術及原料。此種協助包括1991年的交易，為巴基斯坦在查斯馬（Chasma）建造一座由國際原子能總署監督的三百千瓩（megawatt）「壓縮式水反應爐」（pressurized water reactor）；

美國對中共違背核武擴散之問題，於1996年2月又再度爆發。美國情報部門認為，中共於1996年售予巴基斯坦五千枚磁環（magnet assemblies）。該種磁環可用於提煉濃縮鈾的離心分離機。美國雖然向中共提出此項問題，但是不獲要領。[189]中共銷售磁環的行為如果屬實，則不僅違背中共已簽署的禁止核子擴散條約，亦會遭受美國1994年的防止核子擴散法（the Nuclear

---

[186] "China Acts on Nonproliferation Pact," *IHT*, Dec. 30, 1991, p.2.人民日報，1991年12月30日，版1。

[187] "China Accedes to Nuclear Non-Proliferation Treaty," *BR*, 30 March-5 April 1992, p.12.

[188] *CSM*, Mar. 10, 1992, pp.1,3.

[189] *FEER*, Feb. 22, 1996, p.15.

Proliferation Prevention Act）的制裁。根據該法的規定，一旦政府確定中共出售核武技術或設備給巴基斯坦，則政府應禁止輸出入銀行提供美商與中共商業交易的貸款保證，除非總統基於國家利益的考慮，或是基於特殊安全的需要而正式放棄制裁。如果美國實施制裁，則涉及高達一百億美元的貸款，因而引起美商的恐懼，[190]致使美國政府舉棋不定。

中共外交部發言人沈國放正式否認出售軍用核能技術給巴基斯坦，並警告美方，制裁將使兩國關係受到嚴重損害。沈國放指出，中共沒有也不會向任何國家轉讓製造核武的設備及技術；中共是不擴散核武條約的締約國，作為締約國，中共有義務防止核武的擴散，中共不主張、不鼓勵，也不從事核擴散。[191]

巴基斯坦總理碧挪芝布托於24日否認從中國大陸獲得核武科技，並表示禁止核子擴散的真正威脅來自印度。惟美國中情局局長道奇22日在參院情報委員會表示，中共正在提供「不適當」的核子科技給巴基斯坦。[192]華爾街日報15日報導說，儘管中共官方發言人沈國放一再否認曾售核武材料給巴基斯坦，但中共已經私下向西方外交官與一名美國核子工業界的商人承認，中共確曾銷售磁環給巴基斯坦，但強調磁環因為尚未經過磁化處理，因此銷售並未違反禁止核武擴散公約的規定。但國務院官員反駁此說，因為磁環是非常容易予以磁化處理的。該名國務院官員說，「就好像把戰鬥機賣給別人，然後說這架戰鬥機上並沒有燃料一樣！」華爾街日報說，中共負責核武的官

---

[190] *Ibid.*
[191] **聯合報**，民國 85 年 2 月 16 日，版 4。
[192] **中央日報**，民國 85 年 2 月 26 日，版 10。

員承認銷售磁環，金額總值五萬到七萬美元之間。美國官員表示，美方早已握有該項交易的鐵證，但是一直猶豫而未對中共採取貿易制裁措施，唯恐損及美商在中國大陸的投資及貿易利益，並增加與中共的摩擦。[193]然而美國無制裁之意已很明顯，因為媒體不斷報導此事之際，白宮宣布取消三家美商向中共出售人造衛星的禁令。[194]

　　美國未予制裁的另一原因是中共高層領導人士聲稱，他們對於「中國核能工業公司」出售磁環，事先毫不知情。美國因而缺乏足夠的理由制裁中共。加以中共於5月11日在北京以書面公開聲明，不會再向未受國際監督的國家提供協助。中共宣稱：「中國作為不擴散核武條約的成員國，恪守國際條約義務，反對核武擴散，奉行不主張、不鼓勵、不從事核武器擴散及不幫助別國發展核武器的政策。中國與有關國家的核合作完全用於和平目的，中國不向未接受保障監督的核設施提供幫助。中國贊成加強國際防核擴散體制，包括加強保障監督和出口管制措施。」[195]職是之故。美國政府認定中共此舉頗具新意，故而加以重視與肯定。

　　美國另一關切之處是中共對阿爾及利亞和伊朗的核子銷售。1991年12月，媒體報導，由於北京的幫助，阿爾及利亞正建造第二座和更大的研究用反應爐。中共曾於1983年出售一座反應爐給阿爾及利亞。[196]令美國困擾的乃是中共幫助阿爾及利亞建造一座更大的核子反應爐。雖然阿爾及利亞宣稱，其目的純為研究之用，但所建造的反應爐似乎過大，而且也沒有和高

---

[193] 中國時報，民國 85 年 4 月 16 日，版 9。

[194] *FEER*, Feb. 22, 1996, p.16.

[195] 中國時報，民國 85 年 10 月 3 日，11 版。

[196] "China Acts on Nonproliferation Pact," *IHT*, December 30, 1991, p.2.

壓輸配線路連接以提供電力，加以其周圍設有防禦空中轟炸的系統，強烈顯示其目的是製造核武。[197]

　　1991年情報顯示，中共對伊朗轉移核子技術及設備，包括在伊斯法汗（Isfahan）建造一座小型可分離重水的電磁器（electromagnetic cauldon）。[198]1995年又傳出中共與伊朗簽訂協定，提供兩座三百千瓩（megawatt）核子反應爐，可能亦提供採鈾轉換（conversion）和提煉原料（fuel-fabrication）的技術。美國要求中共取消該項交易，但遭中共拒絕。中共的理由是：第一，核子反應爐乃和平用途；第二，伊朗為禁止核武擴散條約的締約國，保證核子反應爐由國際原子能總署監督。然而，美國認為，伊朗石油藏量豐富，不需利用核能發電以滿足能源的需要，因而猜疑伊朗的真正目的是求取軍民兩用的核子技術，為未來核武發展之用。1997年10月柯江高峰會中，江澤民口頭承諾不再與伊朗進行任何新的核子合作計畫，並終止現存的核子合作計畫。基於此一承諾，柯林頓宣布恢復執行1985年雙方所簽和平使用核能協定，允許美商向中共出售核能電廠的設備。[199]在柯江高峰會的聯合聲明中，兩國重申雙方不向未接受保障監督的核設施和核爆炸項目提供任何幫助的承諾；中共表明已對核子雙重用途材料及相關技術的出口實施控制，並將於1998年採取進一步措施，加強對雙重用途材料的出口控制。[200]

---

[197] *WP*, April 20, 1991, p.A17.
[198] "China Acts on Nonproliferation Pact," *IHT*, December 30, 1991, p.2.
[199] 聯合報，民國 86 年 10 月 31 日，版 10。
[200] 同上註。

(五)核試問題

冷戰結束後，國際間興起停止核武試驗的運動，因為核試嚴重危害生態環境。1991年8月，哈薩克總統納扎巴耶夫下令關閉塞米巴拉金斯試驗場。同年10月5日，俄羅斯宣布為期一年的暫停核試。10月26日，葉爾欽又宣布繼續暫停核試一年並關閉前蘇聯的新地島核試驗場；同時，呼籲其他核武國家響應停止核試。[201]1992年4月8日法國予以響應。儘管美國五角大廈竭力反對停止核試，但是眾議院於9月24日以二百二十四對一百五十一票通過在1993年會計年度暫停核試驗法案。國會最後通過並經總統簽署的法案規定：

1. 從1992年10月1日至1993年6月底，美國將暫停九個月的一切地下核武試驗；

2. 從1993年7月1日起至1996年9月30日，美國以檢測武器安全為目的的試驗每年不得超過五次，即三年總數不超過十五次。每年可專用一次試驗以檢測武器的可靠性。此外，英國可在此三年內每年做一次試驗，計於美國每年的五次內；[202]

3. 除非另一國家（不限於俄國）繼續試驗，美國將於1996年9月30日起完全停止地下核試驗；

4. 要求美國在限制試驗期間就全面核武禁試同其他核武器國家進行談判。[203]

---

[201] 沈丁立，「克林頓政府對中國核試驗可能產生的影響」，**復旦學報**（社會科學版），1993 年第 4 期，頁 37。

[202] 英國的核試驗是在美國內華達試驗場進行。

[203] 沈丁立，前揭文，頁 38。

中共於1993年10月5日發表聲明，支持早日締結「全面禁核試條約」，並與其他國家一起談判，爭取於1996年締結該項條約。[204]然而，中共拒絕響應國際上立即停止核武試驗的呼籲。儘管美國在中共核武試爆前即不斷警告，但北京的不合作，特別是不顧美國的警告舉行核武試爆，卻令美國束手無策。[205]中共在核試問題上雖然受到許多國家的指責，但是核試是中共部隊邁向現代化的唯一選擇，因爲中共核武轟炸機很容易被偵測，而其飛彈、潛水艇也過於落後，如果不藉著核爆來提升技術，則中共所有軍事工業十年內就會變得落後。其實，核試目的不外三個，即庫存核武的可靠性、核武的安全性與發展性。以主要核武國家核爆次數而言，美國是九百五十次、俄國是六百次、法國是二百次、英國是六十次。因此中共的三十七或三十八次的核爆確實不多。[206]核武權威專家美國史丹佛大學研究員華利估計，中共的核武試爆雖然只有三十多次，但以中共的核武程度和規模而言，核試已於1995年完成其基本目的。[207]

　　北京的立場是「主張全面禁止和徹底銷毀包括核武器在內的各類大規模殺傷性武器，建議有核國家締結承諾不首先使用核武器條約，支持通過談判簽訂全面禁止核試驗條約。」[208]中共核武落後美俄兩國，全面銷毀核武的主張，對自己有利。美

---

[204] 此爲出席日內瓦裁軍談判的中國代表團團長、裁軍大使侯志通於 1994 年 3 月 25 日在裁軍談判會議上所言，謂中國一貫主張全面禁止和徹底銷毀核武器，見星島日報，1994 年 3 月 26 日，頁 A2。

[205] *JT*, September 18, 1993, p.1;& September 19, 1993, p.4; *IHT*, October 6, 1993, pp.1-2.

[206] 中國時報，民國 82 年 9 月 30 日，版 11。

[207] 丁宗裕，「略論中共的核子試爆」，共黨問題研究，第 19 卷第 12 期（民國 82 年 12 月），頁 49。

[208] 李鵬在 1994 年 3 月 10 日於中共第八屆全國人民代表大會第二次會議上的「政府工作報告」。人民日報，1994 年 3 月 24 日，版 3。

俄兩國自然拒絕同意。惟在國際壓力下，中共於1997年未堅持己見而簽署禁止核武地下試爆條約，並於柯江高峰中同意力促該約早日生效。

第六章

美國對我國的政策

美國雖於 1979 年斷絕與我國的外交關係，仍然與我國維持密切的非官方關係。冷戰結束後，美國繼續在「台灣關係法」的基礎上，維持與我國的非官方關係。美國對我國的基本政策雖然不變，但是在某些個別的政治、經貿和軍事安全事項上，則採取了新的立場或政策。

一、政治關係

(一)布希政府提升與我國的實質關係

　　在政治關係方面，布希政府支持我國加入關貿總協定和亞太經合會，同意我國在關島增設辦事處，派遣內閣級官員赴台，從而協助我國拓展國際活動空間，並且提升美國與我國的實質關係。

　　布希政府對我國加入關貿總協定之申請，最初並不支持，其後因國會及貿易代表署皆表支持，方改變立場。中華民國政府於 1990 年 1 月以「台澎金馬關稅領域」(The Customs Territory of Taiwan, Penghu, Kinmen and Matsu) 名義，申請加入關貿總協定。美國國會對台北的申請案採取公開支持的態度，白宮則持保留態度。參議員羅斯（William V. Roth）在 1990 年 6 月提案（SR 296）呼籲在烏拉圭回合結束之前促使台北加入關貿總協定。此一提案獲得六十位參議員的連署。7 月，眾議員克蘭（Philip M. Crane）在眾議院歲出歲入委員會貿易小組委員會提出一項修正案，明定美國給予中共最惠國待遇必須建立在北京不反對台北加入關貿總協定的前提上。布希政府內部如國務

院、國家安全會議對台北的申請案持保留態度，但財政部、商務部及貿易代表署則加以支持。海灣危機中，美國必須爭取中共的合作，因此布希政府不願因支持台灣加入關貿總協定而影響對中共合作的爭取，致使台灣的入關申請案受到擱置。1991年 6 月，參議院財政委員會國際貿易小組委員會主席鮑卡斯等十五位參議員致函布希，要求白宮大力支持台北加入關貿總協定，並以同意續延中共最惠國待遇為交換條件。7 月 19 日，布希總統為了爭取鮑卡斯等人對續延中共最惠國待遇的支持，乃回函表明，支持台灣加入關貿總協定，從而改變白宮不公開支持的立場。[1]布希的公開承諾，在形式上使台灣入關的問題，由美國助理部長級決策前的磋商，直接提升至美國政府的執行政策階段。在此之前，美國有關機構助理部長級的磋商，因意見紛歧，致台灣申請入關問題在美國決策過程中遭到擱置。布希在信中的另一重要立場，是將台北與北京申請入關的問題分開處理。鮑卡斯參議員認為，此乃美國表示對台政策不受中共指使的強烈訊息。中共曾屢次宣稱，台灣是其一省，依照關貿總協定第 26 條的精神，台灣必須以「中國」的名義申請入關，在中共入關之後由其帶入。因此，美國曾傾向支持中共先我入關或同時入關的立場。

　　布希政府在海灣戰爭結束後才支持台北加入關貿總協定，顯然不願過早表態，而使中共在海灣危機期間，採取與美國敵對的立場。在美國發揮其影響力之後，關貿總協定理事會於 1992年 9 月 29 日決定成立工作小組，審查我國的申請。我國於該工作小組成立後，取得關貿總協定的觀察員地位。[2]

---

[1] 聯合報，民國 80 年 7 月 20 日，版 3。
[2] 外交部，中華民國八十三年外交年鑑（台北：正中，民國 83 年），頁

由澳洲總理霍克倡議的亞太經濟合作會議（簡稱亞太經合會），原本計畫邀請參加的國家有美國、日本、加拿大、澳洲、紐西蘭、東協六國、南韓、中共、我國及香港等十五個國家及地區。但在 1989 年籌備期間，中共發生六四天安門事件，加以籌備國對我國及香港參加的名稱亦未達成共識，致「三個中國」經濟體皆未獲邀參加。而亞太經合會的成員對我國應否先於中共而加入，意見亦不一致。

　　第二屆亞太經合會年會於 1990 年 7 月在新加坡召開，在聯合聲明中將亞太經合會的性質界定為亞太地區「各經濟體」高階層代表間的非正式諮商會議，以降低其政治敏感性；並確認中共、台灣及香港對亞太區域繁榮的重要性，應於第三屆年會時一起入會，同時將入會的協商工作交由主辦國韓國。美國亞太助理國務卿索羅門於 7 月 31 日在亞太經合會聯合記者會中表明，美國在過去一年即主張台海兩岸三地以經濟體的身分加入。在美國的支持下，我國於 1991 年 11 月亞太經合會部長會議中獲邀參加該會。

　　卡特政府斷絕與我國的邦交，而與中共建交，以求達成聯中共以制蘇聯的目的，因而對與我國的非官方關係，多方自動加以設限，包括禁止政府現任官員訪問台灣，不准兩國官員至對方官署洽公，不同意我國根據國會所訂「台灣關係法」第 10 條規定在美國設立與斷交前相同數目的辦事處。在卡特政府明顯違背「台灣關係法」的決定下，我國除在華府設立代表處外，只能在紐約、芝加哥、舊金山、洛杉磯、休士頓、檀香山、西雅圖及亞特蘭大設立辦事處，與斷交前的數目相差五個。雷根

748。

政府改善與我國實質關係，我國方獲准先後在波士頓、堪薩斯及邁阿密恢復或增設辦事處。1991 年 5 月，「北美事務協調委員會」增設駐關島辦事處，使在美辦事處數目達十三個之多。

　　美國在布希政府時期，更具改善與我國關係的象徵，是 1991 年 11 月底美國貿易代表奚爾斯應邀訪問台北，參加「中美經濟合作策進會」與「美中經濟協會」共同主辦的第十六屆聯合會議，並發表演講。卡特政府為了顯示只與台灣維持非官方關係，禁止現任官員訪台。布希以爭取商機為由，派遣現任部長級官員來台訪問，突破卡特政府所設禁令。1992 年 2 月，美國「總統出口委員會」（Presidential Commission on Export）副主席杜蘭（Beverly Dolan）亦奉布希之令，率團訪問我國，以便爭取六年國建的工程。[3]

　　布希政府繼續雷根政府改善中美兩國接觸管道之政策，使得雙方派駐對方的人員與對方政府官員的接觸層次不斷提高。除了白宮與國務院之外，我國駐美人員已能進入美國官署洽公。而「美國在台協會」在台北及高雄辦事處的人員，與我國政府官員交往的層次亦日益提高。[4]

(二)柯林頓政府有限調整對華政策

　　柯林頓政府對台海兩岸政策的檢討，始於 1993 年 4 月，而完成於 7 月。9 月，柯林頓批准了對中共「全面交往」的政策，但是延至 1994 年 9 月方正式核定對台政策的檢討報告。9 月 7 日，美國國務院亞太助卿羅德在參議院外交關係委員的簡

---

[3] 外交部，中華民國八十一年外交年鑑（台北：正中，民國 81 年），頁 217。
[4] 外交部，對外關係與外交行政（台北：正中，民國 81 年），頁 178-179。

報中，宣布對台政策的調整，其主要內容如下：

　　1.同意我駐美代表機構「北美事務協調委員會」更名為「台
　　　北經濟文化代表處」；

　　2.允許美國經濟及技術機構之高層官員以及國務院較資深
　　　之經濟及技術官員訪台，並與我各層級官員晤談；

　　3.允許美國經濟及技術部會閣員，透過美國在台協會安排
　　　與我方代表及訪賓在官署洽公；

　　4.允許美國在台協會處長、副處長等所有職員進入我外交
　　　部洽公；

　　5.於適當時機支持我方加入不限以國家為會員之國際組
　　　織，並設法使我在無法以國家身分參加之國際組織中表
　　　達意見，但不支持我方參加聯合國等僅以國家身分為會
　　　員之國際組織；

　　6.允許我高階層領袖（總統、副總統、行政院長以及副院
　　　長）過境美國，其期間長短為正常過境所需，惟不得從
　　　事任何公開活動，每次過境將個案考慮；

　　7.提議透過美國在台協會舉辦雙方次長級之經濟對話，並
　　　談判簽訂貿易投資架構協定。

　　羅德重申以下政策維持不變：

　　第一，奉行「一個中國」政策，繼續以美國與中共之三項
公報及「台灣關係法」為對台政策的核心；

　　第二，根據「台灣關係法」，美國在台協會繼續為處理雙
方非官方關係之機構；

　　第三，為符合雙方非官方關係，美方維持不允許我方高階
層領袖訪美及不允許我外交部長及國防部長訪問華府的慣例；

　　第四，不允許我方代表進入國務院、白宮及舊行政大樓；

第五，對台軍售政策不變；

第六，繼續支持台海兩岸的對話及合作。[5]

由上述各點觀之，柯林頓政府對台政策僅作小幅度的調整，未作結構性的改變。真正調整之處有三：其一，更改駐美代表處的名稱；其二，小幅度放寬官署洽公的規定；其三，允許較高層之經濟及技術官員訪台。惟因布希政府曾派貿易代表奚爾斯訪台，因此柯林頓政府的第三項調整只是將前任的行爲正式化爲政策而已。另就駐美代表處的更名而言，柯林頓政府只是追隨而未超越歐洲國家的作法。我國原期望美國能帶頭將我駐美代表機構改名爲「台北代表處」，但是未能如願。

裘兆琳教授認爲，柯林頓對台政策調整之結果有若干負面效應。第一，柯林頓政府偏離了過去美國在三個公報中「一個中國」的原則。美國在三個公報的立場是「認知中國的立場是中國只有一個」，美國本身並無「一個中國」的政策。但是美國國務院官員在簡報對台政策檢討時，卻一再重申美國將繼續維持其「基本的一個中國政策」，從而表明美國已採「一個中國」的政策。

第二，北美事務協調會改名爲「駐美國台北文化經濟代表處」，加了「經濟文化」四個字，使得雙邊關係有降級之感。

第三，美國對台政策有不公平待遇之事。美國對台政策調整後，我政府官員或駐美代表人員仍不得前往白宮、國務院等處洽公，但是美國訪台官員及在台協會人員卻可赴外交部、行政院及總統府拜會。

第四，美國公開表示不支持我方以「國家」身分參加聯合

---

[5] *Dispatch*, Vol.5, No.42 (Oct. 17, 1994), p.706.

國、世界銀行及國際貨幣基金會，打擊我國參加該等機構之努力。

第五，中美斷交後，我國副總統、行政院長曾赴美作私人訪問，柯林頓政府明文禁止我高層領袖訪美，實有開倒車之嫌。[6]

1994 年 12 月 5 日，柯林頓政府派遣運輸部長裴納（Transportation Secretary Pena）來台參加中美工商界聯合會議，以具體行為落實其對台政策。[7]1995 年閣員級的白宮經濟顧問史配洛（Joan Spero）參加在美國舉行的該項會議。1996 年閣員級中的中小企業署長雷德（Philip Lader）奉派來台參加該項會議。1997 年則由白宮經濟顧問葉倫（Janet Yellen）參加。[8]

中美雙方斷交後首次次長級的會議於 1995 年 6 月 22 日在華府財政部內舉行。美國財政部次卿桑莫斯（Lawerence Summers）與我國經濟部次長許柯生以顧問身分，在美國在台協會及台北經濟文化代表處溝通架構下，進行會談。[9]1996 年 9 月 16 日在台北舉行第二次次長級會議，1997 年則未舉行，顯示該項會議尚未成為每年的定期會議。

國會議員不滿柯林頓政府對台政策的微幅調整。1994 年 9 月 28 日，派爾（Claibone Pell）、赫姆斯等六位參議員提出一項決議案（S. R. 270），表達包括下列的國會意見：

1.歡迎中華民國在台灣的總統及其他高層首長訪問美國；

---

[6] 裴兆琳，「柯林頓政府對華新政策之決策過程探討」，美歐月刊，第 9 卷第 12 期（民國 83 年 12 月），頁 6-7。

[7] 聯合報，民國 83 年 12 月 6 日，版 2。

[8] 中國時報，民國 86 年 12 月 3 日，版 4。

[9] 聯合報，民國 84 年 6 月 24 日，版 1。

2.允許台灣駐美代表至國務院、國防部及舊行政大樓洽
　公；

3.經常性派遣內閣級官員訪問台灣；

4.支持台灣以觀察員身分成為聯合國正式會員的第一步；

5.支持台灣早日加入國際金融及其他功能性組織；

6.更改台灣的駐美代表處名稱為「台北代表處」。[10]

美國國會議員對台灣的支持，表現於一再提出支持台灣加入聯合國及邀請李登輝總統訪美的決議案。尤其是後一項決議案，支持的議員迅速增加。李總統是美國康乃爾大學的校友。康大認為李總統是傑出校友，一再邀請李總統返校，惟未獲政府同意，但是國會議員則一再提案，敦促政府同意。1995 年 3 月 6 日，穆考斯基（Frank H. Mukowski）等三十六名參議員提出一項決議案，表達國會對李總統至美國進行私人訪問的支持。3 月 29 日蘭托斯（Tom Lantos）眾議員亦提出同樣的決議案，經過修正後，眾議院於 5 月 2 日，以三百九十六票贊成，零票反對通過。參議院亦於 5 月 9 日，以九十七票贊成，一票反對，二票未投而通過。

兩項決議案並不具有法律拘束力，但是幾近一致決的支持對行政部門構成強大壓力。柯林頓總統因而改變原來立場，決定允許李總統於 6 月到美國作私人訪問，參加康大校友會。國務院發言人伯恩斯於宣布時說：「行政部門已修訂其指導方針，允許包括李總統在內的台灣高層領袖偶爾（來美）進行私人訪問。」[11]他特別重申，該項決定不表示美國與中共的關係或對中共政策有任何改變，也不代表美國與台灣關係的本質有所改

---

[10] *Congress Record*, Sept., 28, 1994, pp.S13586-13587.
[11] 聯合報，民國 84 年 5 月 24 日，版 4。

變。

　　美國國務卿克里斯多福與亞太助卿羅德在國會作證時皆公開反對李總統以私人身分訪美，亦一再向中共表明不會同意李總統訪美。因此，柯林頓政府的決定，出乎中共意料之外。中共外交部在美國國務院宣布上述決定三小時後，發表強烈抗議，指責美國製造「兩個中國」、「一中一台」，中共絕不能接受。[12]

　　中共對美國的一系列報復行為，使得華府與北京的關係陷入雙方建交以來的最低潮。為了修補與中共的關係，美國政府不斷重申不改變「一個中國」的政策。中共要求美國保證未來不允許台灣高層領袖至美進行任何形式的訪問。美國因事涉國家主權與尊嚴而拒絕同意，但是也明確表示，未來台灣高層領袖的私人訪美將是「稀少、不常有的」（rare, infrequent）。柯林頓政府經過一場與中共之間的外交風暴後，顯然又將其對台灣高層領袖訪美的政策拉回至 1995 年之前的狀況。

　　尤有進者，美國高層官員亦表示「不支持台灣獨立、不支持一中一台或兩個中國、不支持台灣加入聯合國」。1997 年柯江高峰會後，白宮官員向記者簡報中，亦明確宣示此一「三不」政策。柯林頓 1997 年 10 月 30 日與江澤民的共同記者會中，表明希望台海兩岸恢復對話，「愈早愈好」。其後奈伊、裴利、夏利卡希維里及雷克等柯林頓政府卸任高層官員紛紛訪台，鼓勵台灣與中共對話；表明兩岸和平達成協議，符合美國的永久利益。柯林頓政府似乎已由 1994 年時的「支持」兩岸對話，轉為「敦促」台灣與中國大陸進行政治談判。

---

[12] 同上註。

1998 年柯林頓訪問中共，於 6 月 29 日在北大演講強調美國承認中國並採行「一個中國」政策，並說：「當美國和中國達成一個中國政策的協議時，我們同時也達成以和平方式統一中國的協議，我們亦鼓勵海峽兩岸對話以達成這個目標……，我們相信，統一應以和平方式達成。」[13]柯林頓提出「和平統一」之說，而為台灣的前途預設立場。此與美國過去的政策有顯著的差別。美國自尼克森總統以來的立場是：兩岸問題應以和平方式解決之。美國只關切解決的過程，而不過問解決的結果。兩岸是統一或台灣是獨立，皆是兩岸中國人之事，美國並無預設立場。柯林頓「和平統一」之說，不僅是預設立場，亦反映對兩岸問題之解決已向中共傾斜。柯林頓於 6 月 30 日在上海首次公開重申「三不政策」，不利台灣拓展國際活動空間的努力。「三不政策」及「和平統一」之說，似乎反映柯林頓在對台政策上，儘量將與美國利益不符的曖昧關係之處加以澄清。

二、經貿關係

　　我國對美貿易順差自 80 年代大幅增加。1985 年順差突破百億美元，1987 年更高達一百六十多億美元，1988 年雖然降至一百億美元，但次年又升至一百二十億美元，其後雖逐漸下降，1996 年時又回升至一百一十多億美元（見**表 6-1**）。此種情形引發美國要求我國出口自動設限，消除關稅及非關稅貿易

---

[13] 同上註，民國 87 年 6 月 30 日，版 3。

表 6-1　美國對我國貿易統計表（1981-1996）

單位：百萬美元

年　代	輸　出	輸　入	逆　差
1981	4,766	8,158	-3,392
1982	4,563	8,758	-4,195
1983	4,646	11,334	-6,688
1984	5,042	14,868	-9,826
1985	4,746	14,773	-10,027
1986	5,433	19,014	-13,581
1987	7,648	23,685	-16,037
1988	13,008	23,467	-10,459
1989	11,335	24,313	-12,978
1990	11,491	22,666	-11,175
1991	13,182	23,023	-9,841
1992	15,205	24,601	-9,397
1993	16,250	25,105	-8,855
1994	17,078	26,711	-9,633
1995	19,295	28,975	-9,680
1996	18,413	29,911	-11,698

資料來源：U.S. Bureau of the Census, *Statistical Abstract of the United States,*
　　　　 1993. Washington, DC, 1993, p.813; http://www.ita.doc.gov/
　　　　 industry/otea/usfth/taiwan.e-i

障礙，調整匯率及開放市場等。我國在美國壓力下，不斷對美
國的要求讓步。惟在布希及柯林頓政府時期，美國對我國的經
貿政策重心是保護智慧財產權（簡稱智財權）。

　　爲了保護智財權，布希政府對我國採取威脅使用特別 301
條款的政策。根據美國國際貿易委員會的估計，美國在智財權
方面因遭受其他國家業者侵害所造成的損失，每年高達四百零
三億到六百一十億美元。爲了確保美國相關業者的權益，美國
政府自 1985 年起，即將保護智財權列入「關稅暨貿易總協定」
的「烏拉圭回合」談判之優先議題中。此外，在 1988 年制定

的「綜合貿易法」中，更設計了「特別 301 條款」，以確保美國的貿易伙伴採取有效的行動，提供智財權適當、有效而確實的保護。美國貿易代表每年必須認定，那些國家未充分而有效保護智財權，或對依賴智財權保護者不給予公平合理進入市場的權利。

1989 年 5 月美國初次宣布特別 301 指認名單時，我國與其他七個國家同時名列「優先觀察名單」之中，另外十七個國家則列入「觀察名單」。美國認為我國對保護智財權的成效，猶待觀察。美國政府並決定於同年 11 月 1 日對優先觀察名單的國家進行特別檢討。在美國壓力下，我國政府迅即同意採取相關措施，以預防美國影片在未經授權的情況下，於錄影帶出租場所公開放映。雙方並簽訂一份協議草案，改善我國對著作權的保護。11 月 1 日，美國政府基於我國保護智財權的工作已有顯著改善，乃將我國由「優先觀察名單」降至一般「觀察名單」之中。美國認為我國實施的保護智財權措施或對外國進入我國市場的障礙，仍須予以特別關注。

美國貿易代表署助理代表克里斯多福（Sandra Kristoff）指出，我國在加強執行智財權保護方面的不力，將使我國在美國依特別 301 條款評定時，處於不利的地位。[14]在 3 月 22 日舉行的中美智財權諮商會議中，美方所關切的是智財權中著作權與專利部分相關議題，而其強調的重點則是著作權法修正草案的進度，與其內容是否符合中美視聽著作物協定。[15]美方特別關心的厥為立法院修正通過的著作權法第 28 條第 3 款：「已取得合法著作複製物之所有權者，得出借、出租或出售該複製

---

[14] 經濟日報，民國 79 年 1 月 11 日，版 4。
[15] 同上註，民國 79 年 3 月 19 日，版 7。

物。」美方認爲此一條款將爲從事 A 拷翻錄 B 拷或電腦軟體的侵權行爲大開法律漏洞。[16]此外，美國對於著作權法中出現「雙重標準」（對我國著作權人的保護不如對外國著作權人保護周全），也至爲關切。[17]克里斯多福強調：「著作權法修改草案裡的兩套著作權保護標準，將使該法無法有效執行。」[18]某位美國官員也指出：「草案裡居然對美國著作物有兩套保護標準。這個草案如果成爲法律，台灣的著作權人在國內可以得到的保護，不但不如他們在美國能得到的保護，甚至比美國著作權人在台灣可以得到的保護還差。」[19]

美國貿易代表署在 1990 年 3 月 30 日公布的「外國貿易障礙報告」中，認爲我國實施智財權保護執行仍不夠周全，且相關法令仍有曖昧之處，致使法官與檢察官有很大的自由裁量權；即使在法院判決原告勝訴的情況下，侵害者經常得以繳付極少數罰金易科徒刑而不必坐牢。該報告亦指責我國電腦軟體及錄影帶盜版情形仍然相當嚴重。[20]

在 4 月底公布的特別 301「優先觀察名單」中，我國雖未列名，惟仍留在「觀察名單」中。雖然如此，美國的壓力並未因之稍減，在 6 月 20 日舉行的中美著作權談判中，美方終於成功的迫使我方取消「著作權法」中「雙重標準」的條文，並使我方同意遵照「中美著作權雙邊保護協定」重新起草「著作權法」。

1991 年 2 月 28 日，美國貿易代表署認定我國在保護智財

---

[16] 同上註，民國 79 年 3 月 25 日，版 3。
[17] 中國時報，民國 79 年 3 月 30 日，版 4。
[18] 聯合報，民國 79 年 3 月 30 日，版 6。
[19] 經濟日報，民國 79 年 3 月 30 日，版 3。
[20] 同上註，民國 79 年 4 月 1 日，版 3。

權方面已大有改善，惟仍繼續要求我國改善專利與商標法，並積極起訴違反商標與著作權法的行為。1992 年 4 月，美國貿易代表署將我國升為「優先國家」。根據 301 條款，任何外國而有最苛刻、最令人難以置信的法令、政策或作法，以致有關的美國產品受到最大的不利影響（包括實際的和潛在的影響），皆必須列為優先國家。貿易代表在三十天內必須開始進行 301 條款調查。美國政府認為，我國在名牌仿冒及 CD 盜錄等方面已嚴重影響美國智慧財產擁有者的利益。據估計，1991 年全年，台灣出口至美國的仿冒品，造成美國業者大約三億五千萬美元之損失，其中又以與電腦相關之產業為主。美國貿易代表奚爾斯甚至指責台灣是「侵害美國產品版權與仿冒商標之海盜王國」；對於我國應允修改相關法案，但卻遲遲未見採取具體有效的行動，也至表不滿。[21]在此情況下，若我國無法在 5 月 26 日舉行之中美經貿諮商談判中，與美方達成協議，承諾改善，美國將可選擇我銷美之任一產品，採取課徵懲罰性高關稅、禁止進口或賠償等報復性措施，其額度約為美國前一年三億五千萬元之損失。此項金額雖不高，惟因報復性措施所產生之影響，則可能遠遠超過此項金額。

　　為避免遭到報復，立法院變更院會議程，將原本列為第十一案的「著作權法修正草案」，提前至第二案優先審查，並於 5 月 22 日完成三讀程序。該法除了修正現行法之缺點外，也將「中美著作權雙邊保護協定」之內容納入。

　　在修正案完成三讀後，我國代表團即於翌日赴美，參加中美智財權諮商。美方談判代表之一的安德森女士表示，三年前

---

[21] Julian Baum, "Taipei on a Tightrope," *FEER*, May 14, 1992, p.45.

由於我國許下多項重大改進之承諾，才使美方於 1989 年底將我國由「優先觀察名單」降到一般觀察名單中，惟事隔三年，我國並未有效執行減少仿冒侵權的承諾。是以該次諮商，美方所期望的是，我方必須做出非常明確的承諾，換言之，是可證實的改善。除非我方能讓美國確信，我方確實有誠意採取具體而明確的措施，以保護智財權，否則美國不會將我國自「優先國家」中除名。

在中美智財權談判暫告觸礁的情況下，執政黨主席李登輝於 6 月 1 日召集相關高層首長會商。由於美方對我方相關法律立法速度和內容並不滿意，李登輝在會中作了三項裁示：(1)中美著作權保護協定應於立法院審議通過後，本互惠原則，儘速與美方正式簽署；(2)重申智財權之保護爲我政府之一貫立場，今後各種相關法案，行政與立法部門應本國際化原則，儘量採擇先進國家標準予以制定或修訂；(3)希望主管部門本上述兩項原則與美方諮商，使該次諮商能順利圓滿。[22]

經過九天談判之後，雙方終於簽訂了保護智財權的諒解備忘錄，美方正式宣布將我國自「優先國家」中除名，並停止調查行動。在該備忘錄中，我國承諾盡最大努力，促使立法院在 1993 年 1 月 31 日前通過「中美著作權保護協定」與「有線電視法」；7 月 31 日前修改「商標法」與「專利法」；並在 1994 年 7 月底前制定「工業設計法」、「營業秘密保護法」及「積體電路佈局保護法」。雖然我國自「優先國家」中除名，美國貿易代表奚爾斯仍強調「良法必須有良好的執行，以保證達到真正的效果，」因此，「美國將密切監視台灣執行此一諒解協

---

[22] 中國時報，民國 81 年 6 月 2 日，版 3。

議的情形，以確保台灣對智財權的侵害，顯著減少。」[23]美國在台協會台北辦事處經濟組組長史代樂女士也表示，美方將定期監督我國在智財權方面的改進成果，並將每季定期檢討；若發現有退步的狀況，貿易調查將隨時展開。[24]

　　1993 年美國認爲我國著作權法、專利法及商標法未完全符合「與貿易有關的智財權協定」的規定，因而將我國列入「優先觀察名單」中。1994 年華府認爲我國保護智財權成效佳，將我國降至「觀察名單」中。1995 年我國受到美國任天堂八大音影團體指控，致又被列入「觀察名單」中。1996 年美國認爲我國查禁及防杜大陸台商仿冒工作有進展，乃將我國自「觀察名單」中除名，降至 1994 年新設的「特別陳述」（Special Mention）項目。列入該項目的國家雖然不會受到 301 條款下的磋商或調查，但是等於受到警告，智財權的保護仍待改進。1997 年，我國因在保護智財權有進展，首次未被美國貿易代表署列入任何項目的檢討名單。[25]然而該署亦指陳我國健保藥品核價制度，不符合國民待遇，構成貿易障礙。[26]

三、軍事安全關係

　　美國與我國斷交後，仍然依據「台灣關係法」提供我國防衛所需的武器，並且關切包括台灣在內的西太平洋地區的安

---

[23] 同上註，民國 81 年 6 月 7 日，版 1。
[24] 同上註，版 2。
[25] 經濟日報，民國 86 年 5 月 2 日，版 2。
[26] 自立早報，民國 86 年 10 月 3 日，版 1。

定。布希與柯林頓政府續採反對中共武力犯台的政策，並且在對台軍售政策上改變自卡特政府以來不出售精密武器給我國的政策。

(一)反對中共武力犯台

1989 年天安門事件後，中共指責我國政府爲該事件中民運份子背後的「黑手」之一，致使台海兩岸關係增添不穩定的因素。布希政府明確表示反對中共武力犯台之立場，首見於李潔明 1991 年 12 月 5 日在哈佛大學甘迺迪學院舉辦的研討會上的談話。李潔明卸任美國駐中共大使後，獲布希提名爲國防部助理部長。他指出，如果中共武力犯台，美國總統可依據「台灣關係法」，不經國會同意，採取防禦性的軍事行動。[27]布希總統於同年 12 月 29 日在華府記者會中亦表明，「希望台海沒有緊張情勢」。[28]此等言論皆反映布希政府對我國安全承諾的肯定立場。

在 1996 年 3 月台海飛彈危機中，柯林頓政府以強大的武力展示，落實美國在台灣關係法中的承諾，抵抗任何訴諸武力或使用其他方式高壓手段，而危及台灣人民安全及社會經濟制度的行動。

中共爲了李登輝訪美，不僅對美國採取激烈的報復措施，亦對台灣展開一系列的「文攻武嚇」。中共於 1995 年 7 月、8 月、10 月及 11 月在東海及台灣海峽進行一連串的軍事演習。亞太助卿羅德認爲，中共的演習旨在表示對李登輝訪美的不滿，企圖影響台灣的政策走向，對台灣安全並未有立即而明顯

---

[27] 聯合報，民國 80 年 12 月 7 日，版 1。
[28] 同上註，民國 80 年 12 月 21 日，版 1。

的威脅。一百三十多位參眾議員聯名要求柯林頓總統注意台海安全，於必要時依「台灣關係法」採取適當行動。柯林頓覆函時表明，中共軍事演習無助於區域和平，徒增台海緊張，美國將密切觀察台海局勢，以免情勢惡化。[29]及至 12 月，助理國防部長奈伊公開表示擔心台海兩岸的緊張關係。他一方面警告台灣不應破壞現狀，他方面強烈警告中共，台海的不安定威脅美國安全利益。惟對美國如何因應中共武力犯台之問題，奈伊仍保持「戰略性模糊」之立場。

1996 年 2 月起，中共在福建增加軍事部署後，美國國防部成立監視台海局勢週報工作小組。[30]3 月 5 日，中共宣布自 8 日至 15 日對台灣東北方距三貂角三十五公里及西南方距高雄五十一公里海域實施飛彈試射演習；3 月 15 日又宣告自 18 日至 25 日在台灣海峽舉行陸海空聯合演習。中共的行為導致台海危機。美國採取外交及軍事的雙重預防措施以化解危機，並表達對中共武力犯台的反對。

美國在外交上的預防措施，主要是與中共進行會談，要求台海兩岸自我克制。柯林頓政府高層官員一再警告並譴責中共「魯莽、不負責任」的行為。克里斯多福、裴利及雷克與訪美的中共國務院外事辦公室主任劉華秋舉行長談。3 月 11 日，國務次卿塔諾夫及副國家安全顧問柏格（Samuel R. Berger）與我國國安會秘書長丁懋時及副秘書長鄭文華在紐約會談台海局勢。美國警告中共對台動武將導致嚴重後果，但也表明台灣不可對中共採取政治挑釁行為。

在軍事性預防措施上，美國早在 1995 年中共軍事演習後

---

[29] 自由時報，民國 84 年 12 月 31 日，版 1。
[30] *WP*, Feb., 5, 1996, p.A1.

即已付諸實施。1995 年 12 月 19 日，尼米茲號航空母艦取道台灣海峽前往香港，而不像以往般取道台灣東部太平洋航道，從而表達反對中共武力犯台之意。美國的說法是太平洋天候不良，風浪太大。但在媒體披露香港氣象局資料顯示，當日天候良好時，美國國務院亦不加以否認。

1996 年台海緊張情勢升高後，克里斯多福國務卿於 3 月 10 日宣布，獨立號航空母艦戰鬥群將馳往台海附近海域。次日，柯林頓總統下令在波斯灣的尼米茲號航空母艦駛往台海。美國官員與劉華秋在 3 月 8 日會談時，已獲中共不會攻打台灣的保證。[31]但是美國在台海調集兩艘航艦戰鬥群，為越戰以來西太平洋最大規模的武力集結，公開的目的是防範中共軍事演習時的「擦槍走火」，事實上是以「武力的展示」警告中共應有所節制，並藉以向亞太盟國表現美國安全承諾之可信性。然而美國無意與中共發生軍事衝突，因此，獨立號航艦停留在距台灣約三百二十公里的海域，監視中共的飛彈演習。尼米茲號原定在我國首次民選總統期間航經台灣海峽，但在中共警告後，卻滯留菲律賓海域，直至選舉過後，方駛往日本。[32]羅德在 C-Span 有線電視節目中表明，美國不能坐視中共在台灣未挑釁的情況下攻擊台灣，否則美國會對亞洲發出不當的訊息。但是他強調，美國不想主動與中共作戰，因為中共有核子武器及人數眾多的陸軍，一旦戰起，美國雖然會獲勝，雙方皆會遭受重大折損。[33]

美國眾議院於 1996 年 3 月 20 日通過不具法律拘束力的決

[31] *CP*, March 16, 1996, p.1.

[32] *Ibid.*, March 13, 1996, p.1; March 24, p.6.

[33] 中國時報，民國 85 年 3 月 19 日，版 2。

議，主張如果中共攻台、封鎖，或以飛彈攻擊台灣，美國應出兵防衛台灣。然而，美國政府不願事先表明如何因應中共武力犯台，認爲保持「戰略性模糊」仍是最佳的辦法。所謂「戰略性模糊」是美國對中共武力犯台的可能行爲，不表明一定會或不會派兵協防台灣，從而增加中共對台動武決策時的不確定因素及可能遭到美國武力干預的風險，以冀達到嚇阻中共武力犯台的戰略目的。然而在主張台獨的民進黨於 1997 年 11 月台灣縣市長選舉中獲勝後，美國前任國防部次長奈伊公開表示，美國應澄清對台灣的政策，繼續維持模糊的立場將很危險。他甚至說，美國應事先表明不會承認台灣的獨立，並鼓勵其他國家採取同樣行動。[34]美國不僅自行採取反對中共武力犯台的行爲，亦拉攏日本合力爲之。第五章提及的 1996 年 4 月美日「聯合宣言」將防衛範圍由「遠東」擴大到「日本周邊地區」，美日兩國因而可能針對台海軍事衝突共同研商因應之道。1996 年台海飛彈危機發生後，日本橋本首相據說曾下令防衛廳提出支援美軍在台海戰爭的全盤計畫。今後美國如果決定介入台海衝突，事先可以期待日本的「後勤支援」，從而強化美國嚇阻及因應中共武力犯台的力量。

(二)出售精密武器

雷根政府在中共壓力下，曾於 1982 年簽署通稱的「八一七公報」，承諾對台軍售將作質與量的減少。美國自 1983 年會計年度後，對台軍售總額確呈逐年下降之勢（見**表** 6-2）。雷根政府雖然拒絕出售 F-X 戰機給我國，但是也出售過去美國

---

[34] 聯合報，民國 87 年 1 月 8 日，版 9，Joseph S. Nye, Jr., "Clear up the Dangerous Ambiguity about Taiwan," *IHT*, Mar. 13, 1998, p.10.

表 6-2　美國對我國軍售金額表（1982-1992）

單位：千美元

會計年度	政府間軍售協議	商業出口轉移額	商業出口轉移額加政府間軍售協議額	政府間軍售轉移額	商業出口轉移額加政府間軍售轉移額
1982	524,155	75,000	599,155	386,343	461,343
1983	698,231	85,000	783,231	388,639	473,639
1984	703,893	70,000	773,893	298,327	368,327
1985	697,563	54,463	752,026	337,626	392,089
1986	508,837	228,400	737,237	243,515	471,915
1987	507,056	210,000	717,056	368,406	578,406
1988	501,133	195,069	696,202	484,338	679,407
1989	524,687	84,753	609,440	352,884	437,637
1990	508,419	149,963	658,382	460,085	610,048
1991	475,678	160,041	635,719	556,071	716,112
1992	477,904	95,610	573,514	828,281	923,891

資料來源：Security Assistance Agency, *Foreign Military Sales, Foreign Military Construction Sales and Military Assistance Facts*（Washington, D.C.: Security Assistance Agency, Department of Defense, 1993）.

未曾出售的精密武器，如 AIM-7F 中程麻雀空對空飛彈，SM-1 標準地對地飛彈。

　　1989 年至 1991 年之間，布希政府大體上遵守「八一七公報」之規定，逐年降低對我國軍售的數額。然而在 1992 年競選連任期間，布希宣布售給我國一系列精密武器，包括一百五十架 F-16 戰機，及四架 E-2T 鷹眼式（Hawkeye）預警機。布希並且選擇在德州宣布出售戰機的決定，此因該戰機是由在德州的通用動力公司所生產，而三千多名工人的工作皆依靠該批戰機的出售。美國出售的藉口是美國已不再生產 F-5E 及 F-104 戰機的零件，從而無法協助維修我國防衛所需的戰機，以致只

有出售 F-16 戰機。[35]雷根政府於 1984 年曾售予我國 C-130 運輸機以取代不再生產的C-119運輸機。布希政府出售F-16戰機，事實上亦有例可援。中共雖然數度抗議美國的決定，惟或因布希在天安門事件後極力維護與中共的關係，抗拒國會的壓力，因此，亦未在布希任內繼續追究。

柯林頓政府繼續出售台灣防衛所需的武器，不改變其前任下台前出售 F-16 戰機的決定。在 1996 年 3 月台海飛彈危機期間，美國同意出售車射型刺針飛彈及精密的瞄準及導航系統給台灣，惟仍拒絕出售台灣一直想買的六艘柴油動力潛艦、空對地雷射導航的小牛（Maverick）飛彈、中程空對空飛彈、P-3 獵戶（Orion）型反潛飛機及空對地魚叉飛彈。[36]美國拒絕的原因是避免過於激怒中共。美國國防部同時應新聞界之請，公布了全部近年交運給台灣所訂購武器和裝備的清單，總計有下列項目：

1.九套勝利女神飛彈；
2.二十套鷹式飛彈；
3.三十三具地對空從樹飛彈；
4.十七架 C-130H 海克力巨型軍用運輸機；
5.四架 E-2T 型預警機；
6.二十四架 S-2T 型反潛機；
7.六艘租借的諾克斯及巡防艦；
8.四艘租借的掃雷艦，另有數目不詳可運送坦克的登陸艦；
9.三十五枚魚叉飛彈；

---

[35] *NYT*, Sept. 4, 1992, p.A3.
[36] *CP*, March 21, 1996, p.1.

10.二十六架 OH-58 型直升機；

11.四十二架 AH-1W 型超級眼鏡蛇直升機，以及可以配備使用的「獄火（Hellfire）飛彈」；

12.空對空響尾蛇飛彈；

13.四百五十輛 M-48H 型坦克戰車；

14.一百六十輛 M60A-3 型坦克戰車；

15.一百五十架 F-16 戰機；

16.改良型的防空系統（MADS），即愛國者反飛彈；

17.不在外國軍售（FMS）項下的商售武器與設備。[37]

　　刺針飛彈、魚叉飛彈、OH-58 型直昇機、AH-1W 型超級眼鏡蛇直升機及改良型的防空系統等武器，皆是美國過去未曾售給台灣的精密武器。美國於 5 月及 8 月共售給台灣一千八百三十八枚刺針飛彈，總價五億四百萬美元。[38]1998 年初，美國國防部宣布出售三艘諾克斯級巡防艦及配備的武器彈藥給台灣，總價三億美元，亦為美國首次售該種軍艦給台灣。[39]

　　中共不斷要求美國停止對台灣的軍售。中共國防部長遲浩田於 1996 年 12 月中旬訪美時，亦提出該項要求。美國不僅拒絕同意，而且於遲浩田離美之日，宣布提供台灣四架 C-130H 飛機的特殊裝備，總價一億一千八百二十萬美元。[40]然而，美國對台軍售一向是在維持台灣防衛力量及避免過分刺激中共兩項原則中求取平衡。

---

[37] **中國時報**，民國 85 年 3 月 21 日，版 1。
[38] 同上註，民國 85 年 5 月 25 日，版 4；8 月 25 日，版 1。
[39] 同上註，民國 87 年 1 月 30 日，版 1。
[40] 同上註，民國 85 年 12 月 20 日，版 9。

第七章

美國對朝鮮半島的政策

後冷戰時期，國際環境雖然有不少的改變，但是朝鮮半島的對峙情形並未消減，因此，美國對朝鮮半島的政策亦僅作了部分的調整。美國對朝鮮半島政策的主要之點是：繼續維持對南韓的安全承諾、在南北韓關係和緩的情形下逐步自南韓撤軍、和緩反美情緒、鼓勵南北韓對話、防阻核武擴散，以及推動與南韓的公平貿易、推動與北韓的接觸及「交叉承認」。[1]這些政策可由政治、經貿及軍事安全三方面關係分別說明之。

一、政治關係

　　布希政府在政治層面對朝鮮半島的政策，主要是和緩韓國人民反美情緒，加強與南韓的高層互訪，鼓勵南北韓的對話，和展開與北韓的接觸。

(一)和緩反美情緒

　　1980 年代，南韓人民在政治上表現出逐漸升高的反美情緒特徵。[2]反美情緒之高漲，主要原因是：(1)南韓在政治、軍事、經濟與外交方面的快速發展，使得南韓人民的民族意識日漸抬頭；(2)知識份子、學生及反對黨紛紛譴責美國對南韓的干涉行為。深具反美情緒者多為年輕的韓國大學生。他們並未經

---

[1]　Richard H. Solomon, "America and Asian Security In an Era of Geoeconomics," address before the Pacific Rim Forum, San Diego, California, May 15, 1992. *Dispatch*, Vol.3, No.24(May 25, 1992), p.412.

[2]　民意調查顯示，韓國人喜愛美國的比例由 1982 年的 61.6%降至 1992 年的 38.7%。引自 Gi-Wook Shin, "South Korean Anti-Americanism," *Asian Survey*, Vol.XXXVI, No.8 (August 1996), pp.793-795.

歷過北韓共黨革命與韓戰的洗禮。反美情緒的意識形態在政治、經濟、軍事以及文化層面上皆表現出來。

在政治層面上，反美者認為美國應對韓國的分裂負責，指責美國透過對南韓獨裁政權之支持而將之作為其代言人。在經濟層面上，反美者認為美國對南韓施行新殖民主義的資本主義體系，使得南韓經濟高度依賴美國。尤有進者，反美的學生認為，美國應該撤除或停止要求南韓政府對外國商品開放市場的壓力。在軍事層面上，他們要求美韓聯軍的軍事操控權由美國轉移到南韓手中，因為南韓軍隊在聯軍中的比例超過 90%，但是其作戰指揮權卻掌握在美軍將領擔任的美韓聯軍司令的手中，對南韓的獨立主權造成莫大的傷害。此外，他們亦要求解散美韓聯合部隊指揮部和終止一年一度的美韓安全會議；撤離全部的美軍和部署在南韓的核武；終止一年一度的「團隊精神」演習；拒絕美國對南韓軍隊的軍事訓練，認為該項訓練實是一種美國帝國主義的雇傭兵訓練；制定替代韓戰停戰協議的和平條約。依照 1966 年美韓兩國所簽駐韓美軍地位行政協定的規定，美軍及其眷屬而在韓國犯罪者，由美方自行審理，南韓司法無權過問。此項規定亦使反美者憤慨不已。[3]在文化層面上，他們相信，美國帝國主義已經滲透韓國的文化。例如美軍電台及電視台播放之節目亦由美方自行決定，不受南韓政府之約束，造成對南韓的文化侵略。[4]

反美情緒於 1989 年 2 月布希訪問南韓時達到高潮。南韓

---

3 朱松柏，「駐韓美軍撤離與朝鮮半島安全」，美國月刊，第 5 卷第 4 期（民國 79 年 8 月），頁 70。
4 Keun-Hyuk Choi, Tai-Hwan Kim and Chan-Rai Cho, "The Impacts of Anti-Americanism on US-Korean Relations," *Korea Observer*, Vol.XXII, No.3 (Autumn 1991), pp.312-31.

的示威者焚燒布希總統的芻像並且投擲汽油彈，以示抗議。[5]雖然示威的群眾並未引起南韓大眾的共鳴，[6]但亦展現南韓民眾一方面要求美軍撤離，他方面要求美國持續保障該國安全的愛恨關係。[7]

南韓的反美情緒亦造成美國行政與立法部門以及大眾輿論的反感。舉例而言，1989 年 3 月 2 日，美國國防部次長阿米塔奇（Richard Armitage）在接受美國之音訪問時即指出，即使南韓仍受北韓的軍事威脅，但是美軍若不再受到大韓民國政府及人民的歡迎，就應該撤離南韓。[8]惟美國亦採取一些措施，如撤減駐軍及轉移聯軍指揮權以和緩反美情緒。南韓在雙方經貿談判上多對美國讓步，致達成不少協議，減少美國對南韓施壓的機會，從而減少反美者的訴求。因此，1992 年時，反美情緒已大為降低。

(二)加強高層互訪

美國對南韓的政治關係，由雙方高層領導人的高峰會議及會晤之頻繁而可見一斑。雙方高層領導人的互訪與高峰會議的舉行，反映南韓地位的提升，亦顯示美韓關係已由美國單方面扮演安全保護者的角色而逐漸轉變為平等伙伴關係。

1989 年 2 月 27 日，布希總統訪問漢城，並與盧泰愚（Roh Tae Woo）會談。布希重申維持兩國安全合作關係的承諾。雙方也同意加強解決貿易摩擦的努力。布希表明，完全支持韓國

---

[5] *Boston Globe*, Feb. 28, 1989, p.6.

[6] *Los Angles Times* (LAT), Feb 28, 1989, Sec: I p.6.

[7] *WP*, Feb 28, 1989, p.A 16.

[8] *The Korean Journal of International Studies*, Vol.XX, No.2 (Summer 1989), p.336.

爲了促進與共黨國家的關係以及緩和與北韓的關係而實行的北方政策（North-politik），而美國對韓國防衛的保證不會受到影響。[9]

　　同年 10 月 17 日，盧泰愚與布希會晤於華府，雙方同意，現階段駐防在韓國的韓美聯合部隊（Korea-U.S. Combined Forces）的防禦能力不應有任何改變；美國在南韓的軍事駐防將因韓國人民的需要而持續下去。布希也再次對盧泰愚保證美國對韓國的安全承諾，並且認爲美軍在南韓對朝鮮半島甚至全世界和平與穩定皆有貢獻。美國亦支持盧泰愚所提南北韓組成國協（commonwealth）的提議。盧泰愚則對布希承諾，南韓將對駐韓美軍負擔更多的費用，但是認爲南韓分擔的費用已占國民生產毛額的 5%，是美國盟邦中分攤比例最高者。[10]

　　1990 年 6 月 6 日，盧泰愚再度與布希在華府會談。盧泰愚向布希說明他和蘇聯總統戈巴契夫（Mikhail Gorbachev）會談的內容，並表達南韓尋求與莫斯科關係正常化的立場。盧泰愚並建議和美國聯合開發西伯利亞。布希則告訴盧泰愚，美國完全支持漢城希望打開與蘇聯外交關係的努力，並且表示美國將提供必要的協助。布希亦對盧泰愚說明美蘇高峰會的內容，並且交換對東北亞情勢的看法。雙方同意進行積極的合作，以降低朝鮮半島的緊張，並且促使南北韓重新舉行會談。

　　盧泰愚提醒美國不要與北韓關係進展過速，強調朝鮮半島的安全情勢並無基本的改變。盧泰愚說：「我並非反對美國與北韓增進關係，但是，我想要強調的是美國與北韓發展關係的

---

[9] "Roh, Bush Reaffirm to Strengthen Cooperative Ties," *Korea Newsreview*, Vol.18, No.9 (March 4), p.4.

[10] "Leaders Agree to Keep Current Level of Korea-U.S. Combined Forces," *Korea Newsreview*, Vol.18, No.42 (Oct. 21, 1989), p.5.

前提應是平壤態度的轉變。」[11]他認為，美國在尋求與平壤增進關係之前，應該確保北韓加入國際協定，由國際組織監督北韓的核子設施。

布希表示完全同意盧泰愚的看法，並且保證將持續努力要求北韓改變其態度，推行開放與改革。布希重申美國對南韓防禦的保證，在可見的未來不會改變美軍駐防南韓的角色。然而兩人同意，就長期而言兩國應該適度地改變雙邊安全關係，增加漢城在其本身防禦的主導角色；漢城推動與莫斯科關係的進展對雙方關係並無任何利益衝突，而且有助降低東北亞的緊張。[12]

1991 年 7 月 2 日，盧泰愚與布希在華府會談。布希稱許盧泰愚在韓國民主化以及彈性外交的成就，但是要求漢城應進一步開放其市場給外國的農工產品及金融服務業，並在烏拉圭回合多邊貿易會談中與美國合作。[13]南韓與日本一樣，反對美國所提稻米進口自由化之主張。稻米進口自由化的爭議成為烏拉圭回合談判陷於僵局的主要原因之一。

然而，盧泰愚訪問的最重要成果即為讓布希瞭解，避免讓北韓繼續發展核武的必要性。布希因而表明會在 7 月 15 日倫敦七大工業國高峰會議中，提出北韓發展核武的問題。此外，透過與布希的會談，盧泰愚獲得美國對統一朝鮮半島進程的堅強支持。兩國領袖在會後發表的聲明中，同意韓國的統一應該在「民主、和平的方式」下達成。由於歐洲共黨政權的瓦解，

---

[11] "Roh, Bush Discuss Development of Siberia," *Korea Newsreview*, Vol.19, No.23 (June 9, 1990), p.6.

[12] "Roh, Bush Discuss Development of Siberia," *Korea Newsreview*, Vol.19, No.23 (June 9, 1990), p.6.

[13] *Dispatch*, Vol.2, No.27 (July 8, 1991), p.484.

漢城與華府似乎樂見南北韓依循德國模式而達成統一。

　　盧泰愚和布希亦對重新建立兩國安全關係交換意見，包括美國在南韓所佈署的核武問題。盧泰愚的發言人李秀正（Lee Soo-jung）說，兩國領袖同意，南韓將擔任防衛自己國土的主要角色，美國將扮演支持者的角色。[14]

　　1991 年 9 月 23 日，盧泰愚與布希在紐約會談。雙方同意：平壤的核武發展不僅對朝鮮半島而且對整個東北亞的穩定，皆構成威脅；北韓應該無條件的接受國際原子能總署對其境內核子設施的監督；兩國結合雙方外交的努力，以促使北韓放棄其核武發展計畫。[15]

　　1992 年 1 月 6 日，盧泰愚與布希在漢城會談。雙方要求北韓信守承諾，開放其核子設施給國際機構檢查。爲了促使北韓接受國際檢查，兩國決定暫停該年的聯合軍事演習。

　　柯林頓總統於 1993 年 7 月中旬訪問南韓，除與金泳三會談外，並對南韓國會發表長達二十五分鐘的演說，概述下列四點亞太地區安全的指導原則：(1)美軍繼續駐留；(2)努力對抗核武擴散；(3)爲地區安全展開新的努力；(4)大力支持民主國家和民主運動。他指出：朝鮮半島和亞太地區最大的安全威脅是北韓；美國已凍結美軍撤離朝鮮半島的行動，而且只要韓國百姓需要美軍留駐，美軍就會繼續駐守南韓。[16]雙方同意設立白宮與青瓦台二十四小時熱線，以溝通對相關問題的意見。[17]柯林

---

[14] Kang Sung-chul, "Roh Paves Way for 'New Order' in N.E. Asia," *Korea Newsreview*, Vol.20, No. 28 (July 13, 1991), p.5.

[15] "Roh, Bush Agree on Joint Drive to Have P'yang Scrap N-Plan," *Korea Newsreview*, Vol.20, No.39 (Sept. 28, 1991), p.6.

[16] *Dispatch*, Vol.4, No.29 (July 19, 1993), pp.509-512.

[17] 中國時報，民國 82 年 7 月 12 日，版 9

頓並且成爲第一位前往板門店視察的美國總統，以強調美國協防南韓的堅定承諾。

1995 年 7 月 27 日，南韓總統金泳三與柯林頓在華府舉行會談。柯林頓重申美軍駐留南韓之承諾；表明美國視北韓恢復與南韓的會談爲美國與北韓日內瓦協定的一部分；強調韓戰停戰協定繼續有效，直至南北韓簽訂和約爲止。雙方同意，美國與北韓關係之改善和南北韓關係之改善應平行發展。[18]

1996 年 4 月 4 日，北韓指責南韓違反停戰協定，因此聲明放棄管制南北韓非軍事區的責任，而且以後北韓人員及車輛進入板門店及非軍事區的共同警備區時，將不再配掛識別標誌。[19]北韓片面宣布撕毀停戰協定後，數度派兵闖入板門店的共同警備區，使得朝鮮半島緊張情勢急遽升高。柯林頓於訪日行程中臨時安排九小時，於 4 月 16 日在南韓濟州島與金泳三舉行高峰會談，向北韓表達對南韓的堅定支持。美韓兩國元首會後正式提出由南北韓及美國與中共進行四邊會談，以促成朝鮮半島的永久和平。美國推動四邊會談，具有多重作用，包括增進與北韓的接觸而又不致引起南韓的疑慮；化解北韓的挑戰，建立朝鮮半島的新秩序；將中共拉入朝鮮半島的問題，藉機改善與中共的關係。

美國爲了阻止北韓發展核武，而不得不與北韓會談，雖然會談的範圍侷限於北韓核子設施及韓戰失蹤美軍問題，但是主張先給予北韓適當的利誘。北韓不僅利用「核子牌」，促成與美國的會談，更以撕毀停戰協定的手段，企圖迫使美國與北韓簽訂雙邊和約。北韓的表面理由是該協定的簽署國是美國和北

---

[18] *Dispatch*, Vol.6, No.32 (August 7, 1995), p.607.
[19] 聯合報，民國 85 年 4 月 5 日，版 10。

韓，並非南韓。惟美國支持南韓的立場：朝鮮半島的和平問題應由南北韓解決。但是北韓認為，南韓欲透過南北韓會談達到「和平演變」北韓的目的，因此堅拒與南韓單獨會談，更求排除南韓參與為簽訂新的和平協定而舉行的會談。

北韓的企圖及美國的「胡蘿蔔先行論」，導致南韓對美國與北韓接觸的疑慮，使得美國不斷強調，美國與北韓關係的改善，必須與南北韓會談平行發展。[20]美國國務卿克里斯多福向南韓外長韓昇洲保證在北韓同意開放核子設施供外界檢查前，美國不會急著與北韓改善關係。[21]

北韓發生飢荒後，美國向聯合國世界糧食計畫署（World Food Program）提供二百萬美元，用以購買糧食，賑濟北韓人民。美國國家安全顧問雷克於 1996 年 2 月 5 日訪問南韓時，試圖向外長孔魯明化解南韓對美國與北韓改善關係的疑慮，保證美國會與南韓磋商其對北韓的政策，不會背著南韓私下與北韓達成交易。[22]

在北韓拒絕與南韓會談的情形下，四邊會談對南韓而言是由「南北韓會談」的退讓，亦是一項替代方案，因為朝鮮半島的和平問題，南北韓才是主角，中共和美國只是南北韓協議的保證者。北韓經過一年多的拒絕和試探後，於 1997 年 12 月 12 日方和美國、中共及南韓於日內瓦同意正式舉行四邊會談。

(三)推動與北韓的接觸，防阻北韓發展核武

美國政府對北韓的傳統政策是：(1)支持南北韓對話；(2)

---

[20] 中國時報，民國 84 年 2 月 5 日，版 10。
[21] 同上註，民國 84 年 7 月 12 日，版 9。
[22] *CP*, February 6, 1996, p.2.

促使北韓放棄恐怖行動；(3)送還美軍遺骸；(4)迫使北韓接受國際原子能總署的檢查；(5)要求北韓尊重人權及實施民主化。惟自 80 年初期以來，北韓在寧邊（Yongbyon）發展核武的傳聞即不斷發生。[23]平壤雖然於 1985 年 12 月 12 日加入「禁止核子擴散條約」，但是並未依照該條約的規定，於一年半內簽訂核子防護協定，而藉故拖延，要求美國須先撤走在南韓的核武，因而未接受國際原子能總署的檢查。在 90 年代初，根據美國中情局的說法，北韓在寧邊秘密建造的核子設施，有生產七公斤鈽的能力，數量之鉅，與轟炸長崎的原子彈所用者相仿。[24]布希及柯林頓政府為了防止朝鮮半島再次爆發戰爭，更為了促使北韓早日接受國際原子能總署的檢查，不得不對北韓採取較為謹慎的因應之道，而「將北韓引進國際社會」乃列為優先目標，並且表明在北韓履行其國際責任時，願意加強與北韓的交往。

　　1988 年，美國放寬對共產主義國家接觸後，亦與北韓於該年 12 月在北京舉行參事級的會談，進行第一次實質的外交對話。[25]由於蘇聯與南韓關係的重大發展，南北韓總理級會談亦於 1990 年 9 月舉行，加以許多訪問美國的北韓人士亦發表友善與溫和的言論，美國國務院的中階層官員開始建議在平壤建立美國的官方機構，或者將雙邊談判地點由北京轉移到平壤。蘇聯於 1990 年 9 月與南韓建交。1992 年 8 月中共亦與南韓建交。此種發展符合美國與南韓所一貫支持的「交叉承認」

---

[23] Don Oberdorfer, "Looking East: Is America Losing Its Clout in Asia?" *WP*, June 30, 1991, p.A4.

[24] 聯合報，民國 81 年 11 月 15 日，版 8。

[25] *The Korean Journal of International Studies*, Vol.XX, No.1 (Spring 1988/1989), p.155.

政策，即已承認北韓的蘇聯和中共與南韓建交，而已與南韓建交的美國和日本則承認北韓。

美國認爲，交叉承認將會支持北韓內部「對西方開放」的心態，從而有助朝鮮半島的安定。平壤企圖藉由與西方國家建立新關係而能獲得信用貸款、技術以及威望。美國不僅支持南北韓會談，也對增進與北韓的關係抱持樂觀。尤有進者，美國瞭解到應與北韓建立某些直接的貿易關係，以誘使北韓放棄核武發展計畫。然而，南韓國會中的各個黨派似乎都同意，西方強權最好等到南北韓雙方談判有所進展後，再與北韓進行更緊密的交往。南韓擔心，美國與日本快速的與北韓交往，將不易降低南北韓的緊張關係，因爲北韓將會發現，它從西方國家貸款比向南韓貸款更容易。在此情形下，美國即使有意擴大與北韓的接觸和交流，但是與北韓關係正常化之事則仍須俟漢城與平壤的談判獲致實質進展時才會加以考慮。[26]

美國主要的目的在阻止北韓發展核武。北韓面對經濟的停滯、外交的孤立，以及逐漸浮上台面的領導人繼承問題，顯然以發展核武作爲求取生存之道。1991 年 9 月 27 日，布希總統宣布大幅度改變美國全球的核子政策，並且計畫從南韓撤出所有的美國核子武器，一方面作爲新政策實行的一部分，他方面企圖促使北韓接受國際原子能總署對其核子設施的檢查。然而，平壤要求美國先撤出在南韓的核武並接受查證。北韓欲藉此作爲與美國直接談判的籌碼，但是美國一再表明無意與北韓進行交易。

1991 年 8 月及 9 月，北韓和南韓分別獲准加入聯合國，

---

[26] Paul H. Kreisberg, "The U.S. and Asia in 1990," *Asian Survey*, Vol.XXXI, No.1 (January 1991), pp.9-10.

爲「交叉承認」的推動注入活力。1991 年 12 月，南北韓總理
級會談的結果，簽訂「南北韓和解、互不侵犯、交流暨合作協
議」，發表朝鮮半島非核化宣言。該宣言禁止南北韓試驗、製
造、接受、持有、儲存、部署或使用核武。[27]平壤不僅接受一
個分裂的聯合國席位，也似乎企圖與南韓推動朝鮮半島的非核
化。惟華府仍堅持，在提升與平壤會談的層級之前，北韓必須
先接受並與國際原子能總署簽署全面性防護協議，否則更不必
談進一步擴大雙邊的關係。美國也宣布暫停 1992 年與南韓的
年度聯合軍事演習，以鼓勵南北韓的和解，並促使北韓改變對
核子設施檢查的立場。1992 年 1 月 30 日，北韓方與國際原子
能總署簽訂核子安全防護協定。

　　國際原子能總署自 1992 年 5 月開始對北韓進行臨時檢查
與例行檢查。1993 年 2 月，該署爲了確認北韓核廢料在處理後
所獲鈈元素的數量，要求北韓開放兩處可疑的設施，以便進行
特別檢查。[28]北韓拒絕同意，並且於 3 月 12 日宣布退出禁止核
子擴散條約。由於北韓已擁有可載運核子彈頭而射程一千公里
的勞動一號飛彈，以及射程二千公里的勞動二號飛彈，一旦發
展核武成功，將使南韓、日本、俄羅斯遠東地區、中國大陸東
北及華北地區皆在其攻擊範圍之內。南韓和日本勢將迫而發展
核武，致使美國防阻核武擴散的政策遭受嚴重挫敗。因此，美
國對北韓的行爲至爲關切。國防部長裴利表示，美國爲了阻止
北韓核武的發展，必要時不惜使用武力。美國更運送愛國者飛
彈到南韓，加強防衛力量，同時決定恢復與南韓舉行「團隊精

---

[27] 聯合報，民國 80 年 12 月 13 日，版 8。
[28] 朱松柏，「朝鮮半島的核武危機」，問題與研究，第 33 卷第 1 期（民
　　國 83 年 7 月），頁 2 至 6。

神」的聯合軍事演習；並且表示要求聯合國對北韓實施經濟制裁。北韓亦不甘示弱，揚言會視制裁行動爲對北韓的宣戰，不惜發動戰爭，讓漢城陷於火海之中。

　　北韓宣布退出核子擴散條約後，美國即與北韓代表在紐約聯合國總部展開秘密談判。美國對北韓作出重大讓步，以換取北韓同意對其全部核子設施的檢查，並恢復南北韓會談。美國的讓步包括：(1)取消「團隊精神」的演習；(2)給予北韓經濟援助；(3)與北韓建交；(4)提供北韓和平用途的「輕水式核能反應爐」及最新技術。[29]北韓與美國接觸後，同意暫不退出禁止核子擴散條約。雙方於 6 月在日內瓦展開談判，但是由於北韓只願接受有限度的檢查，致使雙方會談形成僵局。

　　美國亦透過聯合國對北韓施加壓力。聯合國安理會於 5 月通過決議，要求北韓遵守禁止核子擴散條約所規定的義務。聯合國大會於 11 月 1 日以一百四十票贊成，九票棄權，一票（北韓）反對，通過決議，表示對北韓核子問題深表關切，並呼籲北韓與國際原子能總署合作，確實遵守禁止核子擴散條約。[30]

　　美國在包括南韓等國家的反對下，不擬對北韓發動手術式的空襲，而轉求外交解決之道，包括商請中共協助解決。11 月 7 日，柯林頓總統在美國國家廣播公司新聞節目「會晤新聞界」中明確表示，美國絕不容許北韓發展核武，而如果北韓入侵南韓，將被視爲對美國的攻擊。在被問及一旦知道北韓在發展核武，美國是否會採取先發性攻擊時，他避而不答，但是表示美國正和中共、日本及南韓磋商，認爲華府與北京之間雖然存在

---

[29] 中央日報，民國 83 年 1 月 28 日，版 6。
[30] 聯合報，民國 82 年 11 月 3 日，版 8。

歧見，但是中共可以協助美國解決北韓核武問題。[31]

　　中共是唯一可以對北韓發揮影響力的國家。中共基於本身的戰略安全考慮，並不樂見北韓擁有核武，也不希望朝鮮半島緊張情勢再起，然而亦不願見北韓政權在國際壓力下垮台。因此，中共一方面要求北韓接受國際檢查；他方面主張以談判解決北韓核武發展之問題。

　　美國與北韓於 1994 年 2 月 25 日方達成協議：北韓同意重新加入禁止核子擴散條約，開放核子設施供國際原子能總署檢查；而美國宣布恢復與北韓的高階談判，並取消與南韓的年度「團隊精神」軍事演習。然而，國際原子能總署檢查人員於 3 月 3 日至 16 日在北韓停留期間，北韓僅允許檢查原先宣布開放檢查的七座核子設施中的六座，拒絕將其餘一座疑似正在發展核武的設施提供檢查。北韓再度威脅退出禁止核子擴散條約，以對抗美國可能發動的制裁。[32]

　　美國主張安理會限令北韓於一個月內，接受對其所有的核子設施之檢查，否則聯合國採取包括經濟制裁的進一步行動。英、法、俄三國支持美國的主張，但是中共反對安理會介入，主張以談判解決該項問題。[33]雙方妥協的結果，安理會於 31 日由主席發表措辭溫和的聲明，呼籲北韓允許國際原子能總署完成檢查其核子設施之任務；要求南北韓重開談判；決定繼續積極處理該案，並在必要時進一步審議之，以便充分執行國際原子能總署與北韓所簽的防護協定。[34]然而，北韓仍拒絕同意。

　　同年 6 月，金日成主動邀請美國前總統卡特訪問平壤，就

---

[31] *CP*, November 9, 1993, p.1.
[32] **中國時報**，民國 83 年 3 月 22 日，版 10。
[33] **聯合報**，民國 83 年 3 月 30 日，版 8。
[34] 同上註，民國 83 年 4 月 2 日，版 8。

有關問題進行會談。北韓此舉一方面是在強大國際壓力下找尋下台階，他方面是求與美國早日建交。會談結果，金日成同意與美國就核子問題在日內瓦恢復高階會談，同時表示願意接受南韓總統金泳三所提南北韓高峰會談之建議。

　　經過一年多的斷續談判後，美國與北韓終於在 10 月 21 日達成日內瓦協定。北韓同意重新加入禁止核子擴散條約，並接受國際原子能總署的例外及特別檢查；停止正在興建的兩座五十千瓩與二百千瓩的石墨式核子反應爐；將引起爭議的五千瓩反應爐中取出的八千支燃料棒暫時封存於安全地點，最後轉運至第三國處理。美國同意取消對北韓的貿易及投資限制；代表國際財團在公元 2003 年之前提供北韓兩座一千千瓩的輕水式反應爐，以取代能生產鈽的石墨式反應爐；在輕水式反應爐完工前，美國每年提供北韓五十萬噸原油作爲替代能源及發電之用；雙方在對方首都互設辦事處，並俟北韓改善人權及解決其他問題後再建立正式的外交關係。美國保證不對北韓使用核武威脅，北韓則同意履行朝鮮半島非核化的共同宣言，並恢復與南韓的會談。[35]美國承認，中共的協助有助北韓核武問題的解決。

　　此項協議只暫時化解了北韓發展核武的危機，因爲北韓未來能否誠意遵守協議，不求發展核武，握有很大的主動權。1997年 9 月 20 日，南韓技術人員在北韓正式開始興建輕水式反應爐，爲終結北韓核武計畫跨出了重大的一步。

---

[35] 中央日報，民國 83 年 10 月 21 日，版 6；朱松柏，「美國與北韓簽訂核子協議及其影響」，問題與研究，第 34 卷第 1 期（民國 84 年 1 月），頁 11 至 18。

二、經貿關係

　　布希和柯林頓政府對南韓的經貿政策是繼續其前任的政策，亦即積極尋求打開南韓的市場，保護智慧財產權，達成公平而自由的雙邊貿易。

　　南韓於 1960 年代開始進行經濟改革，由一個貧窮且依賴美國的國家逐漸轉變為美國產品的重要消費國和競爭伙伴。雙方經貿關係密切。1990 年時，美國為南韓的最大貿易伙伴，吸收了南韓 32%的出口，並且提供了 24%的進口；南韓是美國第七大貿易伙伴，第六大出口市場以及第三大農產品出口市場。[36]美國亦是南韓第二大投資國與技術移轉國（僅次於日本），而且南韓已對美國進行投資。

　　南韓係開發中國家，傳統上維持較美國高的關稅。從 1978 年開始，南韓逐步實現貿易自由化。1980 年南韓的平均關稅為 24.9%，其後開始降低關稅，開放市場。同時，美國逐漸採行管理貿易政策，運用其 301 條款，強力執行反傾銷規則，要求外國對出口自動設限，從事政府高階層的談判，而對貿易伙伴施壓，以及強迫享有順差的貿易伙伴的幣值上升。

　　雷根政府時期南韓對美國的貿易順差持續增加，由 1985 年的四十三億美元增至 1988 年的九十六億美元。因此，美國

---

[36] Marcus Noland, "The Origin of U.S.-Korea Trade Frictions," in Jongryn Mo and Ramon H. Myers, eds., *Shaping a New Economic Relationship: The Republic of Korea and the United States* (California, Stanford: Hoover Institution Press, 1993), p.13.

自 1983 年就不斷要求南韓開放其國內市場。基於漢城與華府的特殊關係，南韓只有盡可能的對美國作出讓步。[37]為了促使南韓開放牛肉市場，美國在 1988 年 3 月祭出 301 條款，以報復韓國違反關稅暨貿易總協定的規定。

一般而言，美韓雙方面臨許多有待解決的貿易問題，包括智慧財產權、紡織品銷美配額、鋼鐵保護、普遍化優惠、外國投資以及韓圜對美元之匯率等問題。[38]基本上，布希和柯林頓政府延續前任政府的經貿政策，要求南韓開放市場，降低關稅，消除非關稅障礙，達成公平和自由的雙邊貿易。華府利用雙軌的途徑以促使南韓市場的自由化。美國一方面透過烏拉圭回合的多邊談判，提升和擴大國際貿易的規範，將南韓整合至多邊談判的過程中；另一方面則透過雙邊談判，以美國貿易法下的報復手段相威脅。由於報復手段對南韓衝擊很大，因而雙邊談判多以南韓讓步收場。美國鑒於該種途徑較易獲得正面的效果，因而數度使用超級 301、特別 301 以及其他貿易法條款，迫使南韓簽署一系列市場開放的協定，包括保險、農業、產品標準、無線電通訊設備、酒類、牛肉、香菸以及影片等協定。[39]

1989 年 2 月布希總統訪問南韓時，一方面要求南韓對美國商品開放市場，[40]他方面警告南韓不要施行保護主義，否則

[37] Lee Tong-kol, "Koreans Join Forces to Settle Trade Friction with U.S.," *Korea Newsreview*, Vol.18, No. 21 (May 27, 1989), p.13.

[38] Yearn Hong Choi, "Korea U.S. Trade Issues and Koreans' Attitude Toward Trade Frictions," *Korea Observer*, Vol.XX, No.1 (Spring 1989), pp.41-45.

[39] Peter Cashman, "New Policy Directions for the US-Korea Economic Partnership," in Youn-Sun Kim and Kap-Soo Oh, eds., *The US-Korea Economic Partnership* (Brookfield: Ashgate Publishing Co., 1995), p.26.

[40] Timothy J. McNulty, "Bush urges freer trade in S. Korea," *Chicago Tribune* ,

將傷害兩國的關係。[41]他亦要求有巨大影響力的南韓農民開放他們的稻米市場，放棄保護主義。[42]惟在布希訪韓前夕，南韓政府允許五家美國保險公司進入其每年六十億美元的保險市場。其中四家與南韓保險公司訂立聯營協定，另一家在南韓成立子公司。[43]

　　為了消除與美國的經貿衝突，南韓政府宣布，計畫增加美國商品的進口，由 1988 年的 128 億美元提升到 1989 年的 165 億美元。韓國政府認為，為求韓美之間的貿易平衡，增加美國產品的進口而不調升韓圓的幣值，是兩害相權取其輕。[44]南韓向美國保證減少對美的大量貿易順差，以避免美國的報復，並於 1989 年 4 月 8 日宣布，計畫在三年內自六百八十四項限制進口的農、畜、林、漁產品中，逐步開放二百四十三項產品的自由進口。[45]惟美國財政部部長布雷迪仍要求南韓韓圓升值，以減少對美國的貿易順差。[46]但是南韓加以拒絕。[47]

　　1988 年美國將南韓列於特別 301 條款的優先觀察名單上，認為南韓對製藥專利及半導體設計皆缺乏法律的保護，導致該兩類商品的仿冒。1989 年 5 月初，美國貿易代表署指控南韓不公平貿易的情況有二十一項之多。在美國的報復威脅下，南韓

　　Feb 27, 1989, p.1.

[41] *LAT*, Feb 27, 1989, p.1.

[42] *WP*, Feb 27, 1989, p.A11.

[43] Jane Applegate, "U.S. Insurers Get Foot in the Door in S. Korea," *LAT*, Feb 27, 1989, p.IV3.

[44] "Gov't Increase Imports from U.S. to \$16.5 Bil. In '89," *Korea Newsreview*, Vol.18, No.5 (Feb. 4, 1989), p.13.

[45] *NYT*, Apr 9, 1989, p.20; Apr 10, 1989, p.D10. 開放項目的細節，請參考 *Korea Newsreviews*, Vol.18, No.13 (Apr. 1, 1989), p.12.

[46] *WP*, Apr 28, 1989, p.F3.

[47] *Ibid.*, May 4, 1989, p.E4.

於 5 月 11 至 17 日的美韓第三回合貿易談判中，對許多重要的貿易問題與美國達成協定。兩國緊張的經貿關係暫見舒緩。漢城放寬外國投資的規定，同意加強對智慧財產權的保護，而且在農產品進口方面做出讓步。[48]南韓因而降至一般觀察名單上。南韓於 1991 年通過錄影帶保護法，並草擬半導體設計保護法，強化反仿冒的法律規範。

1990 年，南韓與美國的貿易摩擦又起。南韓政府實施「節儉」（austerity）計畫，減少自美國進口消費性的產品，又不願開放本國的農產品市場，因而激怒了美國。[49]但是關稅的削減則有進展。南韓 1990 年的平均稅率已經降到 11.4%，並且 95%以上的進口產品沒有數量的限額。南韓政府預估 1993 年平均關稅將降低至 7.9%。此一數字使南韓與已開發國家非常接近。

然而，美國所關切的是一些高關稅的個別產品。[50]舉例而言，南韓對杏仁的進口徵收 35%的關稅。美國的產業界相信，若南韓關稅降低，美國杏仁每年出口至南韓的金額將由五百萬美元提高至二千五百萬美元。受到高關稅限制的美國商品，包括紙製品、葡萄乾、桃子、奇異果以及鱷梨等。[51]

南韓亦透過進口配額以限制進口數量。95%以上的進口產品享有自動通行權，其餘的產品（大多為農、漁產品）則受到

---

[48] Paul H. Kreisberg, "The U.S. and Asia in 1989: Mounting Dilemmas," *Asian Survey*, Vol.XXX, No.1 (January 1990), p.22; "U.S. Certain to Exclude Korea From List of Unfair Traders," *Korea Newsreview*, Vol.18, No.21 (May 27, 1989), p.12.

[49] Paul H. Kreisberg, "The U.S. and Asia in 1990," *Asian Survey*, Vol.XXXI, No.1 (January 1991), pp.9-10.

[50] 這些項目可參見 United States Trade Representative, *National Trade Estimates* (Washington, D. C.: U.S. Government Printing Office, 1991), pp.139-49.

[51] Noland, "The Origins of U.S.-Korea Trade Frictions," *op.cit.*, p.15.

配額的限制。雖然南韓是美國第三大農產品出口市場，但是絕大多數的美國農產品（86%）皆受配額限制。因此，美國要求南韓將美國產品從限制名單中排除。美國特別注意的項目是水果類（如冷藏桃子）、穀類（如稻米和大麥）、牛肉、紙以及木材製品。

美國對於韓國海關行政作為也表達不滿。該等行為包括海關任意延遲作業，不提供分類標準，任意的重新分類，以及過度不便的檢查程序（例如檢查每一個進口巧克力與櫻桃的包裝）。海關所造成的延遲往往可以耗上一個月。這些行為對外國產品造成一大傷害，因為在檢查期間進口產品失去新鮮度，導致產品的腐壞或減短零售業者的上架時間。

南韓並透過商品之標準、測試、標籤及執照以限制美國商品的進口，致形成雙方之間的另一爭議點。此類問題皆涉及農產品的進口。南韓時常發布新的商品標準而未告知關貿總協。標準內容也時常含糊不清，不能對出口國提供所需的基本資訊或文件。

南韓亦透過負面表列的方式，限制外國服務業進入國內市場。屬於負面表列的外國投資須有韓國公司的公平參與或符合其他的要求。美國財政部在 1990 年公布的國民待遇研究（National Treatment Study）報告中指控南韓在銀行與保全部門持續的拒絕國民待遇。美國亦求打入南韓水路及鐵公路的運輸服務業、保險業以及躉售與零售業。就美國反托拉斯法而言，零售部門的垂直整合（尤其是汽車與電子產品）是不合法的。南韓政府因而宣布放鬆部分限制，允許外商投資躉售和零售的連鎖體系，並計畫於 1995 年完全實施服務業自由化。

南韓也逐漸放寬投資的限制。從 1989 年開始，韓國標準

產業分類（Korea Standard Industrial Classification）中，79%的項目開放給外國直接投資（foreign direct investment），16%為有條件的開放，5%則不開放投資。開放部門最多的是製造業（98%），最低的是農業（20%），介乎其間的則為服務業（62%）。然而，即使在開放的部門，投資的通過並非自動的，而且投資者在現存法規下將遭遇黑箱作業和延遲。尤有進者，一些個別的法律允許政府得對某些特定部門的投資加以限制。此等問題皆引起美國的不滿。

除了上述經貿系統的問題外，美國與南韓亦在無線電通訊設備市場開放問題上發生爭執。美商估計，南韓若去除障礙，該市場每年約有二千五百萬至五千萬美元的產值。為了化解美國的不滿，南韓進行多方面的改革，包括加速降低無線電通訊設備關稅的計畫，並且正式提出加入關貿總協政府採購協定的申請。

在造船業方面，美國要求南韓遵守經濟暨合作發展組織（Organization on Economic Cooperation and Development）有關船舶補助津貼的限制。美國也要求南韓禁用流刺網捕魚，放寬對外國煙、酒以及影片的進口限制。

雖然美國的市場較為開放，然而，南韓也抱怨美國市場的障礙。這些障礙主要是美國貿易法 301 與 337 條款的實行，以及臨時的保護法規；對南韓的紡織、成衣以及鋼鐵出口的限制；關稅的課徵；以及商品標準、測試和執照的要求。

南韓在美國的壓力下，持續開放市場因而增加美國貨品的進口，加以南韓工資上漲，導致美國對南韓貿易逆差的大幅下

減，並且自 1995 年轉爲順差（見**表** 7-1）。[52]

　　美國與南韓之間複雜的貿易調整過程以及雙方逐漸整合的經濟，也歸因於兩國特別的安全關係以及南韓對美國政府要求的讓步。美國雖然大體達成了促使南韓市場開放的目標，但是也付出高額的成本：諸如南韓媒體對美國的激烈批評，反美的氣氛蔓延整個韓國社會。然而，1990 年代初，反美情緒已經降低。

　　爲了促使兩國經濟的進一步合作，美國總統布希於 1992 年 1 月訪問南韓時，與盧泰愚發起所謂「總統經濟方案」（Presidents' Economic Initiative）。此方案主要的目的是去除雙邊貿易和投資上的障礙。該方案涵蓋下列四大領域：關稅、

表 7-1　美國對南韓貿易統計表（1989-1996）

單位：百萬美元

年　份	出　口	進　口	貿 易 平 衡
1989	13,459	19,737	-6,278
1990	14,404	18,485	-4,081
1991	15,505	17,019	-1,514
1992	14,630	16,691	-2,061
1993	14,776	17,123	-2,347
1994	18,028	19,658	-1,630
1995	25,413	24,184	+1,229
1996	26,583	22,667	+3,916

資料來源：U.S. Bureau of the Census, *Statistical Abstract of the United States, 1993.* Washington, DC, 1993, pp.813-16; http://www.ita.doc.gov/industry/otea/ usfth/korea-s.e-i

---

[52] 南韓重回貿易赤字的情況，歸因於幾個因素：(1)韓圜的增值；(2)與美國貿易的摩擦；(3)工資的直線上升；(4)製造業人力的缺乏；(5)民主化進程所引發的廣泛勞工問題；(6)貿易順差期間(1986-1989)南韓公司未增加對研究與發展的投資；(7)美國在 1989 年後的蕭條。

商品標準、投資和技術。兩國求透過更方便的經貿交往，建立新而強大的經濟伙伴關係。雙方爲此成立副外長級的「韓美經濟諮商會」，每六個月集會一次。[53]1992 年 9 月雙方在每個領域都達成合作的協議，增進了雙方的商業關係。透過此等協議，雙方減少貨物通關的時間，去除進口所需的紙上作業，建立一個更開放、更透明以及沒有差別待遇的商品標準制訂過程，強化商業合作以及技術資訊交流的管道，促成南韓投資環境的自由化。[54]

南韓致力於重工業的發展，對國內汽車市場的保護甚力，久爲美韓兩國貿易的爭端之一。1995 年時，外國汽車在美國市場的占有率達 33%，在日本市場的占有率是 5%，而在南韓則只有 0.3%，可見南韓在汽車市場方面的封閉性尤甚於日本。[55]美國通用、福特及克萊斯勒三大汽車公司曾要求政府動用超級 301 條款，以迫使南韓開放其汽車市場。經過多年的談判，南韓在美國所訂最後期限的壓力下，終於同意降低對外國汽車的特定稅率，並將認證程序自由化，從而與美國達成汽車及汽車零件的協議。[56]此爲繼美日汽車協定後，柯林頓政府於三個月打開貿易伙伴汽車市場的第二項協定，對美國汽車的輸出助益很大。

美國政府因而宣布將南韓自「優先名單」中剔除，免受超級 301 條款的報復。然而，美國貿易代表署仍將南韓的汽車、

---

[53] *Dispatch*, Vol.3, No.40 (Oct. 5, 1992), p.758.

[54] Peter Cashman, "New Policy Directions for the US-Korea Economic Partnership," in Youn-Sun Kim and Kap-Soo Oh, eds., *The US-Korea Economic Partnership* (Brookfield: Ashgate Publishing Co., 1995), p.27.

[55] *CP*, Sept. 30, 1995, p.13; *Korea Newsreview*, Vol.24, No.40 (Oct. 7, 1995), p.15.

[56] *Ibid.*

醫療器材及農產品市場列爲「關切領域」（Area of Concern），
亦即列爲密切觀察對象，以監督南韓市場是否完全解除管
制。[57]

　　美韓兩國的經濟伙伴關係在南韓金融危機中受到考驗。南
韓於 1997 年冬季爆發金融危機。由於負債可能高達二千億美
元，因而不得不向外求取金援。南韓接受國際貨幣基金會整頓
金融體系的嚴苛條件，以換取四百多億美元貸款。南韓亦要求
美日兩國提供高達數十億美元的直接財務援助。漢城認爲，要
讓南韓市場在短期內恢復安定，最直接有效的方法就是由世界
列強毫不遲疑的出面提供保證。但是美國拒絕直接提供大額援
款，堅持受援國必須採取嚴苛的金融改革措施。美國的態度已
引起南韓的批評，認爲美國藉紓困方案偷偷納入雙邊貿易問
題，因此，南韓反美情緒又有增加之勢。[58]

三、軍事安全關係

　　美國持續維持對南韓安全協防的承諾，但是布希裁減駐韓
美軍，降低美軍在美韓聯軍中的主導地位，而柯林頓政府則一
度企圖採取「贏—穩—贏」戰略，引發南韓的不安。

　　美國自韓戰開始，即一直扮演南韓安全的保護者。1953
年 7 月韓戰停戰協定簽字後，以美軍爲主的聯合國部隊，爲了
維護大韓民國的安全，仍將一個軍的兵力繼續留駐南韓。美韓
雙方並於 1953 年 10 月 1 日締結「美韓共同防禦條約」。當時

---

[57] *Ibid.*
[58] 聯合報，民國 86 年 12 月 12 日，版 12。

美國第八軍軍長，不僅是駐韓美軍司令，也兼任聯合國軍司令官。因此不論北韓、中共或蘇聯皆曾不斷要求美軍及聯合國部隊撤離韓境，甚至在聯合國提出撤銷「聯合國韓國統一復興委員會」及「聯合國指揮部」的議案，惟美軍駐韓有其條約的依據而未受影響。

然而，美蘇關係趨向緩和，並達成全球性裁軍協議；美國國內財政預算又連年出現巨額赤字，必須削減國防預算以為因應；加以南韓的反美情緒高漲，駐韓美軍成為攻擊的對象。此等因素導致撤軍問題成為布希政府對韓政策中的重要議題。

事實上，有關美國在朝鮮半島的撤軍問題可以追溯到卡特政府時期。卡特總統曾有削減駐韓美軍的計畫，然而因遭到國內外多方面的反對，只好放棄其競選諾言，將裁減美國駐韓軍隊的計畫束諸高閣。布希政府時期，由於國內外情勢的重大變遷，美國參議院的民主黨議員和民間研究機構的專家再次提出裁減美軍計畫。[59]雖然在後冷戰時期，南韓在美國外交政策中的地位益形重要，但美國是否應自南韓撤軍，仍成為美國國內討論的焦點。[60]

布希上任後於 1989 年 2 月首次訪問南韓，保證不會裁減駐韓美軍，繼續遵守韓美共同防禦條約的承諾。[61]他在韓國國會（National Assembly）演說中，重申對南韓提供軍事支持的承諾，並稱美國並無減少駐韓美軍的計畫，駐韓美軍將在需要

---

[59] 支持撤軍學者的看法，可參見 Doug Bandow, "Leaving Korea," *Foreign Policy*, No.77 (Winter 1989/1990), pp.77-93.

[60] Charlotte Saikowski, "Behind Bush's Visit to South Korea," *Christian Science Monitor*, Feb 24, 1989, p.8.

[61] "Roh, Bush Reaffirm to Strengthen Cooperative Ties," *Korea Newsreview*, Vol.18, No.9 (March 4), p.5.

的情形下持續駐留。[62]9 月，美國副總統奎爾（Dan Quayle）訪問南韓，在會見盧泰愚時，傳達布希對南韓的安全保證，並且轉述布希不會隨著國會議員的要求，結束美國在南韓的駐軍。美國僅考慮遷移龍山（Yongsan）的軍事基地與設備。

美國一再向南韓保證，唯有在兩國密切磋商及在南韓的穩定與安全不再遭受威脅的情形下，美軍才可能撤出該國。儘管如此，美國官員在私下場合卻明確的指出，未來幾年會逐步減少駐韓美軍；撤軍的速度將仔細的與南韓商定。即使南韓民眾強調在北韓政策未真正改變前，美國撤軍的行動會導致危險的結果，然而，南韓官員開始表現出接受美軍裁減趨勢的發展。[63]

1989 年 10 月 17 日盧泰愚與布希於華府會晤時，布希強調美軍在朝鮮半島持續駐防的條件，是雙方政府和人民都相信此舉有助朝鮮半島的和平。盧泰愚則解釋說，美軍的持續駐防符合南韓政府與人民的需要。雙方對於美軍駐防的「條件說」已經有了不同的認知。其次，布希雖然重申美國對南韓的安全保證，但並未提到美軍的規模。第三，盧泰愚強調美軍駐防韓國對整個東北亞而言是非常重要的，美國則並未提出此點。由此可見，雙方政府對於一些議題的看法已經有了改變，此可歸因於當時國內與國際情勢的改變。

1990 年 2 月 15 日，美國國防部長錢尼在會晤南韓總統盧泰愚及國防部長李相薰（Lee Sang-hoon）時表示，美國在亞洲地區的軍力，將於未來三年削減 10%至 12%，亦即至少要減少

---

[62] Bob Deans, "Bush Vows U.S. Won't Cut Force In South Korea," *Atlanta Constitution*, Feb 27, 1989, p:A1.
[63] Paul H. Kreisberg, "The U.S. and Asia in 1989: Mounting Dilemmas," *Asian Survey*, Vol.XXX, No.1 (January 1990), pp.22-23.

一萬二千人。美國從南韓的部分撤軍方告明朗化。南韓原則上同意美國逐漸裁減駐韓美軍,也同意逐步增攤美軍的維持費。[64]

總體而言,美軍的裁減可歸因於六項因素。其一,東西陣營由衝突面趨向和解,戰爭的可能性已大幅減少,美國不需要在南韓大量駐軍。其二,南北韓國力的消長變化,對南韓有利。例如南韓有多於北韓兩倍的人口、七倍以上的國民生產毛額,在在顯示南韓可以獨立保衛自身的安全。其三,南韓的北方政策已具成效,而完成與蘇聯和中共的關係正常化,[65]蘇聯與中共協助北韓南侵的可能性微乎其微。其四,美國求節省軍費的開支。其五,美國求降低韓國人民的反美情緒。其六,布希政府求化解國會的壓力。

就美國而言,國會持續要求行政部門檢討國外駐軍的壓力不斷,致使布希無法強調南韓的特殊性。事實上,國會通過所謂的努恩-華納(Nunn-Warner)法案,要求行政部門在 1990 年 4 月 1 日前提出美國的海外駐軍報告。[66]布希政府因而向國會提出亞太戰略架構報告,說明三階段撤軍的計畫。1990 年至 1992 年的第一階段中,美國將關閉南韓光州、大邱、水原等三處空軍基地,裁減駐韓美軍空軍後勤支援人員二千人,地面部隊非戰鬥人員五千人,共裁減駐韓美軍七千人;1993 年至 1995 年的第二階段中,在南北韓關係穩定發展及南韓防衛力量增強

---

[64] **中國時報**,民國 79 年 2 月 16 日,版 9;大公報(香港),1990 年 2 月 16 日,版 3。

[65] 南韓除了與蘇聯和中共的關係正常化之外,尚與匈牙利、波蘭、南斯拉夫、捷克、保加利亞、羅馬尼亞以及蒙古等社會主義國家進行關係正常化。

[66] "Summit Underscores Robust State of Korea-U.S. Relations," *Korea Newsreview*, Vol.18, No.42 (Oct. 21, 1989), p.6.

的前提下，美國將撤退駐韓美軍第二步兵師的戰鬥兵力；1996
年至 2000 年的第三階段中，駐韓美軍將大幅裁減，最後僅維
持象徵性的嚇阻兵力。[67]根據亞太助理國務卿索羅門的看法，
東亞戰略報告係反應以下因素：美軍現代化的成就、北韓現階
段威脅的評估、南韓軍事力量的增進，以及國防預算的考量。
[68]

　　美國國防部於 1992 年向國會提出另一份名爲「亞太邊緣
的戰略框架」（A Strategic Framework for the Asian Pacific Rim）
報告。對 1990 年 4 月的「亞太戰略架構報告」略有修改，但
是基本架構不變。兩份報告明確的反映美國在南韓的安全目
標：即(1)抵擋北韓的侵略或擊敗北韓的任何威脅；(2)鼓勵南北
韓會談及建立互信，以減少朝鮮半島的緊張；(3)駐韓美軍從領
導的角色改爲支持的角色。[69]

　　美韓雙方有關軍事安全的關係，亦反映於每年輪流在雙方
首都舉行的安全諮商會議（the Security Consultative Meeting）[70]
的討論或協議中，例如，第二十一屆美韓安全協商會議於 1989
年 7 月 18 至 19 日在漢城召開。美國國防部長錢尼向南韓國國
防部長李相薰重申布希在 2 月訪韓時的保證，表明美國將在韓
國人民的需求下，繼續維持駐韓美軍。而韓國國防部長則表示，

---

[67] US Department of Defense, *A Strategic Framework for the Asian Pacific Rim: Looking Toward 21st Century* (Washington, DC: Department of Defense, April 18, 1990), pp.15-17.

[68] *Dispatch*, Vol.2, No.6 (February 11, 1991), p.106.

[69] U.S. Department of Defense, *A Strategic Framework for the Asian Pacific Rim: Report to Congress 1992* (Washington, DC: Department of Defense, Feb. 1992), pp.18-21.

[70] 美韓安全諮商會議於 1968 年成立，爲美韓雙方國防部長之間的年度會議，主要功能在於研商雙方軍事合作事宜及各種防務政策。

美軍有必要繼續留駐南韓，直到南韓有足夠嚇阻北韓的能力。他並且宣稱大多數的南韓人民承認，美軍駐防南韓對朝鮮半島的安全扮演重要的角色。兩國國防部長也同意適當擴大南韓對駐韓美軍經費的分攤。1988 年美軍駐韓的花費爲二十六億美元。

此外，第十一屆韓美軍事委員會會議（11th ROK-U.S. Military Committee Meeting） 於 7 月 17 日在五角大廈召開。[71] 韓國參謀首長聯席會議主席（Chairman of Korean Joint Chiefs of Staff）鄭鎬根（Chung Ho-keun）和美國的克羅威（William Crowe）將軍同意互相支援軍事情報的研究結果，以增進早期預警能力。雙方並同意增進南韓將領在韓美聯合部隊指揮部（Korea-U.S. Combined Forces Command）的角色，南韓將領將於 1990 年被任命爲韓美聯合部隊的後勤指揮官。該項職務一直由美國軍官擔任。除此之外，聯合部隊的副指揮官以及其他眾多職務也將轉由韓國軍官擔任。同時，美國官員也保證逐步增強南韓海軍的戰鬥能力，以抵抗北韓的潛水艇威脅。雙方也同意部署無人飛行的靶機和遙控飛行機（remotely piloted vehicles）以及反戰車的 AH-64 攻擊直昇機。[72]

第二十二屆美韓安全協商會議於 1990 年 11 月 13 日至 15 日在華府召開。雙方討論的重要議題，包括「團隊精神」軍事演習，駐韓美軍的軍費分攤，美軍第八軍從漢城撤出，生產韓國戰鬥機計畫的價格，未來駐韓美軍減少的幅度，以及派遣醫療隊支援海灣的多國部隊。在上述的協議中，有三項值得注意，

---

[71] 軍事委員會會議係於 1978 年成立，爲美韓雙方參謀總長與高級將領的年度會議。

[72] "Cheney Pledges U.S. Won't Pull Out Troops from Korea," *Korea Newsreview*, Vol.18, No.29 (July 22, 1989), p.5.

分述如下：[73]

第一，雙方重申，兩國保證維持朝鮮半島的和平與穩定。美國表明，減少駐韓美軍的計畫，並不表示兩個盟邦之間長久以來緊密的安全合作關係有任何的改變。雙方重申，未來駐韓美軍的任何減少或重新調整，將在審慎評估整個東北亞安全環境之後，以逐步和分階段的方式進行。

第二，雙方同意，南韓將領於 1992 年出任聯合國地面部隊指揮部（UN Command's Ground Component Command） 指揮官職務以及聯合國軍事停戰委員會（UNC's Military Armistice Commission）的首席代表。自從韓戰爆發以來，美國的將領一直擔任這些職務。惟一位美國四星上將仍將擔任韓美聯合軍事指揮部的總指揮官，但是只在戰時方有控制聯軍運作之權，平時主控權則轉交南韓參謀總長。此協定預示美國降低在駐韓地面部隊中所扮演的角色，並且也反映南北韓對話的進程。

第三，雙分同意，南韓將逐漸增加對美軍駐韓費用的攤額。漢城在 1991 年的攤額將由 1990 年的七千萬美元增為一億五千萬美元。

根據美韓的雙邊協定，聯合國指揮部於 1990 年任命南韓陸軍少將黃元澤（Hwang Won-tak）出任板門店（Panmunjom）的軍事停戰委員會首席代表，擔負與北韓交涉的任務。平壤拒絕接受此項任命，辯稱南韓在 1953 年拒絕簽訂停戰協定，無權派任首席代表。[74]然而，美國堅持，任何由聯合國指揮部所任命者，即可代表聯合國。

第二十三屆美韓安全協商會議於 1991 年 11 月 20 日至 23

---

[73] *Korea Herald*, November 16, 17, 1990.

[74] *Korea Herald*, March 25, 1991.

日在漢城召開。雙方討論各種重要的議題，包括「團隊精神」，美軍駐韓費用的攤額，平壤的核武發展，以及美國未來在南韓的撤軍。兩國政府同意無限期延緩第二階段的美軍裁撤計畫，直到北韓放棄核武發展計畫；認真考慮在韓國部署愛國者飛彈，以抵擋可能來自北韓飛毛腿飛彈的威脅。雙方簽署了戰時地主國支持（Wartime Host Nation Support）協定。南韓同意在1992 年提供美國一億八千萬美元，以分攤防衛南韓的費用，比1991 年增加了三千萬美元。南韓並同意今後將逐漸增加分攤經費。雙方也同意，南韓與美國將在西元 2000 年之後繼續維持聯盟的關係；即使朝鮮半島最終完成統一，美韓聯盟關係仍將維持；於 1993 年年底任命一位南韓的四星上將為韓美聯合部隊指揮部地面部隊的指揮官。[75]

　　第二十四屆美韓安全協商會議於 1992 年 10 月 7 至 8 日在華府召開。雙方重申，朝鮮半島的和平與穩定對美國的安全非常重要。該次會議有五項重要的協議。首先，美國和南韓同意繼續延緩第二階段的撤軍計畫，直到北韓放棄核武發展。第二，雙方重申，美國將繼續對南韓提供核子保護傘。

　　第三，雙方同意，南韓應在 1994 年底之前接收原由美國掌控的韓國戰鬥部隊平時運作操控權（peacetime operational control）。自 1978 年 11 月以來，韓國戰鬥部隊的平時運作控制權，即由美國四星上將出任的美韓聯軍指揮官所掌控。南韓政府期望該項權力能早日轉移，而由韓國參謀總長接管之。然而，一旦戰爭發生，美籍的聯軍指揮官仍將接管該項控制權，以示對南韓國防的負責。

---

[75] *Korea Newsreview*, November 30, 1991.

第四，雙方同意採取「彈性嚇阻選項」（flexible deterrence option）的戰略，以嚇阻北韓的侵略。彈性嚇阻是一種新型戰略概念，主要依恃美國本土的海空軍，能夠快速部署戰鬥部隊。當北韓發動攻擊的訊息被察覺後，美國即迅速調派本土的海空軍至韓國，以遏阻北韓的攻擊。

第五，南韓同意，1993 年分攤駐韓美軍費用增至二億二千萬美元，比 1992 年的攤額多了四千萬美元。1993 年 4 月美國國防部長亞斯平於華府表明，南韓分攤美軍費用已達 78%，領先其他美軍駐在國。

美國雖然裁減駐韓美軍，但是兩國軍事聯盟仍十分穩固。南韓在海灣戰爭中對盟軍的支援更加強雙方的聯盟關係。[76]在海灣戰爭期間，南韓是第一個對於沙漠之盾行動提供空中補給的國家，而且除了捐獻二億二千萬美元以支持海灣危機的軍事行動外，更對遭受影響的中東國家提供經濟援助。此外，漢城還派遣一個軍醫小組到海灣戰場，以協助聯軍的醫療工作。[77]

第二十七屆美韓安全協商會議於 1995 年 11 月 3 日舉行。南韓同意對駐韓美軍經費的分攤，三年內每年增加 10%，亦即 1996 年為三億三千萬美元，1997 年為三億六千三百萬美元，1998 年為三億九千九百萬美元。[78]

第二十八屆美韓安全協商會議於 1996 年 10 月 31 日舉行。雙方重申，朝鮮半島的安全對亞太地區的安定與繁榮不可或缺，而亞太的安全與繁榮又對美國的安全和世界和平休戚東北亞的安定，貢獻良多。雙方同意，彼此間的安全關係應繼續在

[76] Alan D. Romberg and Marshall M. Bouton, "The U.S. and Asia in 1991," *Asian Survey*, Vol.XXXII, No.1 (January 1992), pp.6-7.
[77] Solomon, *op. cit.*, 106.
[78] *Korea Newsreview*, Vol.24, No.45 (Nov. 11, 1995), p.10.

互利的方式下發展。

　　柯林頓政府削減國防費用，裁減兵力，因而考慮將「雙贏」戰略修改爲「贏—穩—贏」戰略。該戰略使美國同時面對兩場重大的地區性戰爭時，將採取逐一解決的辦法，亦即在其中之一採拖延戰術，直至在另一處打贏爲止。南韓擔心美國可能優先處理韓國以外地區。1993 年 6 月，南韓國防部長權寧海訪問華府，設法說服美放棄「贏—穩—贏」戰略。美國國防部長亞斯平隨柯林頓訪韓時，向權寧海保證說，華府已放棄了「贏—穩—贏」戰略，而繼續採取「雙贏」戰略，並且南韓在該戰略中居於最優先順位。[79]此說是否僅爲安撫南韓之詞，有待事實的驗證。

---

[79] **中國時報**，民國 82 年 7 月 12 日，版 9。

第八章

美國對東南亞國家的政策

布希政府時期美國對東南亞國家的政策，兼有持續與改變之處。在政治外交層面上，美國繼續支持東協國家解決柬埔寨問題，拒絕越南關係正常化，反對緬甸軍政府對民主及人權份子的鎮壓。在軍事安全層面上，美國繼續維持與菲、泰兩國的同盟關係，雖然放棄菲律賓的軍事基地，但是在東南亞地區取得使用設施之權。在經濟層面上，美國增加與東協國家的關係，但是強烈反對馬來西亞所提倡的「東亞經濟核心會議」，以免分裂或危害亞太經合會。柯林頓政府對東南亞國家的政策一方面是維持與東協之間日趨重要的關係，尤其是在「東協區域論壇」（the ASEAN Regional Forum）所進行的安全對話關係；他方面是與東南亞國家推展雙邊關係，以求維持安定，推動市場導向的經濟改革，鼓勵民主與人權的增進，和遏阻自緬甸流出的毒品。[1]主要改變是完成與越南的關係正常化及支持「東協區域論壇」。

一、政治關係

　　美國對東南亞國家的主要外交政策，是主導柬埔寨問題的解決，完成與越南的關係正常化，制裁緬甸軍政府，容忍印尼兼併東帝汶（East Timor）。

---

[1] William Clinton, *A National Security Strategy for a New Century* (The White House, May 1997) , p.24.

(一)對柬埔寨的政策

布希政府最初採取支持柬埔寨反抗軍的政策，以迫使越南自柬埔寨撤軍。而國際大環境的改變導致柬埔寨問題的突破。蘇聯在戈巴契夫領導之下，推動政經改革。為了配合內部的改革，戈巴契夫亦著手推行新的外交政策。在亞太政策方面，蘇聯於 1989 年 2 月自阿富汗撤軍，並且運用其影響力促使越南於同年 4 月宣布自柬埔寨撤軍，6 月宣布在兩個月內片面裁減二十萬軍隊，12 月開始自越南金蘭灣撤軍。蘇聯對越南政策的變化，是促成政治解決柬埔寨問題的最主要因素。

在柬埔寨問題上，布希政府最初仍是支持東協國家的主動和領導，但是在國際情勢轉趨有利後，漸採主動立場。1988 年7 月印尼邀集柬埔寨各交戰派系在雅加達進行非正式會談，次年 2 月舉行第二次會談。非正式會談於 1989 年 7 月擴大為正式國際會議，在巴黎召開，除交戰各派系外，參加的國家有十八個，包括美、蘇、越及東協國家。巴黎國際會議通過和平解決柬埔寨問題的基本協議。美、蘇、英、法、中共五常任理事國於 1990 年 1 月亦於巴黎開始舉行一連串的會談，並於 8 月決定派遣聯合國部隊至柬埔寨監督巴黎協議，維持和平。9 月，四個交戰派系於雅加達達成協議，接受安理會五強通過的和平方案。1991 年 10 月聯合國在巴黎召集會議，協調柬埔寨各派系簽署和平協定，由聯合國成立「聯合國柬埔寨過渡時期權力機構」，執行維持和平任務、監督停火及處理柬境軍事問題。

柬埔寨問題的解決展現曙光後，美國開始調整對柬埔寨反抗軍的政策。由於赤柬對和平解決方案並不十分支持，而赤柬是反抗軍中力量最強大的派系，因此，美國擔心，一旦越軍撤

離後，金邊政權的軍隊能否抵抗赤柬的攻擊，亦難預料。赤柬在 1975 年至 1978 年執政期間，殘暴無道。美國不願見赤柬再度執政，因而於 1990 年 7 月 18 日宣布停止對包括赤柬在內的反抗軍之支持，並於 9 月開始與越南支持的金邊政權官方接觸。

1993 年柬埔寨在聯合國監督下舉行選舉。雷納里德領導的奉先比克黨及韓森領導的柬埔寨共黨分居第一黨和第二黨。兩黨合組政府，由雷納里德及韓森擔任第一總理及第二總理，共掌政權。施亞努再度出任國家元首。美國承認新政府，恢復邦交及經援。

1997 年夏天，韓森發動軍事政變，雷納里德出亡國外。美國認為韓森破壞巴黎協定，亦使聯合國耗費大量資源而協助建立的柬埔寨和平前功盡棄，因而主張強硬對付韓森。柯林頓政府特派參與起草巴黎協定的前眾議員索拉茲，於 21 日起展開亞洲六國的訪問，以求解決柬埔寨危機。索拉茲與六國政府的會談乃基於美國對柬埔寨政策的五大原則：即(1)譴責以武力推翻 1993 年在聯合國監督下選舉成立的政府；(2)支持柬埔寨的統一及人民自決權；(3)支持柬埔寨各政黨自由活動之權；(4)堅持柬埔寨於 1998 年如期舉行自由而公正的選舉；(5)反對赤柬的資深領導人。[2]

美國不承認韓森罷黜雷納里德的奪權行為，並且凍結對柬國的經援。然而，中共、日本及東協並不支持美國。東協除了決定無限期擱置柬埔寨入會的申請外，只要求韓森保證雷納里德安全返國，停止對雷納里德陣營的政治暴力，停止一切敵對戰鬥，如期舉行大選，維持政變前施行的憲法。但是韓森堅持

---

[2] *CN*, July 19, 1997, p.14.

要審判雷納里德後，東協有意妥協，只要求韓森恢復聯合政府的型態，而不堅持讓雷納里德回任第一總理。[3]

(二)與越南關係正常化

越軍決定撤離柬埔寨後，美國亦採取主動，促成美越兩國官員在紐約舉行雙邊會談。1990 年 9 月 29 日，兩國外長在紐約舉行會談。[4]次年 4 月 9 日，美國向越南提出關係正常化的四階段「路線圖」（road map）。雙方同意在河內設立美國辦事處以處理戰俘及失蹤美軍事宜，美國承諾提供越南一百萬美元的人道援助。[5]四階段的「路線圖」中，越南必須在第一及第二階段促使金邊政權簽署和平解決方案，並且支持該方案，自柬境撤軍，解決失蹤美軍的剩餘問題。美國在第三階段取消貿易制裁，與越互設聯絡辦事處。[6]在第四階段，失蹤美軍問題解決而雙方完成建交。

自 1991 年 10 月越南簽署柬埔寨和約後，美越即加緊修好的步調。11 月，美越雙方展開關係正常化之談判。美國放鬆對越南派駐聯合國外交官在美國旅行的限制，以及美國私人團體至越南旅行的限制。次年 3 月，國務院亞太助卿索羅門率團訪問河內，為 1975 年越戰結束後訪問越南的美國最高階官員。索羅門承諾三百萬美元的人道援助，交換條件是越南協助儘速解決在越失蹤美軍的問題。[7]4 月，兩國同意恢復兩國間的電訊

---

[3] 中國時報，民國 86 年 7 月 25 日，版 10。

[4] Robert G. Sutter, *The Cambodian Crisis & U.S. Policy Dilemma* (Boulder: Westview Press, 1991), pp.42-43.

[5] Robert G. Sutter, *Vietnam-U.S. Relations: The Debate over Normalization CRS* (1992), p.4.

[6] *Ibid.*, p.14.

[7] 中國時報，民國 81 年 3 月 6 日，版 9。

通訊聯繫。美國企業界、國會、政府內部的一些部會以及友邦，要求布希政府修改對越貿易禁令的壓力日益增加。法國政府曾表示，無法無限期的延緩允許越南加入國際貨幣基金會和世界銀行。美國總統的「輸出委員會」（Export Council）主席普利特（Heinz C. Prechter）於 1992 年 3 月 4 日致函布希，表達該委員會的信念：如果美國不開始放鬆對越南的貿易禁令，美國將喪失在東南亞的競爭地位；越南人口有六千六百萬人，在經濟發展過程中需要輸入之物甚多，對美國之重要亦如歐亞地區一樣。[8]然而，依照該「路線圖」，聯合國和平部隊在柬埔寨完成部署後，美國將部分取消對越南的貿易制裁。而最後階段則自柬埔寨於 1993 年完成選舉後開始。因此，布希政府只是開啟而未完成與越南的建交。

　　柯林頓於越戰時以「羅茲學人」（Rhodes Scholar）身分留學英國，迴避兵役，因而有反越戰的經歷。惟亦因有此記錄，他在改善與越南關係時，更不易說服美軍的家屬，而不能不顧及越戰失蹤美軍下落問題的解決。他上任後不久，哈佛大學研究員莫里斯（Stephen J. Morris）在俄羅斯的檔案中，發現一份報告，指稱北越 1973 年與美國簽署巴黎協定後，扣留六百名美軍戰俘，未予遣返。[9]依照美國國防部的統計，共有二千二百六十名越戰美軍下落不明，其中一千零九十四名視為「作戰死亡」，但屍首未獲。此使一千一百六十六名美軍下落無法正式確定。[10]河內否認扣留美軍戰俘，指稱該項文件是偽造的。然而此項發現的披露，重新刺痛美國人的傷口。反對美國改善與

---

[8] *IHT*, April 1, 1992, p.3.
[9] *WP*, April 14, 1995, p.A1.
[10] *Ibid.*

越南關係的「美國軍團」（The American Legion）及美軍戰俘及失蹤人員家屬，則要求政府暫緩放寬對越南的經濟制裁。柯林頓不得不趁凱利（John Kerry）參議員訪問河內時，託其轉交越南總統一封信函，表明在越南對未解決的美軍戰俘及失蹤人員提出資料後，美國方會取消經濟制裁。[11]

然而，柯林頓因受到來自企業界、銀行界及媒體的壓力，不能不推動美越關係正常化。1993 年 9 月 13 日，美國放鬆對越南的經濟制裁，允許美國公司參與越南洽商國際金融機構融資的建設案，以鼓勵河內在失蹤美軍下落方面的合作。次年 1 月 27 日，美國參院以六十二票對三十八票通過國務院授權法案的一項修正案，促請政府撤銷自 1974 年起的對越貿易禁令。此為美國國會首度成功的以立法的方式，回應亟待重返越南市場的民間業者的要求。參院討論該修正案時，多位議員提及台灣、南韓、日本及若干歐洲國家廠商大舉進入越南市場的進展；表示美國不應再繼續實施綁住美商手腳的禁令，而將越南市場拱手讓給競爭者。

1994 年 2 月 3 日，美國取消對越貿易禁令。1995 年 1 月 28 日，美國與越南達成協議解決外交資產及民間財產問題，並互設聯絡辦事處。5 月 15 日，越南向美國總統特使團提出一批失蹤美軍的文件。6 月中旬，國務卿克里斯多福正式向總統提議與越南建立全面外交關係，以加強搜尋越戰失蹤美軍的任務。8 月 5 日，美越兩國外交部長在河內簽署建交公報。[12]1997 年 5 月 9 日，曾被河內政權俘虜並囚禁六年半的派特森（Douglas Peterson）抵達河內，出任美越關係正常化後的首任駐越大使，

[11] *South China Morning Post*, May 17, 1993, p.11.
[12] *Dispatch*, Vol.6, No.33 (August 14, 1995), p.630.

象徵兩國新關係的來臨。

　　美國決定與越南建交，商業的因素似是最重要的。越南改採經濟開放政策後，經濟成長迅速提升，由 1987 年的 2.6%提升至 1994 年的 8.5%，而通貨膨脹率則由 1987 年的 301%降至 14.4%。至 1995 年 5 月止，外商在越南的投資已達一百三十八億美元，其中美商的投資只有五億三千萬美元，位居第八位。[13]美國商務部長布朗曾於 7 月 24 日表示，美國政府正擴大主要外銷市場的目標名單，而越南亦列入名單中。[14]

(三)加強制裁緬甸軍政府

　　美國在東南亞的政策亦支持民主與人權。此使美國與緬甸軍政府的關係難以改善。1988 年 9 月，緬甸軍方接掌政府，強力鎮壓支持民主運動的示威群眾。西方國家對之實施經濟及武器的制裁。雷根政府全面停止對仰光經濟援助，包括支持反毒工作的援助。

　　緬甸軍政府於 1990 年 5 月舉行選舉，結果翁山蘇姬領導的反對黨獲勝。軍政府取消選舉的結果，對民主人士採行更嚴厲的鎮壓，並且軟禁翁山蘇姬。1991 年布希政府因而對緬甸採取新的經貿制裁措施：即停止給予緬甸一般優惠關稅地位，反對世界銀行、亞洲開發銀行及其他國際組織對緬甸提供新的貸款；在 1991 年兩國紡織品協定期滿後不再續訂新協定。[15]惟因兩國之間的經貿數量很少，美國的制裁難以收效。由於緬甸與

---

[13] *CP*, November 9, 1995, p.4.

[14] 自由時報，民國 84 年 7 月 26 日，版 19。

[15] Larry Niksch, *Burma: U.S. Policy and Conflicting International Responses to Military Repression* (CRS, June 1, 1992), pp.23.

東協國家經貿關係較爲密切，布希政府曾促請東協國家對緬甸採取經貿制裁，但是東協國家並不認同美式的民主政治及人權觀點，因此，拒絕美國之提議。泰國外長亞薩表明，東協拒絕任何主要貿易伙伴以緬甸人權記錄爲由而抨擊緬甸的作法；並且聲稱，亞洲人自己有解決這種問題的方法，而且是比較高明的作法。[16]

美國國會曾於 1992 年 3 月要求政府透過聯合國安理會，對緬甸實施全面經濟制裁。布希政府則以不易取得包括中共在內的國際支持爲由，拒絕爲之，亦不同意禁止美國私人在緬甸的投資。惟貝克國務卿在東協外長會後會中強烈抨擊緬甸軍政府，要求各國共同制裁。[17]

柯林頓政府對緬甸軍政府的政策，是蕭規曹隨，要求仰光軍政府改善人權，實施民主，並協助反毒。亞太助卿羅德告訴參院撥款委員會說，柯林頓政府同意民主領袖翁山蘇姬的看法，即緬甸脫離孤立與高壓統治的關鍵，在於政府須與翁山蘇姬和民主陣營就該國的前途展開真誠的對話。羅德說，美國支持此一對話和解的進程。他並告訴撥款小組委員會主席麥康諾說，在緬甸當局釋放了翁山蘇姬後，國會對緬甸施加貿易和投資制裁將會招致反效果。而且美國單獨經濟制裁緬甸，亦難見效。羅德認爲，國會不應對美國和緬甸合作進行的掃毒方案加以設限，因爲進入美國的毒品中，三分之二來自緬甸。不過羅德也重申，美國將繼續對緬甸的軍事統治者施壓，要求他們將政權歸還給民選政府。因此，美國不會恢復對緬甸的經援及優惠關稅待遇，繼續禁止對緬甸的輸出，限制對緬甸的信用保證，

---

[16] 中國時報，民國 81 年 7 月 23 日，版 10。

[17] *Ibid.*, pp.24-25; *Dispatch*, Vol.3, No.31 (August 3, 1993), p.597.

反對國際金融機構對之提供貸款，並與友邦共同對之實施非正式的武器禁運。[18]

　　1996 年 7 月，東協同意緬甸為觀察員，並邀請緬甸參加東協區域論壇。東協國家不同意美國加強制裁緬甸的要求，仍採取與緬甸政府「建設性交往」的政策，認為該項政策已成功的促使仰光政府於去年釋放翁山蘇姬，採行經濟開放政策，並且與族群反抗軍進行和解。[19]然而，仰光政府於 9 月大舉逮捕翁山蘇姬的支持者，並將曾任若干歐洲國家名譽領事之人判以死刑，再度引發西方國家對緬甸實施貿易制裁的要求。惟東協國家堅信，制裁只會產生反效果，而與之交往可促成緬甸內部的改變。

(四)默認印尼兼併東帝汶

　　美國雖然對緬甸違反人權的情形採取制裁措施，但是對印尼在東帝汶鎮壓獨立運動人士的情形則採取寬容的態度。印尼於 1975 年 12 月 8 日派軍占領前葡屬東帝汶，粉碎宣告東帝汶獨立的武裝組織。然而，反對印尼兼併的活動迄未終止，而印尼的鎮壓在國際間引發人權問題。美國在尼克森主義下，強調由地區性強權分擔維持區域和平的責任，而視印尼為東南亞地區「潛在性的強權」，因而重視與印尼的關係，默認印尼對東帝汶的兼併。福特總統於印尼占領東帝汶前夕曾訪問印尼，亦只警告印尼，不得使用美援武器。印尼違反美國軍援的規定而使用美援武器後，美國只暫停運交武器，但在聯合國安理會要

---

[18] Winston Lord, "U.S. Policy Toward Burma," *Dispatch*, Vol.6, No.30 (July 24, 1995), pp.584-586.

[19] *CP*, July 22, 1996, p.4.

求印尼自東帝汶撤軍的決議上，則投棄權票。[20]美國卡特及雷根政府雖然默認印尼對東帝汶的主權，但是並不承認該項兼併是民族自決原則的適當方法。布希政府亦如前任，爲了維持與印尼之間的密切關係，拒絕爲了讓東帝汶人民行使民族自決之權而對印尼施加壓力。[21]1991 年 11 月 12 日，印尼軍方在東帝汶的首邑狄力（Dili）武力鎮壓示威份子，至少五十多人因而死亡。布希政府已決定撤離菲律賓基地，而正與印尼談判使用泗水港口設施，因此，雖然公開批評印尼軍方的行爲，要求印尼調查狄力事件，並懲罰有關人員，但是重申接受印尼對東帝汶主權的立場，只要求印尼繼續允許國際人道組織對東帝汶人民的援助，同時，不同意國會所提停止對印尼軍援之建議。[22]柯林頓政府重視與印尼的經貿與軍事合作關係，對印尼的人權及東帝汶問題，皆是點到爲止。然而，美國國會對印尼的人權記錄一再加以抨擊，導致印尼的不滿。

　　由於美國眾議員一再抨擊印尼的人權記錄，印尼總統蘇哈托於 1997 年 6 月 2 日致函美國總統柯林頓，取消向美國購買九架 F-16 戰鬥機的交易，並退出美國贊助的國際軍事教育與訓練推廣計畫。印尼認爲 F-16 戰鬥機交易尚未議價。印尼外長阿拉塔斯（Ali Alatas）則明言，該項決定是回應美國國會議員對印尼作完全不公的抨擊。他並未指明美方的抨擊內容，但特別提到美國眾議員甘迺迪（Patrick Kennedy）爲批評者之一，及其提出取消每年援助印尼二千六百萬美元和六十萬美元軍事教

[20] Robert Pringk, *Indonesia and the Philippines: American Institute in Island Southeast Asia* (New York: Columbia University Press, 1986), pp.106-108.
[21] Larry Niksch, *Indonesian-U.S. Relations and Impact of the East Timor Issues* (CRS Report for Congress, December 15, 1992), pp.12-14.
[22] *Ibid.*

育與訓練計畫的法案。甘迺迪於 1996 年耶誕節訪問東帝汶，並與 1996 年諾貝爾和平獎得主貝婁神父會晤。他提出上述法案時表示，印尼迫害人權證據確鑿。數名美國國會議員亦敦促柯林頓延後或取消售予印尼 F-16 戰機的交易，理由是印尼軍方迫害人權，尤其在前葡萄牙殖民地東帝汶迫害分離主義份子。人權運動人士也指控印尼軍方殺害、虐待和非法監禁東帝汶人。[23]

雅加達於 1990 年曾以不接受將外援當作對印尼人權問題施壓的工具為由，拒絕荷蘭的援助，並解散當時對印尼提供最多援助的西方團體——由荷蘭主持的「印尼事務跨政府集團」，改由世界銀行主持的「援助印尼諮詢集團」取而代之，並將荷蘭排除在外。印尼不接受美國國會以美援為對印尼人權施壓的工具，是有先例可循。尤有進者，印尼取消購買美國戰機後，轉而採購俄製戰機，玩弄權力平衡遊戲，以牽制美國。

(五)人權歧見難消

美國與東協國家在人權問題上的歧見存在已久。國務院每年發表的人權報告，對東協國家的人權記錄，皆多所指責。惟以往美國與東協對話時，皆集中於經濟合作上，而避談人權與民主問題。柯林頓政府則改變此種作法。亞太助卿羅德 1993 年在東協外長年度會議揭幕式上表示，美國與東協會員國在汶萊展開年度會談時，會要求將人權及民主問題列入會談議題中；美國認為，人權與民主是亞洲安全的重要因素。[24]

東協各國對人權的看法多與美國不同。東協各國認為，國

---

23 中國時報，民國 86 年 6 月 7 日，版 10。
24 聯合報，民國 82 年 5 月 16 日，版 9。

家社會的整體利益高於個人權利。此與西方對人權的看法大相逕庭。因此，東協各國一直不願臣服在美國壓力下，給予人權明確界定，或是在會談中觸及人權問題。首次與東協官員會面的羅德認爲，安全涵蓋的範圍不僅止於武器和聯盟，民主與人權皆是構成廣義安全的重要因素。

雙方對人權之歧見，至 1997 年更爲激烈。在吉隆坡參加東協會議的亞洲國家，因爲人權議題而意外的與美國及歐盟發生衝突。馬來西亞建議檢討聯合國的全球人權宣言以及其他的聯合國重要文件，美國與歐盟反對。馬來西亞總理馬哈迪（Mahathir Mohamad）建議，針對開發中國家修改聯合國人權宣言。在總結東協與重要伙伴年度會議的記者會上，馬來西亞、菲律賓、中共以及印尼的外長對於美國的警告均作了強烈反應。馬來西亞外長巴達威說，美國也許擁有強烈的觀點，但他們同樣也有強烈的觀點。他認爲過度的自由反而可能破壞民主。荷蘭外長派特金說，歐盟極不願意檢討聯合國憲章，因爲該憲章是所有國際關係的基石。美國國務次卿艾森斯塔說，我們即將進入一個新世紀之時，卻出現要稀釋或破壞全球價值觀的認真意圖，這眞是不尋常的現象。民主與人權的價值觀並不受時空限制，是全球性和超然的。他強調尊重個體並不違背社會安定和經濟繁榮，同時否認美國批評大國和小國的人權狀況時採取雙重標準。

印尼外長阿拉塔斯對馬哈迪的談話被立即視爲意圖稀釋人權問題，感到訝異。他說人權不僅包含個人政治性的公民權利，經濟權、文化權和社會權也同等重要。他並指出，聯合國會員國中，有許多是新成立的國家，都沒有參與 1949 年「聯合國人權宣言」的制定。馬哈迪認爲，聯合國宣言是超級強國訂定

的，它們不瞭解窮國的需要。[25]國務卿歐布萊特以罕見的語氣批評說，美國將毫不留情的反對馬哈迪之提議。國務院發言人伯恩斯說，聯合國宣言並不是西方所強要實施的，而是爲全世界訂定的；美國不同意有關個人權利主張不符合亞洲價值系統的爭論。[26]

個人權利與集體權利孰重，經濟權利與政治權利孰先孰後，實爲美國與包括東協國家在內的第三世界國家之間意見分歧之癥結。美國重視個人權利，並強調政治權利。第三世界國家重視社會安定，因此較重視集體權利，並認爲在經濟未達一定水準之前，奢談個人政治權利，並不適宜。

二、經貿關係

第二次大戰戰後美國認爲，貧窮是共產主義發展的溫床，因而提供大量經援，協助各國發展經濟，以達成圍堵共黨勢力擴張的目的。[27]至 1988 年止，美國對東協國家提供的雙邊經濟援助高達七十九億七千萬美元。[28]冷戰結束後，美國以經援達成遏阻共黨擴張的需要大降，加以美國財政及貿易赤字居高不下，導致美國對東協國家降低經援。1995 年 6 月，美國停止在東協對「私人投資貿易機會計畫」（The Private Investment Trade

---

[25] 自立早報，民國 86 年 7 月 30 日，版 10。
[26] *IHT*, July 29, 1997, p.1.
[27] 林德昌，「美國援外政策的本質與問題」，問題與研究，第 23 卷第 8 期（民國 83 年 8 月），頁 104-113。
[28] 陳鴻瑜，「東南亞國家協會」，沈鈞傳主編，國際重要經貿暨金融組織（台北：政治大學國研中心，民國 79 年），頁 244。

Opportunities Program)的援助後,「環保改善計畫」(Environment Improvement Program) 成爲美國的唯一重要援助項目。[29]

　　美國對東南亞國家的經援雖然降低,但是布希政府爲了協助菲律賓穩定民主政治的發展,特別推動援助菲國的多邊計畫。在美國的倡導下,十九個國家及七個國際金融機構於 1989 年 7 月初集會東京,檢討菲律賓的經濟發展計畫。會議雖然作出三十五億美元的援助承諾,但是只有八億美元是新的經援。布希政府承諾提供一年二億美元(惟國會後來只批准一億六千萬美元),另外四億八千一百萬美元則是有關基地的補償金,而且早已同意提供。日本承諾援助十億美元,遠超過美國的援助。[30]

　　美國放棄菲律賓基地後,對菲國改採加強貿易而減少援助的政策。1995 年美國對菲國的援助只有七千八百六十萬美元,不及 1990 年三億五千二百八十萬美援的四分之一。[31]惟雙方的貿易額在 1996 年已超過一百四十億美元(見表 8-1)。美國仍爲菲國的最大貿易伙伴,占菲國對外輸出的 35%。菲國自美國的輸入,占菲國全部輸入的 19%。[32]菲國對美國的貿易依賴度很高。

　　東協國家與美國的雙邊貿易成長快速。1992 年東協國家已成爲美國的第五大貿易伙伴,而美國亦是東協國家的最大市場。1996 年時,東協國家更成爲美國的第四大伙伴,雙邊貿易總額已超過一千億美元;而美國對東協國家的投資,亦超過二

[29] *CP*, Sept. 12, 1996, p.4.
[30] David G. Timberman, "The Philippines in 1989: A Good Year Turns Sour," *Asian Survey*, Vol.XXX, No.2 (Feb. 1990), pp.174-175.
[31] *CP*, July 2, 1996, p.13.
[32] *CP*, July 2, 1996, p.13.

表 8-1　美國對菲律賓貿易統計表（1992-1996）

單位：百萬美元

年　代	輸　出	輸　入	貿易平衡
1992	2,753	4,358	-1,605
1993	3,529	4,896	-1,367
1994	3,888	5,720	-1,832
1995	5,294	7,007	-1,713
1996	6,125	8,162	-2,037

資料來源：http://www.ita.doc.gov/industry/otea/usfth/phillipp.e-i

表 8-2　美國對東南亞國協貿易統計表（1992-1996）

單位：百萬美元

年代	輸出	輸入	貿易平衡	貿易總額	全球貿易總額	所占比率
1992	23,990	35,807	-11,817	59,797	979,488	6.10
1993	28,293	42,272	-13,979	70,565	1,045,327	6.75
1994	32,095	51,985	-19,890	84,080	1,176,246	7.15
1995	39,631	62,079	-22,448	101,710	1,326,536	7.68
1996	43,499	66,244	-22,745	109,743	1,414,142	7.76

資料來源：http://www.ita.doc.gov/industry/otea/usfth/asean.e-i

百五十億美元。[33]惟美國對東協國家的貿易逆差亦隨貿易的成長而持續增加。（見表 8-2）

　　美國在布希政府時期對東協國家的最重要經濟政策是支持亞太地區的多邊經濟合作，促進貿易自由化。澳洲總理霍克（Bob Hawke）於 1989 年 1 月 31 日公開倡議籌建由太平洋國家的外交與經貿部長組成的定期官方諮商論壇，以加強各國之間的經濟合作，因應新的國際經貿秩序，抗衡歐洲單一市場及各國的

---

[33] Winston Lord, Statement before the House International Relations Committee Asia and Pacific Subcommittee, May 30, 1996, p.3.

保護主義。[34]霍克的原來構想中，並未包括美、加兩國。然而，美國鑑於在貿易關係上亞太國家重要性已超過歐洲國家，因而積極尋求在該組織中扮演重要的角色。同年 6 月，國務卿貝克在紐約「亞洲協會」演說時表示，一個新的太平洋合作關係必須奠基於美國的參與之上，而美國參與創立環太平洋地區多邊合作組織，將可證明美國權力會持續的投入此一地區，而且藉著進一步在國際體系中推動市場經濟的發展與整合，可強化信守同樣原則國家的集體力量。[35]美國自認是太平洋國家，與東亞國家經貿及軍事安全關係密切。前文提及貝克所提的「扇型架構」，指明美國與亞太國家密切的經貿關係構成摺扇的扇面，將美國與亞太盟國所構成的各個扇骨連成一體。故而美國不願被排除於亞太經合會之外，同時亦求藉該會之建立警告歐洲共同市場，不得於 1992 年經濟整合成功後成為保護貿易的堡壘。換言之，美國不僅求加強與亞太國家的經濟合作，亦同時藉以促進全球貿易的自由化。

　　基於上述原因，美國反對馬來西亞總理馬哈迪所提建立東亞經濟組織的主張。1990 年 12 月關貿總協定於比利時布魯塞爾舉行部長會議，結果因農產品貿易爭議而失敗。馬哈迪因而認為東亞國家應團結自救，於是提出組織東亞經濟組織（East Asia Economic Group），成員限於東亞國家，故而不包括美、加、澳、紐四國。此項提議獲得中共、星、泰等國之支持。但是美國反對，認為該組織是一個對抗性的經濟組織，破壞整個亞太地區經濟合作的努力。日本因顧及美國立場，致不願公開

---

[34] 丁永康，「亞太經濟合作會議探討」，**問題與研究**，第 31 卷第 1 期（民國 81 年 1 月），頁 16。

[35] 禹如鍵譯，「貝克談『未來太平洋伙伴關係之架構』」，**問題與研究**，第 28 卷第 11 期（民國 78 年 8 月），頁 75-77。

支持馬哈迪的主張。美國與馬來西亞經貿關係密切。馬來西亞是美國的第十三大貿易伙伴，而美國是馬國的最大投資國，亦是馬國的第二大貿易伙伴（貿易額見**表 8-3**）。[36]在東協國家中，馬來西亞對美國的貿易額僅次於新加坡對美國的貿易額。但是雙方在人權、民主、中東及緬甸等問題上意見紛歧。馬來西亞是回教會議的成員，強力批評美國偏袒以色列的政策，更反對美國將其人權及民主的觀念強加於不同的文化、歷史及經濟發展階段的國家。美國因而對馬哈迪倡議東亞經濟組織的動機，難免多所懷疑。東協於 1991 年 10 月在吉隆坡舉行部長會議，最後決定將東亞經濟組織之「組織」一詞改為「核心會議」（Caucus），以消除美國視之為貿易堡壘的誤解。馬來西亞主張該會議採諮詢會議的形式，而非常設機構，也無固定的開會時間表。惟美國是印尼的主要貿易伙伴。印尼為了避免激怒美國，呼應美國反對召開「東亞經濟核心會議」之主張，乃提議將之納入亞太經合會之下。馬來西亞堅持該會議自立門戶。

表 8-3　美國對馬來西亞貿易統計表（1992-1996）

單位：百萬美元

年代	輸出	輸入	貿易平衡
1992	4,396	8,242	-3,846
1993	6,065	10,568	-4,503
1994	6,965	13,977	-7,012
1995	8,818	17,484	-8,666
1996	8,521	17,825	-9,304

資料來源：http://www.ita.doc.gov/industry/otea/usfth/malaysia.e-i

---

[36] Warren Christopher, "The United States and Malaysia: A Dynamic Relationship," *Dispatch*, Vol.6, No.33 (Aug. 14, 1995), p.637.

[37]1994 年東協外長會議方達成共識，支持在亞太經合會架構下推動東亞經濟核心會議。

1997 年 7 月，泰國、馬來西亞及印尼相繼發生金融風暴。馬來西亞總理馬哈迪公開指摘美籍國際大炒家索羅斯（George Soros）是罪魁禍首。馬哈迪指出，索羅斯曾試圖運用其影響力，阻止緬甸加入東協，阻止不成後，進入東南亞國家的金融市場，打擊馬元及其他東南亞地區貨幣。惟美國國務院發言人伯恩斯表示，華府並不認爲有任何美國人蓄意令東南亞地區出現貨幣及金融問題。[38]

馬來西亞不滿國際貨幣基金會紓困方案條件過於嚴苛，拒絕接受貸款。該基金會對泰國和印尼分別提供一百七十二億美元及二百三十億美元的貸款。泰國於 7 月陷入金融危機後，日本提出成立區域基金的構想，但是美國財政部次卿桑莫斯表示無意支持之，主張應由國際貨幣基金會處理金融市場亂象，以免當事國喪失改革的誘因。[39]然而，美國只參與該基金會對印尼的貸款，未參與對泰國的貸款。泰國雖然派遣多位卸任總理，赴美遊說，亦無功而返。

美國國務次卿陶伯特（Strobe Talbolt）在東南亞國家抨擊美國對亞洲金融風暴顯然漠不關心之際，展開了七天的亞洲之行，並在印尼首都雅加達指出，美國期望與印尼建立最密切的伙伴關係。[40]美國對印尼的重視顯然超過對泰國的重視，但是美國與泰國的貿易額超過對印尼的貿易額（見**表 8-4** 及**表 8-5**）。

---

[37] **中國時報**，民國 81 年 1 月 25 日，版 9。

[38] **明報**，1997 年 7 月 8 日，版 B7；Lynett Clemetson, “Malaysia’s Moment,” *Newsweek*, Sept. 1, 1997, pp.14-15.

[39] **中國時報**，民國 86 年 11 月 7 日，版 10。

[40] 同上註。

表 8-4　美國對印尼貿易統計表（1992-1996）

單位：百萬美元

年代	輸出	輸入	貿易平衡
1992	2,778	4,332	-1,554
1993	2,770	5,439	-2,669
1994	2,811	6,523	-3,712
1995	3,356	7,437	-4,081
1996	3,965	8,213	-4,248

資料來源：http://www.ita.doc.gov/industry/otea/usfth/indonesi.e-i

表 8-5　美國對泰國貿易統計表（1992-1996）

單位：百萬美元

年代	輸出	輸入	貿易平衡
1992	3,982	7,528	-3,546
1993	3,769	8,542	-4,773
1994	4,861	10,307	-5,446
1995	6,402	11,351	-4,949
1996	7,211	11,336	-4,125

資料來源：http://www.ita.doc.gov/industry/otea/usfth/thailand.e-i

　　柯林頓在溫哥華參加亞太經合會非正式領袖會議時，曾與東協領袖會談，仍然只支持由國際貨幣基金會擔任紓困的主要角色。[41]柯林頓政府於 1994 年出面紓解墨西哥金融危機後，似乎認為不宜單獨以直接援助方式挽救他國的金融危機。1998 年 3 月 13 日，泰國總理乃川訪問華府，與柯林頓總統會談後，美國方面宣布價值十七億美元的援助泰國經濟危機方案，其中包括二億五千萬美元，由美國國防部用以購買原油，泰國向美國訂購而已無力付款的總價三億九千二百萬美元的八架 F-A-18

---

[41] 中央日報，民國 86 年 11 月 26 日，版 11。

戰機。[42]

三、軍事安全關係

在軍事安全關係上，布希政府的主要政策是強調與東南亞
盟國及友好國家關係的重要性；和放棄在菲律賓的軍事基地，
轉而以菲、星等國設施之使用取代之。柯林頓政府除了加強與
東協友好國家的雙邊安全關係外，亦一反其前任的立場，積極
支持東協國家推動的多邊安全對話。

(一)放棄菲律賓的軍事基地

布希政府放棄在菲律賓的軍事基地乃是在菲國人民強烈民
族主義及天災的雙重壓力下所採的被動政策，並不表示美軍退
出東南亞地區。

美菲軍事基地協定源自第二次大戰美菲雙方領袖間的協
議，而於 1947 年正式簽訂。基地租期九十九年，總面積廣達
十六萬七千七百六十六畝，實為美國同意菲律賓獨立的交換條
件之一。[43]韓戰爆發後美國在東亞建立同盟體系，因而於 1951
年簽訂美菲相互協防條約。雙方始形成同盟關係，但是雙方對
基地問題不斷舉行談判，而於 1979 年達成協議，規定基地於 1991
年期滿，1984 年進行徹底的檢討，美國提供五億美元的補償金。
1988 年美國提供為期兩年總數九億零六百四十二萬美元的補償

---

[42] 聯合報，民國 87 年 3 月 15 日，版 10。

[43] William E. Berry, Jr., *U.S. Bases in the Philippines: The Evolution of the Special Relationship* (Boulder: Westview, 1989), pp.47-52.

金。80 年代，民主化的浪潮推向菲律賓。反對馬可仕總統獨裁的人士認為，美國在菲國的基地及軍經援助是造成馬可仕獨裁的間接原因，因而要求美軍撤離菲律賓。[44]民主人士與民族主義者合流，加上菲國人民對共黨威脅的認知改變，導致 1986年新憲法規定：1991 年美菲基地協定期滿後，禁止外國在菲國駐軍或使用基地及設施，除非菲國與外國簽訂條約，並獲參院批准。[45]1991 年 2 月，布希政府在基地談判中，向菲方提議一年租金三億六千萬美元至五億二千萬美元之間，租金多寡則視租之長短而定。菲方則提議租期七年，年付八億二千五百萬美元。[46]8 月 27 日，雙方達成協議，並簽訂「美菲友好合作與安全條約」草案，規定美軍繼續使用蘇比克灣海軍基地十年，而關閉克拉克空軍基地。美國在 1992 年提供菲國三億六千三百萬美元的武器和現金，以後九年每年提供二億零三百萬美元。[47]協議達成的原因之一是 6 月皮納吐波（Mount Pinatubo）火山爆發，克拉克空軍基地遭受火山泥灰淹沒，無法使用。然而，9 月菲國參院以十二票對十一票否決「美菲友好合作與安全條約」草案，致使美軍必須撤離。菲國總統艾奎諾夫人（Corazon Aquino）雖然以行政命令延長美軍駐期至 1992 年年底，但是美國於 9 月底決定將海空軍基地交還菲國，並於 11 月底前完全撤離基地。[48]惟在 11 月 7 日，兩國達成非正式協議，菲國同

---

[44] 顧長永，東南亞政府與政治（台北：五南，民國 84 年），頁 271。

[45] William E. Berry, Jr., "The Effects of the U.S. Military Bases on the Philippines Economy," *Contemporary Southeast Asia*, Vol.11, No.4 (March 1990), p.307.

[46] *FEER*, Feb. 28, 1991, pp.18-19.

[47] 陳鴻瑜，「美菲軍事基地問題之探討」，美國月刊，第 7 卷第 1 期（民國 81 年 1 月），頁 73。

[48] 陳鴻瑜，「美國自菲律賓撤軍及其與東南亞之安全關係」，美歐月刊，

意美國機艦使用該國港口及機場設施，進行商業性維修和補給。[49]

(二)維持與東南亞盟國及友邦的安全合作關係

美國重視與東協國家的軍事安全關係，充分反映於貝克的扇形架構之說。根據貝克的說法，美國與菲、泰兩國的同盟關係構成亞太防衛摺扇中的南方扇骨。[50]美軍即使撤離菲律賓，美國對東南亞的安全承諾維持不變。柯林頓政府在東南亞的安全目的有二：(1)維持與菲、泰兩國的同盟關係及與星、馬、印等國使用設施的安排；(2)與東協發展健全而實用的關係，使之有力支持區域的安定及繁榮。[51]

新加坡一向認為，美軍在東南亞有穩定地區情勢之功效。因此，當美菲軍事基地談判僵持不下之時，新加坡總理李光耀與美國副總統奎爾於 1990 年 11 月 13 日在東京簽署協議，允許美軍使用新加坡巴耶利軍用機場及三巴望港。根據協議，美國派遣軍機至新加坡進行訓練，每次為期數週，美國海軍亦得延長停留時間與增加船艦訪問次數。美國派駐新加坡的常駐支援人員由二十人增為九十五人，而每次訓練將有七十五人。美軍使用該國設施無需支付租金或費用。[52]。馬來西亞認為新加坡的決定與馬國 1971 年所提「和平、自由與中立區」的構想不符，而公開表示不滿。1992 年 1 月，新加坡又與美國達成協

第 8 卷第 3 期（民國 82 年 3 月），頁 37-38。

[49] 同上註。

[50] James A. Baker, III, "America in Asia: Emerging Architecture for a Pacific Community," *Foreign Affairs*, Vol.70, No.5 (Winter 1991/1992), pp.13-14.

[51] William Clinton, *A National Security Strategy for a New Century* (The White House, May 1997), p.24.

[52] 聯合報，民國 79 年 11 月 19 日，版 10。

議，美國第七艦隊後勤分隊二百人遷往新加坡。馬來西亞亦改變初衷，於 2 月和美國達成協議，允許美國軍艦使用紅土坎海軍基地設施，從事維修工作。4 月底，印尼亦同意美艦使用泗水港的設施。[53]經由此等安全合作的安排，美國第七艦隊在東南亞取得印度洋與東北亞之間的中繼站，方便美艦在東南亞地區的巡弋，從而繼續維持美軍的前沿部署和「美軍在場」（U.S. military presence），扮演安定者及權力平衡者的角色。羅德公開表示，美國海軍每年使用新加坡設施的船次已達八十多次，使得新加坡成爲美國太平洋總部在東北亞和中東之間執行「搖擺」戰略的主要角色。[54]新加坡不僅是美國在東南亞地區的重要軍事合作伙伴，亦是美國在東南亞的最大貿易伙伴，而且雙邊貿易額不斷增加，1996 年時已超過二百億美元。（見**表 8-6**）美國與泰國的軍事同盟關係是建立於 1954 年「馬尼拉公約」及 1962 年「魯斯克—譚納宣言」（Rusk-Thanat Delarcation）的基礎。前者的締約國尚有菲、澳、紐、英、法及巴基斯坦，是集體防衛協定。馬尼拉公約導致「東南亞公約組織」的產生。該組織雖然已於 1977 年解散，但是馬尼拉公約並未被廢止。1962 年寮國中立後，泰國尋求美國在馬尼拉公約以外的安全保證。3 月美國國務卿魯斯克與泰國外長譚納發表共同宣言。美國重申，視泰國獨立及領土完整爲美國的重大（vital）國家利益。如果泰國遭受共黨侵略或顛覆，美國保證充分履行在馬尼拉公約下的義務，而不必取得該公約締約國之事先同意。[55]

---

[53] 同上註，版 39-40。

[54] Winston Lord, Statement before the House International Relations Committee Asia and Pacific Subcommittee, May 30m 1996, p.2.

[55] R. Sean Randolph, *The United State and Thailand, Alliance Dynamics, 1950-1985* (U. C. Berkeley, The Institute of East Asian Studies, 1986), pp.41-42.

表 8-6　美國對新加坡貿易統計表（1992-1996）

單位：百萬美元

年代	輸出	輸入	貿易平衡
1992	9,624	11,317	-1,693
1993	11,676	12,796	-1,120
1994	13,022	15,361	-2,339
1995	15,318	18,564	-3,246
1996	16,686	20,340	-3,654

資料來源：http://www.ita.doc.gov/industry/otea/usfth/singapor.e-I

　　柯林頓於連任後，首次出國即是訪問澳、菲、泰三個盟國。他在泰國朱拉隆功大學的演說中，亦表明加強與包括泰國在內的盟國關係，而每年與泰國聯合舉行名為「金眼鏡蛇」（Cobra Gold）軍事演習，是美軍在亞洲參與的最大規模的雙邊演習。[56]

　　美國雖然仍維持與泰國及菲律賓的軍事協防關係，但是兩國皆拒絕美國在該兩國海域預先存放軍事裝備的提議。泰國於1994 年 10 月 31 日正式拒絕美國的要求，理由是避免引起鄰國的誤會。[57]菲律賓政府本已表示同意，後因國內政治壓力而加以拒絕。

　　美國提出在多國近岸地區部署非軍事性的船隻，船上預存武器和補給品，諸如 M-IAI 主力戰鬥坦克車、布拉德利裝甲戰鬥車、多重發射火箭系統、燃料和水，數量足夠支援一萬六千五百名美軍三十天之軍需。羅德表示，預先存放軍事物資，不僅有助於處理該地區發生的意外事件，也有助於處理中東，甚

---

[56] *Dispatch*, Vol.7, No.48 (Nov. 25, 1996), p.578.
[57] 聯合報，民國 83 年 11 月 5 日，版 17。

至全球各地的事故，包括災難事件。惟羅德拒絕說明亞洲地區
有那些潛在威脅可能促使美國動用這些預存軍事物資。[58]

美國在亞太的駐軍受到東協國家的歡迎。國務卿克里斯多
福於汶萊舉行的東協區域論壇第二屆會議發表演說表示，儘管
亞洲各國彼此之間並無立即的軍事威脅，不過這個地區仍存在
宿怨死灰復燃或引發新仇的危險；而且許多國家正處於過渡
期，並面臨強大摧毀性武器擴散、毒品走私活動呈網狀擴大，
和環境飽受摧殘等新壓力。因此，他指出，值此變動無常之際，
美國的「軍事在場」對區域安定尤其重要。他重申美國的承諾，
保證十萬美軍將繼續駐留亞太地區。[59]美國的立場受到東協的
歡迎。東協國家認為美軍在亞太的駐留對維持東南亞的安定及
經濟繁榮極為重要。印尼外長阿拉特斯稱，美軍在東南亞的駐
留不僅是不可或缺，亦為生活中的事實。東協擴大外長會議閉
幕時，與會外長不僅讚揚美國捍衛亞太的決心，並呼籲美軍繼
續留駐東南亞，以維持此一地區的穩定繁榮。[60]

(三)對南海諸島之爭維持中立，但主張和平解決

美國對南海諸島的爭議，一向採中立立場，呼籲各國以和
平方法解決之。此一立場充分表現於美濟礁事件上。美國雖然
維持對菲律賓的協防承諾，但是拒絕協防菲律賓在南海有爭議
的領土。1995 年 2 月初，菲律賓發現中共軍艦在菲國宣稱擁有
主權的卡拉揚（Kalayaan）島群的巴坎尼班珊瑚礁附近出沒，
並且在礁層上興建建築物。中國一向主張對整個南沙群島擁有

---

[58] 明報，1995 年 3 月 8 日，版 A12。
[59] 中央日報，民國 84 年 8 月 2 日，版 4。
[60] *CN*, Aug. 4, 1995, p.4; 中國時報，民國 84 年 8 月 4 日，版 10。

主權，巴坎尼班礁即中國所稱的美濟礁，爲南沙群島的一部分。菲國抗議中共違反國際法及 1992 年東協和中共在馬尼拉發表和平解決南海爭議的宣言，在菲國的島礁上興建設施，部署軍艦，因此，要求中共撤離該礁。中共表示並未在美濟礁建立軍事基地，所建造之物乃是大陸漁民在該海域作業的臨時避難所，對其他國家沒有軍事威脅。[61]3 月 25 日，菲國海軍巡邏艦在空軍飛機的支援下，於中共所占領的美濟礁以南五十六公里的仙娥礁上，以奇襲行動扣留四艘下錨的中共漁船及六十二名漁民，其後，陸續將中共在信義暗灘、仁愛暗灘、半月暗灘、孔明礁、五方礁和仙濱暗礁上所立的界碑，加以摧毀。[62]中共與菲律賓之間的軍事衝突有一觸即發之勢，是即所謂的美濟礁事件。

東協於 3 月 18 日針對南沙群島的爭端首度發表聲明，強調應避免破壞南沙群島各相關利益國家間微妙的平衡關係，從而表達對菲國的支持。[63]

美濟礁事件發生後，美菲兩國元首針對該事件舉行會談。菲國總統府發表的聲明指出，柯林頓與羅慕斯同意建立一種機制，以持續執行安全防衛事項，而此類事項已明載於美菲協防條約中。[64]菲律賓曾要求美國根據該條約，協防菲律賓在南海主張擁有主權的島群，顯然欲將美國拉入其與中共在南沙群島的爭議。惟美國加以拒絕，理由是該條約協防的範圍限於簽約時菲國的領土，而不包括簽約後菲律賓所主張的領土。惟美國亞太助卿羅德一再指出，美國在南海的基本利益是維持公海及

---

[61] *CP*, Feb. 9, 1995, p.4.

[62] **聯合報**，民國 84 年 3 月 29 日，版 10。

[63] 同上註，民國 84 年 3 月 23 日，版 10。

[64] 同上註，民國 84 年 4 月 1 日，版 10。

公空的航行自由，而該自由對包括美國在內的亞太國家之和平及繁榮至關重要；因此，美國強力反對任何國家以武力的使用或威脅，片面尋求解決爭議。[65]

美菲兩國於 7 月下旬在菲國巴拉望島魯甘灣舉行演習。該地距美濟礁東方約一百三十海里。惟演習人數只有三十人，僅具象徵意義。菲律賓亦低調處理，表示毫無向中共挑釁之意。羅德表明，美國保持中立，對南沙群島主權之爭不偏袒菲律賓或其他任何相關國家。[66]羅德之言亦意在安撫中共。

菲律賓與中共數度談判後，於 8 月 11 日簽署聯合聲明，就南沙群島問題確立和平解決、多邊合作開發，和不影響南海航行自由的三項行為準則。隨後菲律賓政府釋放五十八名中共漁民，但仍將其餘四名為首者判刑。美濟礁事件因而降溫，美菲協防關係亦避免考驗。

(四)對「東南亞非核區條約」仍有保留

美國對東協國家主導的「東南亞非核區條約」，原則上採支持立場，但是對該條約的部分內容則持異議。

東協先後討論該條約達十二年之久。在五個核武國家同意簽署「南太平洋非核區條約」後，東協七國在第五屆東協高峰會閉會前，聯同寮國、柬埔寨、緬甸，於 1995 年 12 月 15 日在曼谷簽訂東南亞非核區條約。該約仿照「南太平洋非核區條約」，規定締約國不得在東南亞領域取得、發展、試驗、使用

---

[65] Winston Lord, Statement before the House International Relations Committee Asia and Pacific Subcommittee, May 30, 1996, p.3.

[66] 聯合報，民國 84 年 7 月 26 日，版 10。

或允許部署核武；禁止放射性廢料的傾倒；[67]載有核武的外國飛機、船艦仍可依國際公法規定，自由通行國際海空領域；而各締約國是否允許這些機艦停泊其機場及港口，則由各國自行決定。[68]

該約的議定書供五個核武國簽署。惟核武國皆表示反對該約，而拒絕簽之。美國反對的最主要原因，是該約對「東南亞領域」的界定太廣，涵蓋締約國的二百浬經濟專屬區及大陸礁層，致使美國軍機及軍艦原可行使的自由航行權受到限制；而東南亞地區又是美軍由太平洋通往波斯灣地區的重要通路。[69]

(五)支持「東協區域論壇」

柯林頓政府在軍事安全方面與其前任的最大區別，是積極支持東協國家推動的「東協區域論壇」。布希政府基本上認為，美國與亞太國家的雙邊協防承諾足以維持亞太地區的和平與安全；而亞太國家利益分歧，不易成立多邊安全體系，因而對多邊安全體系之提議皆無意支持。事實上，布希政府是求繼續主導亞太安全事務。惟柯林頓政府認知亞太情勢已變，美國獨霸之勢難以維持，因此轉而支持東協國家推動的多邊安全對話論壇，以收輔助美國主導的雙邊安全體系之效。

1993 年 7 月，柯林頓訪南韓時，在南韓國會發表的演說中提出多重安全結構說。7 月 26 日，克里斯多福在東協外長會後會中進一步說明美國對亞太地區的多邊安全對話的支持。他

---

[67] 條約全文，見 *International Legal Materials*, Vol.XXXV, No.3 (May 1996), pp.635-650.
[68] 中國時報，民國 84 年 8 月 2 日，版 10。
[69] *IHT*, Dec. 11, 1995, p.1.

說，冷戰結束後，亞太的情勢大變，新太平洋共同體應建構新的區域權力平衡，以促進安定、軍備管制及和平解決爭端；美國支持東協推動的新區域安全對話，在後冷戰時代，區域安全對話不是針對共同敵人而發，而是協助降低國家間的緊張、增加透明度、防阻武裝競賽；美國主張逐漸將中共、俄羅斯及東協外長會後會的其他參加國納入對話安排中。然而，美國仍認為，亞洲與歐洲不同，因此，區域安全對話只能輔助而無法取代美國與亞太國家的雙邊軍事同盟及前置駐軍。[70]

---

[70] *Dispatch*, Vol.4, No.31 (August 2, 1993), pp.549-550.

第九章

結　論

冷戰結束，蘇聯瓦解，國際兩極體系轉向多極體系過渡。由於美國是唯一的超強，因此，國際權力結構呈現「一超多強」之勢。美國更挾海灣戰爭勝利之餘威，企圖建立以市場經濟和民主政治爲基礎的國際新秩序，以鞏固美國在國際社會中的優越地位。美國在「交往與擴大」的戰略下，雖然將強化國家安全、增進經濟繁榮和在海外推廣民主政治並列爲三大中心目標，前二者實爲近程目標，後者則是中長程目標。

　　美國自威爾遜總統之後，即懷有引導其他國家仿照美國民主及市場經濟制度之志。[1]惟自第二次大戰後，美國成爲超級大國，方真正有力實現該項志向。冷戰興起，美國領導自由世界與共黨國家進行意識形態的鬥爭，成爲民主與市場經濟制度的捍衛者。冷戰終結，蘇聯及東歐國家放棄共產主義，民主及市場經濟制度顯然獲得勝利。布希政府提倡的國際新秩序，即以民主及市場經濟制度爲重要的基礎。柯林頓政府更明示以「擴大」代替「圍堵」，並將促進全球的民主化爲其外交三大目標之一，與維護本國安全及振興美國經濟並列。然而，在亞太地區，除了日本、澳、紐三個成熟的民主國家及少數新興民主國家之外，其他國家多無意採行歐美式的民主制度，美國亦欠缺有效措施以促進民主制度在該等國家發展。美國欲以全面交往，徐圖和平轉變中共的制度，能否成功，亦尙難斷言。

　　學者指出，戰後民主國家之間即使有爭端，皆能以和平方法化解之，致迄未兵戎相見，此一事實形成民主可導致和平的說法。[2]柯林頓政府的外交理念，顯然深受此說的影響。羅德即

<hr>

[1] James A. Nathan and James K. Oliver, *United States Foreign Policy and World Order* (Boston: Scott Foreman and Co., 1989), p.10.

[2] Bruce Russet and Harvey Starr, *World Politics: The Menu for Choice*, 3rd ed. (New York: W.H. Freeman and Co., 1989), p.434.

聲稱，自 1819 年以來，成熟的民主國家之間從未發生戰爭。但是亦有學者指出，成熟的民主國家並非一蹴可幾，而且自 1811 年至 1980 年的統計數字顯示，國家在轉變爲民主政治的階段，會變得更富侵略性及更爲好戰，並且曾與民主國家發生戰爭。最顯著的例子即是大革命後的法國。因此，威權政治國家一旦轉型爲民主政治，進入「初階段的民主政治」（young democracy）後，與民主國家或專制國家作戰的可能性更增。[3] 依照此種說法，則美國促使東亞非民主國家改採民主制度，將來可能未享和平之利，而有先遭戰爭威脅之弊。

海灣戰爭中，美國無力承擔戰爭費用而要求友邦貢獻，與韓戰及越戰時迥然不同，可見相對國力之變化。因此，美國不斷削減國防經費及軍力。1985 年美國國防預算約四千億美元（依 1997 年幣值），占聯邦政府預算的 28%，美國生產毛額的 7%。自 1985 年以來，美國國防預算削減 38%，軍力減少 33%。1997 年的國防預算是二千五百億美元，占政府預算的 15%，全國生產毛額的 3.2%。軍隊亦由 1985 年的二百二十萬人減至 1997 年的一百四十五萬人。[4] 美國因而將軍事戰略調整爲贏取兩個主要區域戰爭，惟軍力已難以有效執行之。後冷戰時期，美國在海外的軍事干涉多採與他國合作方式，美其名爲「合作性介入」，事實上是力不足以單獨爲之。然而，美國的領導仍是不可或缺，而美國亦無意放棄領導角色。

冷戰時期，美國在亞太地區建立圍堵共黨擴張的同盟網，本身成爲盟主，加上其龐大的軍經力量，形成了霸權。冷戰終

---

[3] Edward D. Mansfield and Jack Snyder, "Democratization and War," *Foreign Affairs*, Vol.74, No.3 (May/June 1995), pp.79-80.

[4] Cohen, *Quadrennial*, III-IV.

結，美國與其盟國的共同敵人消失，東亞國家即使尚有個別的安全威脅來源，但是欠缺共同的敵人，此使冷戰時期組成的同盟體系有逐漸廢弛之虞，從而影響美國的霸權。然而，美國在亞太軍事安全仍求維持其盟主地位。布希政府的國務卿貝克提出「扇形架構」之說，反對多邊安全論壇，力倡美國與亞太國家所締結的雙邊安全條約足以維持和平與安全，其目的即在維護美國在亞太安全方面的主導地位。柯林頓政府亦然，只是作法上稍有改變。它一方面強調加強美國與亞太盟國的雙邊同盟關係，他方面支持多邊論壇，以協助亞太地區的安全。因此，美國積極參加東協區域論壇，推動東北亞安全對話，但是認為美國與盟國的雙邊條約仍為亞太安全的基礎，而東南亞及東北亞次區域的安全對話只是建於該基礎的輔助性建築群（building blocs）。[5]惟因東協區域論壇由東協主導，美國為了確保亞太安全的主導地位，有意以美國享有較多主導力的亞太經合會為討論整個亞太地區安全的多邊論壇，從而形成三重類似金字塔式的安全結構。國防部長裴利曾於 1995 年 11 月放出試探氣球，惟因國際反應不佳而作罷。

新現實主義者認為，軍事同盟之成立是因成員具有共同的敵人，一旦共同的威脅消失，同盟必然瓦解。[6]然而，蘇聯瓦解後，美國與亞太國家以蘇聯為共同敵人的軍事同盟，尤其是美日同盟，不僅並未瓦解，反而獲得強化。揆其原因，主要是冷戰遺跡並未在亞太地區完全消失，而新的安全問題及不確定情勢又已出現。朝鮮半島、台灣海峽及南海皆為潛在的衝突地區。

---

[5] Perry, United States Security Strategy for the East Asian-Pacific Region, p.3.

[6] Stephen Walt, *The Origins of Alliance* (Ithica: Cornell University Press, 1987); Kenneth Waltz, "The Emerging Structure of International Politics," *International Security*, Vol.18, No.2 (Fall 1993), p.75.

美國因而得以維持並強化冷戰時期所建的雙邊安全體系及十萬名駐軍，並經由雙邊及多邊途徑，促使亞太國家建立信心措施，加強經貿合作，以求增進亞太地區的和平與繁榮，保持美國的優越地位。

　　美國在亞太的駐軍不僅有嚇阻和平破壞者和協防駐在國安全的作用，亦有平衡區域性強國軍力的作用。因此，即使冷戰已經終結，美軍駐守亞太仍為亞太各國所歡迎。[7]尤其美軍駐日，有遏阻或消除日本大量建軍的效果，致為曾遭日軍侵略的亞洲國家所樂見。馬來西亞與印尼在 1970 年代曾提議將東南亞建為「自由、和平與中立區」，企圖排除區域外的強權勢力，並且主張東協國家拒絕向美軍提供軍事基地。然而，越南於 1979 年侵入柬埔寨，中共近年擴建遠洋海軍，先後引發東協國家對安全的憂慮，致事實上轉而歡迎美軍繼續留駐亞太。新加坡、馬來西亞、印尼及汶萊在美軍放棄菲律賓基地後，皆同意提供美軍若干維修設施，以免美軍完全退出東南亞。

　　一般認為，一旦美軍撤離亞太地區，可能取代美國而填補美軍遺留的權力真空之國家，主要是日本和中共。[8]但是兩國皆有所短，難以取代美國的地位。日本於第二次大戰時的暴行令東亞國家及人民難以忘懷。戰後日本政府遲遲不肯承認侵略亞洲國家的責任，修改歷史教科書以便掩飾侵略及暴行的真相，內閣大臣不時發表否定侵略與戰爭暴行的言論，在在皆使東亞國家憂心日本軍國主義的復興，無法對日軍給予類似美軍的信任。中共曾與越南為了西沙群島和南沙群島而發生戰爭，又與

[7] David I. Hitchcock, Jr., "East Asia's New Security Agenda," *The Washington Quarterly*, Vol.17, No.1 (Winter 1994), p.93.

[8] Denny Roy, "Hegemony on the Horizon? China's Treat to East Asian Security," *International Security*, Vol.19, No.1 (Summer 1994), pp.149-168.

菲律賓爲了美濟礁事件而一度形成緊張情勢。主權之爭已使南沙群島成爲未來潛在衝突的地點之一，東南亞國家已經因而加強軍備，以維護安全，顯然不會歡迎中共取代美國在東南亞地區的軍事地位。

　　美國對外貿易占國內生產總額的比例已由二十年前的 5% 增爲 1995 年的 11.6%。對外貿易的增加又大部分歸因於對亞太地區貿易的增加。在 1970 年代及 1980 年代，美國對亞太貿易的增加率比對歐洲貿易的增加率多出兩倍。目前美國對亞洲的雙邊貿易占美國對外貿易總額的 36%。美國約有二百五十萬人的就業依靠對亞太地區的貿易。由此可見，美國與亞太地區經貿關係如果無法維持，將對美國的經濟產生巨大的衝擊。柯林頓政府視經濟安全爲國家整體安全的一部分，並以振興國內經濟爲首要工作，因而力求維護並進一步強化美國與亞太地區的經貿合作，反對馬來西亞總理馬哈迪所提含有排斥美國作用的「東亞經濟核心會議」（Esat Asian Economic Caucus）。美國與亞太國家的經貿關係已密不可分，但是美國對東亞國家的大量逆差，仍會不利其經濟安全。爲了平衡對亞太國家的長期大量貿易逆差，美國對東亞國家採取強硬的經貿政策，不斷要求開放市場、降低關稅、保護智財權。

　　後冷戰時期，美國對東亞國家的政策有其持續性，亦有其變動性。大體上，持續性大於變動性。

　　首先，就美國的日本政策而言，美國不僅維持美日軍事同盟關係，而且進一步強化與日本之間的軍事合作，將日本的支援範圍擴及整個亞太地區。因此，美國在後冷戰時期與冷戰時期一樣，將美日同盟關係定位爲美國亞太政策的中心支柱。美國更將美日關係提升爲全球伙伴關係，一方面滿足日本爭取政

治大國地位之要求，他方面促使日本在全球事務上承擔更大的責任，減輕美國的負荷。惟事實上，美國並未真正以平等伙伴對待日本，而日本亦未能真正盡到政治大國的責任。

美國對日貿易長期大量逆差，80 年代即已引發國內保護主義之興起。冷戰結束後，美國對日政策中的蘇聯因素消失，華府比以往更求促成美日之間的「公平貿易」。為此目的，布希政府改變其前任在個別產品上與日本尋求消除貿易障礙的政策，轉而以「結構性障礙談判」，求全面消除對日貿易的障礙。柯林頓政府鑑於該項談判效果不彰，乃接受「修正主義者」的主張，採取高壓政策，強迫日本接受顯示美國產品在日本市場占有率的「數值指標」，設法進一步清除其整體經貿體系和總體經濟之障礙。日本雖拒絕「數值指標」的要求，但是同意與美國建立「新經濟伙伴關係架構」，承諾重建其經濟政策，減少對美貿易順差，利用客觀標準以達成擴大市場通路和增加進口的目標。兩國經過多年的談判，達成四十多項協定。美國產品在日本市場的通路雖然增加，對日貿易逆差僅獲改善而未大幅降低。

美國官方研究對日本仍頗有煩言，認為日本進口關稅雖然降至很低程度，但是仍有很多非關稅障礙，諸如不透明化、歧視性標準、排斥性的商業行為，而且整個日本商業環境保護本國公司，限制具競爭力的外國產品自由進入日本市場。[9]

總而言之，美國的日本政策是在軍事上加強同盟合作關係，在政治上形成全球伙伴關係，在經貿上建立「更公平」的伙伴關係。形成上述政策的因素有多重。

---

[9] United States Trade Representative, 1997 *National Trade Estimate Report on Foreign Trade Barriers* (Washington, D.C.: USGOP, 1997), p.185.

第一，國際體系的因素。兩極體系消失，多極體系代興，多方面影響美國的日本政策。蘇聯的瓦解，降低美日軍事同盟對美國的重要性，從而降低美國對日貿易大量逆差的容忍程度，導致美國對日本採取強硬的經貿政策。然而，中共的崛起對美國在亞太的優越地位形成潛在的威脅，致使美國反求加強美日同盟關係，促使日本在亞太安全上增加對美國的支援。日本作爲多極體系中之一極，已是公認的政治及經濟大國，致使美國較願與之建立全球政治伙伴關係，並促使日本進行「更公平」的貿易。

第二，社會的因素。此主要指美國的經濟力及精英份子和民眾的意見。日本整體經濟力量雖然不及美國，但是成長率高於美國。尤其日本善於將購自美國的科技發明轉用於商品生產，使其產品在國際市場極具競爭力，以致對美貿易持續享有大量順差，對美國的經濟安全形成威脅。布希及柯林頓政府因而不得不對日本採取強硬的經貿政策。惟美國應否只顧經貿利益而不顧與日本的安全合作關係，則引起很大的爭辯。美國政學界在對日貿易政策上形成「傳統派」與「修正派」之爭辯。美國政府事實上兼採兩派的部分主張：即一方面維持國際自由貿易的原則，他方面迫使日本接受修正派主張的「公平貿易」。美國民意調查顯示，受訪者中 69%贊成限制日貨的輸入，79%支持要求日本輸入一定數量的美國貨。

第三，個人的因素。最主要的是美國助理國防部長奈伊。美日同盟因兩國失去共同敵人而雙方經貿摩擦劇烈致面臨持續危疑之際，奈伊力主維持並強化美日同盟，避免因專注於經貿問題之解決而忽視軍事合作的重要性。

其次，就美國的中共政策而言，後冷戰時期，美國政府皆

採與中共交往的政策。布希政府在中共武力鎮壓民運人士後，不得不對中共實施制裁。但是制裁的象徵意義大於實質意義。布希政府不僅違背其頒布的禁令，派遣高層官員密訪中共，更力拒國會擴大制裁的要求，並且數度否決國會有條件續延中共最惠國待遇的決議，以便維持與中共的「建設性交往」，減少對雙邊關係的衝擊。柯林頓在競選總統期間，抨擊布希對北京政權的軟弱，宣稱絕不縱容北京的暴君，並於就任總統後，支持國會以人權的改善作為續延中共最惠國待遇的條件。惟中共置之不理，並指責柯林頓政府干涉中共的內政。柯林頓政府施壓一年而毫無進展後，只得自行讓步，將人權與最惠國待遇分開處理，以免美國對中共的經貿利益遭受不利的影響，並徒增與中共人權的爭執。

柯林頓政府雖然繼續批評中共的人權，但是在與中共「全面交往」的政策下，積極展開與中共各階層的交流。美國與中共全面交往，是認知中共為美國下世紀時的主要對手。華府希望確保雙方的關係朝建設性方向發展，並促使中共在西方主導的國際體制內依照規範行事，而成為美國心目中負責、合作而有建設性的成員。美國希望透過交往，與中共在共同利益的議題上進行合作；在利益和矛盾兼有的議題上求取共識、減少分歧；在利益無法調和的議題上防止或減少衝突。美國尤其希望與中共軍方各階層進行交往，認為經由交往與對話，可以建立雙方軍方的信賴、瞭解與合作；促進中共軍事透明化；影響中共的軍事決策；促使中共軍方協助抑止核、生、化武器與飛彈的擴散，以及區域性衝突。1997 年柯江高峰會將兩國的交往推向制度化，確定兩國元首、部長、次長的定期會談，以及軍方的交往與合作。華府採行全面交往政策，至少意謂暫時不對中

共採取圍堵政策。然而,美國國內「中國威脅論」之說並未因而消失,而且美國對中共鄰邦的交往、與日本軍事合作關係的加強、與越南關係的正常化等政策,似亦含有中共所指責的「軟圍堵」之意。

後冷戰時期美國先後將日本及中共視為取代蘇聯的威脅來源。然而依照美國的主觀認知,日本的興起仍屬於一種可管理的挑戰,不至於一朝失控而導致安全上的威脅。此因日本戰後一直是美國的盟邦,而且美軍駐日對日本具有「瓶蓋」作用。況且日本採行傾向於西方的民主政治及市場經濟,意識形態上與美國較為接近,對美國的威脅相對降低。中共則不同。它已是一個區域性強權,政治大國,又擁有核武;經濟上雖採開放政策,政治上則抗拒民主政治;平均國民所得雖低,總體經濟力量已躍居全球第七位,而且如以貨幣平均購買力為準,可能於公元 2020 年超越美國。雙方在意識形態及價值觀念上差距很大,利益衝突之處既多,又不易完全化解。因此,美國認知中共的崛起,在下世紀時可能成為美國最大亦最不友善的挑戰者。

美國不得不與中共交往,不僅因為基於美國本身利益的考慮有其必要,而且亦因為不採交往而採圍堵政策,是既不可行又非明智之舉。不可行,是由於美國很難找到響應圍堵中共的國家(我國除外)。即使華府有意以越南牽制中共,而越南與中共在領土問題上仍有爆發軍事衝突的可能,河內目前似乎無意加入任何圍堵中共的行列。美國在目前情勢下,圍堵中共亦非明智的抉擇。中共的國力,尤其是軍事力量,落後美國甚多,對美國安全形成威脅之時尚遠,而且美國又須爭取中共的合作,以解決一些共同關切的問題。如果美國對中共採取圍堵政

策,則中共不僅不會與美國合作,反會迫而與美國形成對抗之勢。換言之,美國的圍堵政策會為美國帶來原本並不存在的敵國。

　　美國雖然對中共採取全面接觸的政策,但是對中共未來的動向似乎仍然存有疑慮。美國國內部分人士提出圍堵中共的論調,實即反映對中共未來可能稱霸亞洲之疑慮與不安。[10]中共經濟持續高度成長,其總體生產總額於下世紀初期時可能趕上美、日兩個經濟大國。中共又致力發展軍力,尤其是核武、導彈及遠洋海軍,未來軍力可能足以破壞目前亞太軍事現狀或安定,危及美國在亞太的軍事優勢,威脅其亞洲鄰國。

　　美國對中共的交往政策本身並非目的,而只是一種手段。美國對中共未來的動向無法確定,因而企圖透過交往以瞭解並及時掌握中共未來的動向,為將來需要圍堵中共時預作準備。交往的長程目的是和平轉變中共的制度為民主制度。布希及柯林頓政府皆求擴大民主國家陣容。此與美國立國以來追求的理想一致。冷戰時期,美國圍堵蘇聯,消極的目的是保護自由國家,積極的目的是促使蘇聯共產主義的崩潰。美國人民將美國的強大與繁榮歸因於民主政治及市場經濟制度。東歐與蘇聯共產制度的破產亦證明了民主政治與市場經濟制度的優越性。因此,後冷戰時期美國在全球積極推廣民主政治與市場經濟,以便建立以美國價值體系為基礎的國際社會。尤有進者,美國認

---

[10] 中國威脅論的正反意見,參見:Nicholas D. Kristof, "The Rise of China," *Foreign Affairs*, Vol.72, No.5 (Nov./Dec.1993), pp.59-74; William H. Overholt, *The Rise of China: How Economic Reform Is Creating a New Superpower* (New York: W.W. Norton, 1993); Larry M. Wortzel, "China Pursues Traditional Great Power Status," *Orbis*, Vol.38, No.2 (Spring 1994), pp.157-176; *Far Eastern Economic Review*, Vol.158, No.15 (April 13, 1995), pp.24-28.

為民主政治和市場經濟的擴展是亞太和平與安定的最佳保證之一，而且相輔相成。

美國與中共的經貿關係亦為交往政策的重要部分。雙方之間的貿易成長快速，由 1979 年的二十三億七千萬美元增至 1996 年的六百三十五億美元，平均年增加率高達 18%。然而，彼此之間的貿易依存度並不相稱。中共對美國市場的依賴度較大，但是對美國長期享有大量順差。中共對美貿易的大量順差，對智慧財產權的保護不足，以及不當或不法的貿易行為，導致美國對中共採取強硬貿易政策。布希政府雖然不願為了六四事件對中共實施廣泛的制裁，以免雙方關係惡化，但是在貿易問題上不斷對中共施壓，以促使中共禁止囚工品輸美、減少對美貿易順差、保護智慧財產權、制止紡織品非法轉口。柯林頓政府強調經濟安全，以外交力量支持對外貿易，因此對中共的貿易政策比其前任更為強硬，迫使中共同意保護智慧財產權、停止非法貿易行為。

冷戰結束後，美國對中共仍採「建設性交往」及「全面交往」的政策，形成該項政策的因素有多重。

第一，國際體系的因素。布希執政之初，蘇聯尚未瓦解，兩極體系猶存。美國仍視蘇聯為其安全威脅之來源，因而難以忽視中共牽制蘇聯的戰略價值。及至蘇聯瓦解，國際體系由兩極過渡為多極，而中共為其中的一極。中共綜合國力雖然不及美國，但是身為國際大國之一，有其無法忽視的影響力。尤其中共是聯合國安理會常任理事國之一，擁有否決權，對諸如與美國利益密切相關的武器擴張、維持和平、制裁伊拉克等重大問題之解決，具有決定性的影響。中共已成為美國在國際上的主要對手。美國在無法或不宜對中共採取圍堵政策下，捨交往

外亦無更好的政策。

第二,社會的因素。主要的社會因素是意識形態及經貿利益。就意識形態而言,冷戰雖然結束,共產政權並未完全消失,而中共是其中最大的政權。美國認為,中共的經濟開放終將帶來政治改革。美國經由與中共的交往,求加速中共的政治改革,使中共轉變為民主國家。美國民主與人權的觀念使得美國民眾及國會對中共鎮壓民運的反感揮之不去,阻礙政府迅速改善與中共的關係。就經貿利益而言,中共長期高成長率的經濟發展,已使之成為全球第七大經濟體,而且可能於公元 2020 年時成為超級經濟強權。中國大陸市場的潛力深厚,對美國企業界形成強大的吸引力。美國商界反對政府對中共施加經貿制裁,即因擔心會將中國大陸的無限商機拱手讓於其競爭者。中共對美國享有大量順差,對美國經濟安全不利,促使美國對中共採取強硬立場,以冀打開中共市場,制止中共違法經貿行為,可見經貿利益因素之影響。

第三,個人的因素。布希總統曾駐節北京,對中共問題有豐富的經驗與認識,與中共領袖亦有交誼,加以認知美國在國際事務上需要中共支持與合作之處甚多,因此,力主維持與中共之間的交往。布希個人因素可能使得其政府不願對中共加以強烈制裁,但是其影響的程度顯然不及國際體系的因素。

第四,國會的因素。政府機構因素方面,國會對美國的中共政策有其不可忽視的影響。國會因中共鎮壓民運而一再提議制裁。布希總統雖然採取包括否決等反對措施,但是也不得不以行政命令採納許多國會的主張,包括允許中國大陸的留美學生可以延長居留。柯林頓有條件續延中共最惠國待遇,主要目的是求與國會立場一致,避免出現其前任時府會的對立。

再其次，就美國對我國的政策而言，美國繼續在「一個中國」政策下維持與我國的非官方關係，支持我國加入關貿總協及亞太經合會，同意更改我駐美機構名稱爲「經濟文化辦事處」，派遣內閣級官員赴台，允許在台協會人員赴我外交部等機構洽公，同意舉行雙方經貿次長級官員的定期會談。然而，美國拒絕支持我國參與以主權國家爲會員的國際組織，包括聯合國及國際貨幣基金會。

　　我國對美貿易的大量順差，引發美國要求我國擴大消除關稅及非關稅障礙，保護智慧財產權，開放市場。美國使用 301 條款的威脅，迫使我國陸續接受美國的要求。美國亦繼續對我國出售防衛所需的武器，並且一反以往的立場，出售一百五十架 F-16 戰機。中共雖然不斷要求美國停止對台軍售，美國皆加以拒絕。惟 1998 年 3 月，前任白宮官員包道格（Dug Paal）認爲台灣需要時間消化自美法兩國所購精密武器，美國暫時不應對台出售武器。美國裁軍署長、國務院代理次卿候倫（John Houlon）3 月 26 日在北京記者會中聲稱曾與中共討論對台軍售。此等評論引發外界猜疑美國未來可能爲了爭取中共在武器管制方面的合作，而就對台軍售與中共事先會商。

　　美國對台政策多有刻意模糊不清之處。首先，美國雖然明白表示「台灣爲中國的一部分」，並承認中共是代表中國的唯一合法政府，從而正式結束 50 年代「台灣法律地位未定」之說，但是美國從未明確承認中共對台灣享有主權，或承認台灣是中共管轄下的一省。美國在與中共所簽「上海公報」或「建交公報」中，皆使用「認知」一詞來處理中共對台灣的立場，亦即意謂美國「認知到但並不必然同意」中共對台灣的立場。

　　其次，美國對台灣安全的協助程度亦不明確。「台灣關係

法」雖然明定「美國將維持力量以抗拒任何足以危害台灣人民的安全或對其經濟與社會體系的武力壓迫」，但是並未規定美國必然會在中共武力犯台時派兵協防台灣。

1996 年 3 月台海「飛彈危機」中，美國派遣兩艘航空母艦戰鬥群至台海附近海域，監控中共的飛彈演習，以免「擦槍走火」，爲「台灣關係法」制訂以來，美國對台灣安全的最強烈的軍事支持行動。但是華府仍然保持一貫的戰略性模糊政策，不願表明一旦中共武力犯台時，美國會否派兵協防台灣。

美國一再強調保持創造性的模糊，讓台海兩岸政府猜不透如果台海發生戰事，美國將如何因應。華府希望藉助此模糊戰略，阻遏雙方可能發生的軍事衝突。然而，此一戰略亦有相當大的風險，而有使兩岸對美國可能採取的因應行爲發生誤判之虞。如果台北認爲美國一定會派兵抗拒中共的武力犯台，可能更少顧忌地從事中共心目中背離「一個中國」的行爲。反之，如果中共認爲美國不敢派兵助台對抗中共，則其以武力統一台灣的可能性大增。奈伊主張，美國應放棄對台的模糊戰略，不無道理。[11]

美國雖然一再宣稱，在台海問題上遵守「三報一法」的規定，採行「一個中國」的政策，但是對台海兩岸的統一，可能並不樂觀其成，只是不便阻止兩岸在和平方式下進行統一。因此，美國的最佳選擇是維持台海現狀：既不讓台灣宣布獨立，又不讓中共以非和平方式強行統一台灣。

影響美國對台政策的主要因素有三。

第一，國際體系的因素。此即通稱的「中共因素」。中共

---

[11] Joseph S. Nye, Jr., "Clear Up the Dangerous Ambiguity about Taiwan," *IHT*, March 13, 1998, p.10.

為後冷戰時期多極體系中之一極，美國又對中共採取全面交往的政策，不便採取違背「一個中國」的政策，因而只能繼續維持對台的非官方關係。

第二，社會因素中的經濟因素。台灣是全球第十五大貿易國，外匯存底高居世界第三，亦是美國的第六大貿易伙伴，美國農產品的第五大輸入國。因此，美國即使與中共建立全面交往的關係，亦不願放棄與台灣互利的經貿關係。惟因台灣對美貿易享有逐漸減少但仍有九十多億美元的順差，美國對台灣亦採強硬立場，迫使台灣開放市場，保護智慧財產權，達成美國心目中「較公平」的貿易。

第三，政府機構中的國會因素。美國國會在政府允許李登輝總統赴美進行私人訪問的決策中，發揮了決定性的作用；在政府支持台灣加入亞太經合會及關貿總協定的政策上，亦扮演了觸媒的角色；在美國對台軍售上亦居於監督和促進者的地位。

另就美國對朝鮮半島的政策而言，美國繼續維持與南韓的同盟關係，協防南韓的安全。在國防費用日減下，布希政府於1990 年提出三階段裁減駐亞太美軍的計畫。美國於第一階段撤出七百名駐韓美軍後，因北韓發展核武，朝鮮半島情勢復趨緊張，乃凍結撤軍計畫。美國因應南韓國力之增強及自主意識之增加，並求化解南韓之反美情緒，乃降低美軍在美韓聯軍中的主導地位，由南韓將領出任聯合國地面部隊指揮部指揮官和聯合國軍事停戰委員會的首席代表。美國亦相對要求南韓增加分擔駐韓美軍的費用，開放市場，保護智慧財產權。美國支持南韓的「北方政策」及與北韓的會談。但是為了阻止北韓發展核武，華府不得不擴大與北韓的接觸。

影響美國對朝鮮半島政策的主要因素有二。第一，國際體系的因素。冷戰終結，莫斯科和北京相繼與南韓建交，並促成南、北韓加入聯合國，支持北韓南侵的可能消失，致使美國計畫自南韓撤減駐軍。

　　美國力阻北韓發展核武，亦是受到國際體系因素之影響。北韓如果發展核武成功，南韓及日本在安全威脅增加後，很可能發展核武，以資對抗，從而在東北亞形成核武競賽，甚至可能波及其他地區，導致全球的核武擴散。

　　第二，社會因素。此涉及美韓兩國的民意。美國人民希望享受「和平的紅利」，促使政府削減國防經費及海外駐軍。南韓人民的反美情緒及自主意識亦促使美國裁減駐韓軍隊，並提升韓國將領在美韓聯軍中的地位，降低美軍在冷戰時的主導角色。

　　最後，就美國的東南亞政策而言，美國繼續維持與菲泰兩國的同盟關係，並自新、馬及印尼三國取得使用港口及機場設施之權，從而得以保持美軍在東南亞地區的「在場」。美國支持包括「東協區域論壇」的多邊安全對話體系，對南海諸島主權之爭保持中立，但是反對「東亞經濟合作會議」，以免分裂亞太經合會。華府積極拓展與東南亞國家的經貿關係，並且與越南建交，以便美商在越南市場的開拓。美國推廣民主與人權觀念，尤其反對緬甸軍政府對民主與人權人士的鎮壓。

　　影響美國對東南亞國家政策的主要因素有三。第一，國際體系因素。美國對各國在南海諸島主權之爭採取中立，只要求維護國際法下航行自由的權利，實因中共是當事國之一，而中共是國際體系中之一極，美國無意為該爭議而得罪中共。美國支持「東協區域論壇」，亦因亞太地區是強權匯集之地，故藉

該論壇將各強權納入安全對話體系，協助維持區域權力平衡。

第二，意識形態因素。美國認為東南亞國家多為威權政治或軍人獨裁，因而在東南亞推展西方民主與人權觀念，致常與東南亞國家意見相左。美國制裁緬甸軍政府，反對柬埔寨韓森以軍事政變方式逐走民選的第一總理雷納里德，皆與美國提倡人權與民主政治的傳統有關，換言之，受到意識形態因素的影響。

第三，經濟因素。東南亞是全球經濟快速成長地區之一，市場潛力大，而美國對東南亞國家的貿易又多呈現逆差。因此，美國基於商業利益，力求打開東南亞地區的市場，迫使東南亞國家保護智慧財產權，甚至不顧一些壓力團體的強烈反對，取消對越南的長期禁運，完成與越南的建交，以便美商能參與越南商機的競爭。

縱觀美國對東亞國家的政策，美國基本上是求維持美國在亞太的優越地位。美國在亞太的同盟體系和駐軍，是美國鞏固優越地位的最主要資源。因此，美國無意撤出在亞太的駐軍，力求維持並加強與亞太國家的雙邊協防條約，雖然支持「東協區域論壇」，但是視之為輔助雙邊安全協防的機制。東亞國家相互猜忌，致使美國在東亞地區的軍事駐留受到大多數國家的支持。在可見的未來，美國仍會扮演亞太地區安全的保證者及東亞強權之間的平衡者。美國強力迫使東亞國家開放市場，實施「公平貿易」，不僅是求增進美國的經濟繁榮與安全，亦是欲將該等國家納入美國戰後主導的國際經貿體系。美國在東亞推廣民主與人權的尊重，雖然遭受重大阻力，但是華府堅信，市場經濟的力量終將導致民主政治。美國在多極體系中顯然求塑造以美國價值體系為中心的東亞秩序。

美國對東亞國家的政策，未來仍會面臨下列六大主要問題。

　　第一，東亞地區對美國經濟重要性大增，美國力求維護並增進在東亞的經貿利益，尤其是強力打開東亞國家市場，以降低貿易逆差，必將使經貿摩擦持續不斷。

　　第二，後冷戰時期的東亞權力結構已經改變，美國仍求透過雙邊同盟，維護冷戰時期在安全上的霸權或主導地位。然而，東亞國家樂見的是權力的平衡者而非霸主。

　　第三，美國即使無意繼續維持其霸主地位，在短期之內仍難自亞太地區撤軍，最主要的原因是美國在亞太的軍力具有維持安定的功能。此種功能在短時期內尙難由他國取代。

　　第四，美國基於客觀環境的限制，不得不與中共進行全面交往，而無法加以圍堵，但是對中共未來國力進一步加強後，會否對亞太的和平與安全產生不利影響，仍存疑懼。因此，美國顯然意欲透過交往而增加對中共未來動向的瞭解能力，以便在中共從事危害亞太和平及安全的行爲之前，及早因應。美國的猜忌使其與中共的戰略伙伴關係貌合神離。

　　第五，美國促使東亞國家採行市場經濟及民主制度，從而認同美國的價值觀念，達到消除彼此之間可能發生戰爭的目的。然而，亞太各國全面民主化不易達成。即使現今採行集權或威權政治的國家轉而採行民主制度，這些國家在轉型期可能更趨好戰。

　　第六，美國在台灣關係法下，對包括台灣在內的西太平洋地區的和平與安定，非常關切，並且承諾提供我國防衛所需的武器，反對任何以武力或其他方式的高壓手段，危害台灣人民的安全及社會經濟制度。由於最可能危害台灣人民安全及社會

經濟制度者是中共，而美國又須與中共維持全面交往關係，一旦中共武力犯台時，美國勢將陷入進退兩難之境。因此，美國在台海兩岸關係僵化後，一方面對兩岸提出警告，要求自我節制，他方面呼籲雙方以對話代替對抗，以免本身進退兩難的陷入困境。然而，美國如果對台灣安全不放棄「戰略性模糊」的政策，台海兩岸可能對該政策各自選擇對己有利或一廂情願的解讀，從而導致錯誤的決策，致使兩岸關係不易改善。

主要參考資料

一、文件

(一)中華民國官方文件

外交部，**對外關係與外交行政**（台北：正中，民國 81 年）。

外交部，**中華民國八十一年外交年鑑**（台北：正中，民國 81 年）。

外交部，**中華民國八十三年外交年鑑**（台北：正中，民國 83 年）。

(二)美國官方文件

Bureau of the Census, *Statistical Abstract of the United States*, (1993).

Central Intelligence Agency, *The World Factbook 1995* (1996).

Department of Defense, *A Strategic Framework for the Asian Pacific Rim: Looking Toward 21st Century* (April 18, 1990).

Department of Defense, *A Strategic Framework for the Asian Pacific Rim: Looking Toward the 21st Century: A Report to*

Congress (Feb. 28, 1991).

Department of Defense, *A Strategic Framework for the Asian Pacific Rim: Report to Congress 1992* (Feb. 1992).

Department of Defense, *Foreign Military Sales, Foreign Military Construction Sales and Military Assistance Facts* (1993).

Department of Defense, *Report on the Bottom-up Review* (1993).

Department of Defense, *United States Security Strategy for the East Asia-Pacific Region* (February 1995).

Department of Defense, *Annual Report to the President and the Congress* (April 1997).

Department of Defense, *Report of the Quadrennial Defense Review* (May 1997).

The White House, *National Security Strategy of the United States* (Jan. 1993).

The White House, *A National Security Strategy of Engagement and Enlargement* (Feb. 1994).

The White House, *A National Security Strategy for a New Century* (May 1997).

Trade Representative, *National Trade Estimates* (1991).

U.S. Department of State Dispatch.

Weekly Compilation of Presidential Document.

二、書籍

(一)中文書籍

吳安家主編，**中共政權四十年的回顧與展望**（台北：國際關係
研究中心，民國 80 年）。

沈鈞傳主編，**國際重要經貿暨金融組織**（台北：政治大學國研
中心，民國 79 年）。

周煦，**聯合國與國際政治**（台北：黎明，民國 82 年）。

陳志奇，**美國對華政策 30 年**（台北：中華日報，民國 69 年）

顧長永，**東南亞政府與政治**（台北：五南，民國 84 年）。

(二)英文書籍

Alexander, Arthur, *Sources of America's Asia Policy in the Clinton Administration*, Japan Economic Institute Report (Washington D.C., April 21, 1995).

Bandow, Doug, *The U.S.-South Korea Alliance* (New Brunswick, N.J.: Transaction Publishers, 1992).

Berry, William E. Jr., *U.S. Bases in the Philippines: The Evolution of the Special Relationship* (Boulder: Westview Press, 1989).

Berry, William E. Jr., *U.S. Bases in the Philippines: The Evolution of the Special Relationship* (Boulder: Westview, 1989).

Buckley, Roger, *U.S.-Japan Alliance Diplomacy, 1945-1990* (Boulder: Westview Press, 1992).

Clough, Ralph N., *Island China* (Cambridge, Mass.: Harvard

University Press, 1978).

Copper, John Franklin, *China Diplomacy: The Washington-Taipei-Beijing Triangle* (Boulder, Westview, 1991).

Fischer, David, *Toward 1995: The Prospects for Ending the Proliferation of Nuclear Weapons* (New York: United Nations, 1992).

Garner, Paul F., *Shared Hopes, Separate Fears, Fifty Years U.S.-Indonesian Relations* (Boulder: Westview, 1997).

Harding, Harry, *A Fragile Relationship: United States and China Since 1972* (Washington, D.C.: Brookings Institution, 1992).

Hellmann, Donald, *Japan and East Asia* (New York: Praeger, 1972).

Hess, Gary R., *Vietnam and the United States: Origins and Legacy of War* (New York: Columbia University Press, 1990).

Holland, Harrison M., *Japan Challenges America: Managing an Alliance in Crisis* (Boulder: Westview, 1992).

Ito, Takatoshi, *The Japanese Economy* (Lendon: The Mit Press, 1992).

Kaplan, Morton A., *System and Process in International Politics* (New York: John Wiley and Sons, 1977).

Kim, Youn-Sun and Kap-Soo Oh, eds., *The US-Korea Economic Partnership* (Brookfield: Ashgate Publishing Co., 1995).

Lauren, Paul Gordon, and Raymond E. Wylie, *Destines Shared: U.S.-Japanese Relations* (Boulder: Westview Press, 1992).

Lawson, Eugene K. ed., *U.S. China Trade: Problems and Prospects* (New York: Praeger Publishers, 1988).

Lawson, Ruth C., ed., *International Regional Organizations: Constitutional Foundation* (New York: Praeger, 1962).

Lefever, Erneat W., *Crisis in the Congo* (Washington, D.C.: The Brookings Institution, 1965).

Low, Patrick, *Trading Free: The GATT and U.S. Trade Policy* (New York: Twentieth Century Fund Press, 1993).

Maki, John M., *Government and Politics in Japan: The Road to Democracy* (New York: Praeger, 1962).

Martin L. Lasater, *The New Pacific Community: U.S. Strategic Options in Asia* (Boulder, Col.: Westview Press, 1996).

Mo, Jongryn and Ramon H. Myers, eds., *Shaping a New Economic Relationship: The Republic of Korea and the United States* (California, Stanford: Hoover Institution Press, 1993).

Nathan, James A. and James K. Oliver, *United States Foreign Policy and World Order* (Boston: Scott Foreman and Co., 1989).

Nitze School of Advanced International Studies, *The United States and Japan in 1990: A New World Environment, New Questions* (Washington, D.C.: Nitz School of Advanced Studies of the Johns Hopkins University, 1990).

Overholt, William H., *The Rise of China: How Economic Reform Is Creating a New Superpower* (New York: W.W. Norton, 1993).

Pierre, Andrew J., *The Global Politics of Arms Sales* (Princeton: Princeton University Press, 1982).

Pringk, Robert, *Indonesia and the Philippines: American Institute in*

Island Southeast Asia (New York: Columbia University Press, 1986).

Randolph, R. Sean, *The United State and Thailand, Alliance Dynamics, 1950-1985* (U. C. Berkeley, The Institute of East Asian Studies, 1986).

Raudolph, R. Sean, *The U.S. and Thailand, Alliance Dynamics, 1950-1985* (U.C. Berkeley, The Institute of East Asia Studies, 1986).

Rosenau, James N., ed., *International Politics and Foreign Policy* (New York: The Free Press, 1969).

Rosenau, James, *The Scientific Study of Foreign Policy* (New York: The Free Press, 1971).

Russet, Bruce and Harvey Starr, *World Politics: The Menu for Choice*, 3rd ed. (New York: W.H. Freeman and Co., 1989).

Sutter, Robert G., *The Cambodian Crisis & U.S. Policy Dilemma* (Boulder: Westview Press, 1991).

The Paul Nitz School of Advanced International Studies, *The United States and Japan in 1991: Discord or Dialogue?* (Washington, D.C.: The Paul Nitz School of Advanced International Studies of the Jones Hopkins University, 1991).

Vocke, William, *American Foreign Policy: An Analytical Approach* (New York: The Free Press, 1976).

Walt, Stephen, *The Origins of Alliance* (Ithica: Cornell University Press, 1987).

三、期刊

(一)中文期刊

丁永康,「亞太經濟合作會議探討」,**問題與研究**,第 31 卷
　　第 1 期(民國 81 年 1 月),頁 14-30。

丁宗裕,「略論中共的核子試爆」,**共黨問題研究**,第 19 卷
　　第 12 期(民國 82 年 12 月),頁 41-51。

朱松柏,「朝鮮半島的核武危機」,**問題與研究**,第 33 卷第 7
　　期(民國 83 年 7 月),頁 1-10。

朱松柏,「美國與北韓簽訂核子協議及其影響」,**問題與研
　　究**,第 34 卷第 1 期(民國 84 年 1 月),頁 11-18。

朱松柏,「駐韓美軍撤離與朝鮮半島安全」,**美國月刊**,第 5
　　卷第 4 期(民國 79 年 8 月),頁 67-74。

何子祿,「美日 FS-X 共同研製計畫爭議」,**美歐月刊**,第 11
　　卷第 6 期(民國 85 年 6 月),頁 20-37。

杜　攻,「對轉換中世界格局的幾點看法」,**國際問題研究**,
　　1991 年第 4 期,頁 1-5。

沈丁立,「克林頓政府對中國核試驗可能產生的影響」,**復旦
　　學報**(社會科學版),1993 年第 4 期,頁 35-40。

周季華,「日美安保體制的強化與東亞的安全」,**日本學刊**,
　　1996 年第 4 期,頁 29-35。

林郁方,「克林頓政府的亞太戰略」,**美國月刊**,第 9 卷第 1
　　期(民國 83 年 1 月),頁 39-46。

林德昌,「美國援外政策的本質與問題」,**問題與研究**,第 23

卷第 8 期（民國 83 年 8 月），頁 104-113。

禹如鍵譯，「貝克談『未來太平洋伙伴關係之架構』」，問題
　　與研究，第 28 卷第 11 期（民國 78 年 8 月），頁 75-77。

張大林，「評『日美安全保障聯合宣言』」，國際問題研究，
　　1996 年 4 月，頁 22-26。

陳鴻瑜，「美國自菲律賓撤軍及其與東南亞之安全關係」，美
　　國月刊，第 8 卷第 3 期（民國 82 年 3 月），頁 37-43。

陳鴻瑜，「美菲軍事基地問題之探討」，美國月刊，第 7 卷第
　　1 期（民國 81 年 1 月），頁 69-73。

楊伯江，「『日美安全保障聯合宣言』意味著什麼」，現代國
　　際關係（北京），1996 年第 6 期，頁 1-5。

裘兆琳，「柯林頓政府對華新政策之決策過程探討」，美歐月
　　刊，第 9 卷第 12 期（民國 83 年 12 月），頁 4-17。

廖坤榮，「美國的日本情節與美日經貿摩擦」，美國月刊，第
　　6 卷第 11 期（民國 80 年 11 月），頁 88-98。

(二)英文期刊

1991 Congressional Quarterly Almanac, Vol.XLVII (Washington,
　　D.C.: Congressional Quarterly Inc., 1992), pp.121-125.

1992 CQ Almanac, Vol.XLVIII (Washington, D.C.: Congressional
　　Quarterly Inc., 1993), pp.157-161.

Asher, David L., "A U.S.-Japan Alliance for the Next Century,"
　　Orbis, Vol.41, No.3 (Summer 1997), pp.343-374.

Aurelia, George, "Japan as America's Global Partner: Problems and
　　Prospects," *Journal of Northeast Asian Studies*, Vol.XI, No.4
　　(Winter 1992), pp.3-18.

Baker, James A. III, "America in Asia: Emerging Architecture for a Pacific Community," *Foreign Affairs*, Vol.70, No.5 (Winter 1991-92), pp.1-18.

Bandow, Doug "Leaving Korea," *Foreign Policy*, No.77 (Winter 1989/1990), pp.77-93.

Berry, William E. Jr., "The Effects of the U.S. Military Bases on the Philippines Economy," *Contemporary Southeast Asia*, Vol.11, No.4 (March 1990), pp.306-333.

Bitzinger, Richard A. "Arms to Go: Chinese Arms Sales to the Third World," *International Security*, Vol.17, No.2 (Fall 1992), pp.84-111.

Calder, Kent E., "Japan in 1990: Limits to Change," *Asian Survey*, Vol.XXXI, No.1 (January 1991), pp.21-35.

Calder, Kent E., "Japan in 1991: Uncertain Quest for a Global Role," *Asian Survey*, Vol.XXXII, No.1 (January 1992), pp.32-41.

Choi, Keun-Hyuk, Tai-Hwan Kim and Chan-Rai Cho, "The Impacts of Anti-Americanism on US-Korean Relations," *Korea Observer*, Vol.XXII, No.3 (Autumn 1991), pp.312-331.

Choi, Yearn Hong "Korea U.S. Trade Issues and Koreans' Attitude Toward Trade Frictions," *Korea Observer*, Vol.XX, No.1 (Spring 1989), pp.41-45.

Cooper, William H., "Japanese-U.S. Trade Relations: Cooperation or Confrontation?" *CRS Issue Brief*, Feb. 2, 1993.

Eliasoph, Ellen R., "China's Patent System Emerges," *CBR*, Vol.12, No.1 (January-Feburary 1985), pp.50-57.

Ennis, Peter, "The Nye Initiative: Can It Save the U.S.-Japan Alliance?" *Tokyo Business Today*, June 1995, pp.38-41.

Funabashi, Yoichi, "Japan and the New World Order," *Foreign Affairs*, Vol.70, No.5 (Winter 1991/92), pp.58-74.

Garrette, Banning N., "Ending the U.S.-Soviet Cold War in East Asia: Prospects for Changing Military Strategies," *The Washington Quarterly*, Vol.14, No.2 (Spring 1991), pp.163-177.

Godwin, Paul and John Schultz, "Arming the Dragon for the 21st Century: China's Defense Modernization Program," *Arms Control Today*, Vol.23, No.10 (December 1993), p.3-8.

Goldberg, Morton David and Jesse M. Feder, "China's Intellectual Property Legislation," *CBR*, Vol.18, No.5 (September-October 1991).

Hitchcock, David I. Jr., "East Asia's New Security Agenda," *The Washington Quarterly*, Vol.17, No.1 (Winter 1994), pp.91-105.

Huntington, Samuel, "The U.S.-Decline or Revival?" *Foreign Affairs,* Vol.67, No.2 (Winter 1988/89), pp.76-96.

Itoh, Mayumi, "Expanding Japan's Role in the United Nations," *The Pacific Review*, Vol.8, No.2 (Summer 1995), p.283-302.

Kaifu, Toshiki, "Japan's Vision," *Foreign Policy*, No.80 (Fall 1990), pp.28-39.

Kleykamp, David L., "The Political Economics of United States Most Favored Nation Policy Towards China," *Tamkang Journal of American Studies*, Vol.X, No.1 (Fall 1993), pp.1-

18.

Koskenniemi, Martti, "National Self-determination Today: Problems of Legal Theory and Practice," *International and Comparative Law Quarterly,* Vol.43, part II (April 1994), pp.241-269.

Krauthammer, Charles, "The Unipolar Moment," *Foreign Affairs,* Vol.70, No.1 (Winter 1990/1991), pp.23-33.

Kreisberg, Paul H. "The U.S. and Asia in 1989: Mounting Dilemmas," *Asian Survey*, Vol.XXX, No.1 (January 1990), pp.13-24.

Kreisberg, Paul H. "The U.S. and Asia in 1990," *Asian Survey*, Vol.XXXI, No.1 (January 1991), pp.1-13.

Kristof, Nicholas D. "The Rise of China," *Foreign Affairs*, Vol.72, No.5 (Nov./Dec.1993), pp.59-74.

Lewis, John W., Hua Di, and Xue Litai, "Beijing's Defense Establishment: Solving the Arms-Export Enigma," *International Security*, Vol.15, No.4 (Spring 1991), pp.87-109.

Mansfield, Edward D. and Jack Snyder, "Democratization and War," *Foreign Affairs*, Vol.74, No.3 (May/June 1995), pp.79-97.

Mansfild, Mike, "The U.S. and Japan: Sharing Ours Destinies," *Foreign Affairs*, Vol.68, No.2 (Spring 1989), pp.3-15.

Mastanduno, Michael, "Framing the Japanese Problem: The Bush Administration and the Structural Impediments Initiative," *International Journal*, Vol.XLVII, No.2 (Spring 1992), pp.235-264.

Nanto, Dick K., "Japan: Gulf War, Weakness, and Wrangling," *CRS Review* (March/April 1991).

Neff, Robert, William Holstein, and Paul Magnuson, "Rethinking Japan: The Harder Line Toward Tokyo," *Business Week*, August 7, 1989, pp.44-52.

Nye, Joseph S. eal, "Harnessing Japan: A U.S. Strategy for Managing Japan's Rise as a Global Power," *Washington Quarterly*, Vol.16, No.2 (Spring 1993), pp.29-42.

Ozaki, Robert S., "United States-Japanese Economic Relations," *Current History*, Vol.82, No.487 (Nov. 1983), pp.357-361.

Purrington, Courtney and A. K., "Tokyo's Policy Responses During the Gulf Crisis," *Asian Survey*, Vol.XXXI, No.4 (April 1991), pp.307-323.

Romberg, Alan D. and Marshall M. Bouton, "The U.S. and Asia in 1991," *Asian Survey*, Vol.XXXII, No.1 (January 1992), pp.1-10.

Roy, Denny "Hegemony on the Horizon? China's treat to East Asian Security," *International Security*, Vol.19, No.1 (Summer 1994), pp.149-168.

Sands, Lee M. and Deborad Lehr, "IPR Watchdogs," *CBR*, Vol.21, No.6 (November-December 1994), pp.16-18.

Sasae, Kenichiro, "Rethinking Japan-U.S. Relations," *Adelphi Paper*, 202 (Dec. 1994).

Shin, Gi-Wook "South Korean Anti-Americanism," *Asian Survey*, Vol.XXXVI, No.8 (August 1996), pp.787-803.

Simone, Joseph T. Jr., "Improving Protection of Intellectual Property," *CBR*, Vol.19, No.2 (March-April 1992), pp.9-11.

Song, Young-sun, "Prospects for U.S.-Japan Security Cooperation," *Asian Survey*, Vol.XXXV, No.12 (Dec. 1995), pp.1087-1101.

Spar, Debora, "Co-developing the FSX Fighter: The Domestic Calculus of International Cooperation," *International Journal*, Vol.XLVII, No.2 (Spring 1992), pp.265-292.

Stevenson, Charles H., "U.S. Foreign Policy in Southeast Asia," *Contemporary Southeast Asia*, Vol.14, No.2 (Sept. 1992), pp.87-111.

Tan, Qingshan, "The Politics of U.S. Most-Favored-Nation Treatment to China: The Cases of 1979 and 1990," *Journal of Northeast Asian Studies*, Vol.IX, No.I (Spring 1990), pp.44-59.

Timberman, David G. "The Philippines in 1989: A Good Year Turns Sour," *Asian Survey*, Vol.XXX, No.2 (Feb. 1990), pp.167-177.

Tong, Kurt W., "Revolutionizing America's Japan Policy," *Foreign Policy*, No.105 (Winter 1996-97), pp.107-124.

Vogel, Ezra, "Japanese-American Relations After the Cold War," *Daedalus* (Fall 1992), pp.44-79.

Waltz, Kenneth "The Emerging Structure of International Politics," *International Security*, Vol.18, No.2 (Fall 1993), pp.441-462.

Wang, Yangmin, "The Politics of U.S.-China Economic Relations," *Asian Survey*, Vol.XXXIII, No.5 (May,1993), pp.441-462.

Watanabe, Terasa, "SII: The 'Loser' May Prove to Be the Winner,"

The Japan Times Weekly, May 25, 1991, p.6.

White, Nigel D., "UN Peace-keeping—Development or Destruction?" *International Relations,* Vol.XII, No.1 (1994), pp.145-156.

Wortzel, Larry M. "China Pursues Traditional Great Power Status," *Orbis*, Vol.38, No.2 (Spring 1994), pp.157-175.

Zimmerman, James Michael, "U.S. Law and Convict-Produced Imports," *China Business Review*, Vol.19, No.2 (March-April 1992), pp.41-43.

四、報紙(1989-1997)

(一)中文報紙

人民日報（北京）

大公報（香港）

文匯報（香港）

中央日報（台北）

自立早報（台北）

自由時報（台北）

光明日報（上海）

中國時報（台北）

明報（香港）

經濟日報（台北）

星島日報（香港）

聯合報（台北）

(二)英文報紙

Asia Wall Street Journal

Atlanta Constitution

Boston Globe

Chicago Tribune

China News

China Post

Christian Science Monitor

Daily Yomiuri

International Heral Tribune

Japan Times

Korea Herald

Los Angeles Times

New York Times

South China Morning Post

Wall Street Journal

Washington Post

五、網路資源

日本外務省 http://www.mofa.go.jp/

美國貿易代表署 http://www.ustr.gov/

美國國務院 http://www.state.gov/

美國白宮 http://www.whitehouse.gov/

美國有線電視網 http://cnn.com/

索　引

冷戰後美國的東亞政策（1989-1997）

亞太研究系列 05

著　　者／周　煦
出 版 者／生智文化事業有限公司
發 行 人／林新倫
總 編 輯／孟　樊
執行編輯／晏華璞
登 記 證／局版北市業字第 677 號
地　　址／台北市文山區溪洲街 67 號地下樓
電　　話／(02)2366-0309　2366-0313
傳　　真／(02)2366-0310
E－mail ／ufx0309@ms13.hinet.net
印　　刷／科樂印刷事業股份有限公司
法律顧問／北辰著作權事務所　蕭雄淋律師
初版一刷／1999 年 2 月
定　　價／新台幣 350 元
Ｉ Ｓ Ｂ Ｎ／957-8637-66-7
劃撥帳號／14534976

北區總經銷／揚智文化事業股份有限公司
地　　　址／台北市新生南路三段 88 號 5 樓之 6
電　　　話／(02)2366-0309　2366-0313
傳　　　真／(02)2366-0310
南區總經銷／昱泓圖書有限公司
地　　　址／嘉義市通化四街 45 號
電　　　話／(05)231-1949　231-1572
傳　　　真／(05)231-1002

國家圖書館出版品預行編目資料

冷戰後美國的東亞政策(1989-1997) = U.S.
  policy toward East Asian countries in the post-
  cold war era (1989-1997) / 周煦著. -- 初版. -
  - 台北市：生智，1999 [民 88]
    面；　公分. -- （亞太研究系列；5）
  參考書目：面
  含索引
  ISBN　957-8637-66-7（平裝）

1. 亞洲問題 2. 美國－外交關係－亞洲－
  政策

578.193   87012784